ALMANAC

O Fis i Fis

ALMANAC
O Fis i Fis

Ruth Morgan, Rhiannon Mair,
Bethan Mai a Mari Morgan

y lolfa

I'r rhai ddaeth o'n blaenau ni
a'r rhai sy'n ein dilyn

Argraffiad cyntaf: 2025
Ail argraffiad: 2026

Dymuna'r cyhoeddwyr gydnabod cymorth ariannol
Cyngor Llyfrau Cymru.

Lluniau: Bethan Mai
Dylunio: Sion Ilar

Rhif Llyfr Rhyngwladol: 978-1-80099-766-0

Cyhoeddwyd ac argraffwyd yng Nghymru
ar bapur o goedwigoedd cynaliadwy gan
Y Lolfa Cyf., Talybont, Ceredigion SY24 5HE
e-bost ylolfa@ylolfa.com
gwefan www.ylolfa.com
ffôn 01970 832 304

Cynnwys

Rhagair

Shwmae, ddarllenydd! Ni yw'ch awduron, sef pedair merch o'r teulu Morgan; Ruth, a'i phlant Rhiannon, Bethan a Mari, ac rydym ar ben ein digon ac mor ddiolchgar eich bod am ymuno â ni ar yr antur almanacaidd hon. Os ydych chi'n dal wedi drysu ynglŷn â beth yn union sydd yn eich dwylo, peidiwch ag ofni oherwydd wele, rhagair! Ar ôl darllen hwn byddwch chi'n deall mwy am beth yw 'almanac', pam ein bod ni wedi ei ysgrifennu a sut i'w ddarllen a'i fwynhau.

Hawdd yw mesur ein hamser ar y blaned hon mewn munudau, yn ôl yr hyn rydym yn ei gyflawni ac yn ôl ein cyfoeth. Mae hynny, wrth gwrs, yn dderbyniol ac yn ddisgwyliedig, efallai. Ond fel y gŵyr y garddwr angerddol, y gwirfoddolwr pybyr, neu'r carwr cerddoriaeth, mae mwy i'n profiad o amser na chyrhaeddiant. Rydyn ni'n pedair yn teimlo bod ein bywydau ar eu cyfoethocaf pan ydym yn ceisio cysylltu â rhythmau'r byd o'n hamgylch. Dyma ymgais i gofnodi treigl blwyddyn gan ddawnsio i guriad ehangach ein bywydau.

Yn draddodiadol, blwyddlyfr yw almanac; calendr o fisoedd a dyddiau, a gall gynnwys pob math o wybodaeth - o dablau'r llanw, cylch y lleuad a dyddiadau plannu cnydau i ffeithiau diddorol, dywediadau, cyngor meddygol, cerddi a mwy. Ceir almanacau ar amrywiaeth o bynciau ar ein silffoedd darllen ni... er enghraifft, mae yna rai amaethyddol, rhai am hanes a diwylliant menywod, un am fyd chwaraeon, un am ddewiniaid, a sawl un arall. Thomas Jones (1648-1713), y llenor a'r argraffydd o Feirionnydd, oedd yr almanaciwr Cymraeg cyntaf. Cafodd freintlythyr brenhinol, a ddefnyddiodd drwy gydol ei oes, yn rhoi caniatâd iddo ysgrifennu ac argraffu almanacau. Mae almanacau'n fodd o gysylltu gyda threfn y tymhorau a chredoau gwerinol yr oes, ac roeddent yn hynod boblogaidd gyda phoblogaeth ofergoelus oedd yn ymwybodol o'u dibyniaeth ar fyd natur. Roedd astroleg a darogan yn rhan bwysig o gynnwys yr almanacau cynnar, ond yn raddol cafwyd llai o hyn wrth i fychanfydoedd pobl dyfu y tu hwnt i'r lleol ac i'r byd rhyngwladol.

Rydyn ni'n pedair yn hoff o draddodiadau, dywediadau a defodau sy'n rhan o'n teulu ni ac yn perthyn i'r byd tu hwnt. Rydym yn troi'n aml at lyfr penblwyddi *Almanac y Teulu* (gol. Myrddin ap Dafydd), sydd wedi hawlio lle pwysig ar silff lyfrau ein cartref teuluol, ac rydym wedi cynnwys sawl perl o'r gyfrol honno yn ein halmanac ni. Rhoddodd Bethan Mai almanac poblogaidd Lia Leendertz, sy'n annog y darllenydd i ailgysylltu â'r tymhorau, yn anrheg i'r tair arall ohonom yn ystod y cyfnod clo yn 2020, ac mi gafodd ei drysori gennym yn ystod yr amser rhyfedd hwnnw. Ar ôl cael blas ar yr anrheg hon fe grëwyd awydd ynom i droi at wahanol fathau o almanacau'n unigol, a chawsom bleser a chadernid o bob un. Dechreuon ni wyntyllu'r syniad o ysgrifennu cyfrol ar y cyd, felly dyma ni'n dechrau cofnodi ein harferion, ein dywediadau a'n myfyrdodau; rhai personol ac eraill sy'n hysbys yn genedlaethol, gan obeithio y byddai ein halmanac ni'n rhoi boddhad i ni fel awduron ac i chi ddarllenwyr fel ei gilydd, yn eich pryfocio, yn gysur ac yn codi gwên.

Mae'r almanac hwn yn cynnwys casgliad o bob math o wybodaeth sydd weithiau'n ddiddorol, yn bwysig, yn hudolus, yn ymarferol, yn diddanu ac ar adegau yn bopeth ar yr un pryd, wrth i ni ddilyn trywydd blwyddyn gron. Nid yw'r almanac yma'n ymwneud â blwyddyn benodol, felly gobeithio y bydd yn gymrawd y medrwch droi ato dro ar ôl tro, yn enwedig ar ôl i chi ychwanegu penblwyddi y bobl sy'n bwysig i chi yn nhablau dyddiadau'r mis. Er bod sefyllfa pawb yn wahanol, ein gobaith yw bod modd i unrhyw un ohonom gael pleser a chysur wrth nodi'r byd o'n cwmpas a sylwi ar themâu tymhorol.

Roedd casglu ein hysgrifau'n broses bytiog a ddigwyddodd dros sawl blwyddyn; mae dau blentyn wedi cael eu geni i'r teulu tra bod y syniadau'n ffrwtian! Ond dyma ni o'r diwedd wedi tynnu'r llinynnau at ei gilydd i greu rhywbeth sy'n sicr yn arbennig i ni, ac rydyn ni'n gobeithio y bydd yn taro tant gyda chithau hefyd.

Does dim modd ysgrifennu am bob pwnc dan haul, ac rydym yn ymwybodol mai ein dehongliad ni o almanac yw'r gyfrol hon. Rydyn ni'n bobl wyn, freintiedig, ac yn ffodus iawn. Rydym yn ymwybodol nad yw'n profiadau ni yn cynrychioli profiadau pawb. Gobeithiwn y bydd ein halmanac ni yn ysgogiad i chi fel unigolion, ffrindiau a theuluoedd i fynd ati i feddwl beth yw'r pethau sy'n bwysig i chi wrth i'r flwyddyn fynd rhagddi, ac i'w cofnodi.

Gobeithio y bydd yr almanac hwn yn gymorth i feddwl am y pethau bychain sydd o bwys mawr wrth fordeithio ar hyd siwrnai blwyddyn.

Gwnaed â chariad gan Ruth, Rhiannon, Bethan a Mari.

Cyflwyniad

GWYBODAETH FISOL

Nid yw popeth yn cael ei fesur gan y calendr Gregoraidd. Cyn y deunydd misol yn y llyfr hwn ceir ambell adnodd sy'n arddangos ffyrdd gwahanol o gofnodi dathliadau neu ddigwyddiadau pan nad ydynt yn digwydd ar ddyddiadau penodol. Ymhlith y dyddiadau hyn mae'r Olwyn Geltaidd (system y Celtiaid o nodi newidiadau tymhorol), dathliadau rhai crefyddau sy'n cylchdroi gyda'r lleuad, a nodyn am batrymau'r môr fel llanw uchel ac isel. Nid oes modd i ni benodi union ddyddiadau i'r rhain am nad yw hwn yn almanac sy'n ymwneud â blwyddyn benodol.

LLUNIAU

Artist y llyfr yw'r chwaer ganol ac un o'n cyd-awduron, Bethan Mai. Mae ei lluniau naturiol a hudol wedi eu gwau drwy'r gyfrol i ddod â'r testun yn fyw. Mae'n defnyddio pen ac inc mewn ffordd rydd a mynegiadol i geisio dal naws y misoedd.

TABL DYDDIADAU

Mae yna dabl ar ddechrau pob mis yn nodi dyddiadau, yn hytrach na dyddiau. Am nad yw'r almanac hwn yn ymwneud â blwyddyn benodol, fe ellir ei ddefnyddio o flwyddyn i flwyddyn. Mae modd i'r darllenydd ysgrifennu penblwyddi neu ddyddiadau nodedig yma, a bydd ambell ddyddiad o bwys wedi'i nodi hefyd, e.e. y Nadolig a Dydd Santes Dwynwen. Rydym yn mesur y flwyddyn heulol gan ddefnyddio'r calendr Gregoraidd, sef y dull o fesur blwyddyn yr ydym yn gyfarwydd ag ef. (Os ydych chi eisiau ffrwydro'ch ymennydd mae'n werth i chi edrych ar y gwahaniaethau rhwng y calendr Gregoraidd – a ddaeth i fodolaeth ar ddechrau'r oes fodern – a'r calendr Iwlaidd, a oedd yn bodoli cyn hynny. Waw, Ffiseg!) Collwyd 11 diwrnod wrth i hyn ddigwydd yn y flwyddyn 1752. Roedd yn amhoblogaidd ar y pryd, ac fe lynwyd at yr hen ddyddiadau gan lawer – fel 'Hen Ddydd Calan' ar Ionawr 12fed/13eg. Mae'n debygol felly bod dyddiadau llawer o'n hen arferion a'n dywediadau yn berthnasol i'r hen galendr. Dyw'r calendr heulol Gregoraidd ond yn un ffordd o fesur blwyddyn, ac mae wedi ei ddylanwadu gan ffyrdd o feddwl gorllewinol a Christnogol. Mae sawl crefydd arall, megis Islam a Hindŵaeth, yn defnyddio calendr lloerol er mwyn mesur amser. Mae'r Olwyn Geltaidd hefyd yn defnyddio'r dull lloerol. Nid oes modd i'n halmanac ni nodi dyddiadau lloerol am fod y rhain yn amrywio o flwyddyn i flwyddyn. Felly mewn rhan arall nodir fframiau amser lle mae ambell ddigwyddiad lloerol (e.e. y Flwyddyn Newydd Tsieineaidd, neu ddathliadau Islam). Hefyd yn yr adran hon nodir rhai enwau a roddir ar leuad y mis, crisial y mis, arwydd(ion) y sidydd a rhywfaint o 'gyngor' ysgafn sy'n cael ei briodoli i'r hen feddygon yna o Fyddfai.

TYWYDD

Mae tri o'r pedwar lleoliad yng Nghymru sy'n cael eu nodi ar gyfer ystadegau tywydd bob mis yn fannau lle mae'r pedair ohonom yn byw ar hyn o bryd, sef Caerdydd, Pen-bre (a Chwm Gwendraeth gerllaw) a Chaernarfon. Ers hyn mae Rhiannon a'i theulu wedi symud yn ôl i'r gorllewin. Dewiswyd y Drenewydd fel y pedwerydd am ei fod mewn ardal wahanol o Gymru, i ffwrdd o'r môr yn y canolbarth a ger y gororau.

Efallai y gwnaiff y rhai craff yn eich mysg sylwi bod yr ystadegau oriau haul ar siart dywydd pob mis yr un peth ar gyfer Caerdydd a Phen-bre. Yn yr un modd, maent yr un peth ar gyfer Caernarfon a'r Drenewydd. Mae hyn oherwydd bod ffynhonnell ystadegau Caerdydd a Phen-bre yn seiliedig ar ddata oriau haul Caerdydd, ac ystadegau Caernarfon a'r Drenewydd yn seiliedig ar ddata oriau haul Y Bala.

Nodwn yn ffeithiol pa dywydd sy'n ddisgwyliedig. Er hyn, rydym i gyd yn gwybod nad yw'r geiriau 'disgwyliedig' a 'tywydd' yn cyd-fynd rhywsut, gan fod y tywydd mor anghyson â ffurf plu eira. Gyda newidiadau yn yr hinsawdd yn ddigon i godi gwallt eich pen o ran yr erchylltra y bydd yn ei achosi i genedlaethau sydd i ddod, efallai nad yw'r adran hon mor ffeithiol â hynny. Nodir hefyd rai dywediadau yn ymwneud â thywydd y mis dan sylw.

ALAW NEU GÂN

Rydyn ni'n deulu sy'n gyfarwydd â gwrando ar, a chanu, pob math o gerddoriaeth. Mae rhai dylanwadau cynhenid yn cynnwys deuawdau Mama a Dacu yn y pulpud, a sain corau meibion Grampa gyda Mam Abergwaun yn cyfeilio, yn ogystal â chwarae pob math o *genres* yn eu rhinwedd eu hunain. Heb anghofio sgiliau Grampa ar y llwyau. O alawon gwerin cartrefol i'r enfys o ganeuon pop rydym yn eu canu ar yr aelwyd, i ganeuon roc Dadi, mae'r hwyl a gawn wrth ganu a dawnsio yn bwysig tu hwnt i ni. Felly dyma rannu alawon gwerinol neu draddodiadol sy'n cynrychioli rhythm y flwyddyn; rhai yn ganeuon cyflawn, rhai yn alawon heb eiriau, ac un dywediad rhythmig heb alaw. Mae rhai o'r rhain yn dod yn uniongyrchol o'n traddodiad llafar ni. Pan mae yna ffynonellau yn bodoli sy'n dangos ble mae'r rhain wedi cael eu creu neu eu casglu, rydym yn nodi'r wybodaeth honno, a mawr yw'r diolch amdanynt. Fe hoffem dynnu sylw at y ffaith mai ein deongliadau byw ni o'r darnau hyn sydd yn y llyfr, yn hytrach na chofnod ysgolheigaidd; felly, gofynnir am faddeuant os oes fersiwn o rywbeth yn ymddangos sydd ddim at eich dant chi. Fe gynigir ychydig o gyd-destun, nodiant ac weithiau awgrymiadau am gordiau ar gyfer y gitâr, y delyn neu'r piano, ond y peth pwysig i'w gofio yw bod y rhain yn ganeuon byw ac felly mae croeso i chi greu eich deongliadau eich hunain.

CORFF AC ENAID

Cynghorion syml ar sut i fyw'n iach a geir fan hyn. Rai cenedlaethau'n ôl, nid oedd yn hawdd i'r werin datws gael eu dwylo ar feddyginiaethau. Felly, roedd rhaid edrych am ffyrdd o wella'r corff a'r enaid gan ddefnyddio'r hyn oedd wrth eu traed. Rydym yn gwybod erbyn hyn bod gan rai perlysiau, blodau, dail a madarch rinweddau sy'n gallu cyfrannu at wella afiechydon neu, o leiaf, yn gallu cyfrannu at iechyd unigolyn. Rydym hefyd yn nodi ambell beth sydd wedi gweithio i ni, er nad ydym yn feddygon, wrth gwrs, felly, darllenwch y cynghorion gyda phinsiaid o halen, yn enwedig cynghorion lliwgar (ac, erbyn hyn, braidd yn amheus efallai) Meddygon Myddfai. Adleisiau diddorol o agweddau tuag at iechyd slawer dydd sydd gan Feddygon Myddfai ac ni ddylid ystyried gwneud y mwyafrif helaeth ohonynt heddiw.

Y CROCHAN

Mae'r pedair ohonom yn joio yn y gegin. Dydyn ni ddim yn honni ein bod yn gogyddion o fri, ond dros y blynyddoedd rydym wedi dod i ddeall bod cynhwysion tymhorol yn blasu'n ffein, ac yn fwy priodol rhywsut. Nid pawb fyddai'n gweini asbaragws gyda chinio Nadolig, efallai. Ac nid pawb sy'n cwcan cawl gwreiddlysiau yng nghanol haf. Yr hyn a geir yn yr adran hon yw ryseitiau syml, tymhorol, saig fel arfer, neu rywbeth i'w gael gyda'ch pryd bwyd. Ceir hefyd gyngor ar sut i drin ambell blanhigyn tymhorol yn y gegin er mwyn cael y gorau ohonynt. Gloddest i'r synhwyrau.

TU FAS

Rhyfedd yw meddwl bod y fath beth â phandemig Covid-19 wedi digwydd erbyn hyn. Efallai ein bod yn edrych yn ôl ar y cyfnod yn hiraethus, hyd yn oed; fel amser i ailgysylltu â'r byd a'n bywydau yn lleol. Ond efallai ein bod yn teimlo'n atgas am y cyfnod hefyd, neu'n ei gofio fel cyfnod o straen, pryder a galar wrth golli rhai oedd yn annwyl i ni, a cholli cyfnod pwysig o'n bywyd ar yr un pryd. Beth bynnag oedd eich profiad ohono, roedd yn gyfnod o newid. Fe sylwon ni'n pedair fod mynd tu fas, a phrofi yr hyn oedd yn digwydd ym myd natur, yn ein daearu ac yn ein helpu i ddod 'nôl at ein coed. Mae talu sylw i'r hyn sy'n digwydd o'ch amgylch yn beth syml iawn i'w wneud mewn gwirionedd, ond nid yw canfod y ffocws i wneud hynny bob amser yn hawdd. Efallai ei bod yn haws gwneud hyn adeg y pandemig oherwydd nad oedd llawer o opsiynau eraill. Erbyn heddiw, a bywyd wedi dychwelyd i'w gyflymder afrealistig, mae hi'n anoddach rhoi sylw haeddiannol i'r presennol. Ond mae'n arfer da i roi amser i sylwi ar y pethau bach o'n cwmpas, gan fod hynny yn ein gwneud ni'n ymwybodol o'n realiti, o nawr. Cyngor tymhorol am yr hyn y gellir ei weld wrth fynd allan am dro yn eich ardal leol a geir yn yr adran hon.

DEFOD

Traddodiad neu arfer sy'n cael ei gynnal trwy berfformio gweithred dros amser yw defod. Dywed yr ethnograffydd Arnold van Gennep fod defod yn trawsnewid neu'n cynnig profiad trawsnewidiol i'r rhai sy'n cymryd rhan ac yn eu clymu '... to the great rhythms of the universe'. Efallai, gan ein bod ni'n cael ein denu at ddefodau, eu bod nhw felly'n allweddol i'n hymgais yn y gyfrol hon i uno gyda'r rhythmau hynny. Mewn byd sy'n gynyddol seciwlar, er yn gynyddol ysbrydol mewn ffordd lai traddodiadol, gall defod fod yn fodd i'n hatgoffa o'n perthynas â'r byd a'r bobl o'n hamgylch, ac i sicrhau ein bod ni'n meddwl amdanom ein hunain mewn termau dirfodol, yn meddwl am ein bodolaeth. Mae'r anthropolegydd Victor Turner yn dweud bod cymryd rhan mewn defod yn creu 'communitas', sef y teimlad o berthyn i'r bobl fu'n rhan o'r ddefod gyda chi. Felly, gall cymryd rhan mewn defod greu ymdeimlad o berthyn i bobl, ond gall hefyd greu teimlad o berthyn i'r tir neu'r man lle cynhaliwyd y ddefod honno. Gall defodau ddigwydd yn dawel bach a rhoi cysur i unigolion; y weithred o gynnau cannwyll ac ysgrifennu mewn dyddiadur amser gwely neu gael coffi a gwneud y croesair bob bore. Peidiwch â thanbrisio pwysigrwydd defodau; maent yn nodi lle rydym yn feunyddiol, yn ein clymu at ein gilydd ac yn atgyfnerthu'n syniad o hunaniaeth. Yn yr adran hon byddwn yn edrych ar ddefod sy'n digwydd yn ystod y mis hwnnw, gan dalu sylw i'r elfennau ymarferol a rhai hanesyddol hefyd.

ANIFEILAIDD

Erbyn yr amser hyn o bob mis yn yr almanac, rydym wedi teithio ymhell tu hwnt i wybodaeth ffeithiol. Dyma ble y cynigir darn o ryddiaith sy'n seiliedig ar rythm y mis ac ar anifail tymhorol.

NODIADAU / DEWISIADAU GOLYGYDDOL

Mae'r academydd Diana Taylor yn nodi bod yna ddwy ffordd o gaffael gwybodaeth, sef yr archif a'r *repertoire*. Crëir yr archif gan arteffactau materol, fel llyfrau, mapiau ac esgyrn, tra bod y *repertoire* yn wybodaeth y mae person yn ei chadw yn ei gorff, yn straeon, symudiadau a defodau. Mae'r almanac hwn yn plethu'r ddau fath yma o wybodaeth. Weithiau rydym yn dyfynnu'n uniongyrchol o lyfrau a cherddi, ac weithiau rydym yn tynnu ar ddoethinebau yr ydym wedi eu caffael dros y blynyddoedd; o ddywediadau cyndeidiau i dueddiadau o ran y modd rydym yn byw bywyd.

Rydym yn ymwybodol bod ieithwedd amrywiol rhwng y gwahanol adrannau, yn fwy safonol ar brydiau ac yn llafar a thafodieithol iawn ar adegau eraill. Mae hyn yn fwriadol ac yn adlewyrchu ein harddulliau ni fel unigolion, gan anrhydeddu tarddiad ein hacenion. Nodir ein henwau ar ddiwedd adrannau er mwyn i chi wybod pwy yw'r cyfrannwr. Dyma ein lleisiau ni a ni yn unig, a dydyn ni ond yn adlewyrchu un rhan fechan o enfys anferth pobl a thraddodiadau Cymru.

OS GWELWCH YN DDA...

Os gwelwch yn dda, ddarllenydd, defnyddiwch synnwyr cyffredin wrth roi rhai o'r syniadau ar waith. Rydym yn cynnig llawer o gyngor i chi, a hwnnw'n gyngor anffurfiol. Cymerwch ofal yn yr awyr agored, yn enwedig yn agos at ddŵr. Yn anffodus, mae angen i bawb, yn enwedig menywod, fod yn ymwybodol o'u diogelwch, felly pan mae'n bosib, mae'n syniad da i ddweud wrth rywun arall ble rydych chi'n mynd. Peidiwch â phigo na bwyta planhigion nad ydych yn gwybod beth ydyn nhw, a sicrhewch eu bod yn lân cyn eu bwyta. Defnyddiwch synnwyr cyffredin i wneud yn siŵr bod y ryseitiau wedi eu coginio'n gywir.

Ystyriwch egwyddor y Cynhaeaf Cydwybodol (*the Honourable Harvest*). Yn ei llyfr ardderchog, *Braiding Sweetgrass*, mae Robin Wall Kimmerer yn nodi'r ymarferion a'r egwyddorion brodorol sy'n cael eu hadnabod fel y Cynhaeaf Cydwybodol. Yn syml, modd o weithredu gyda'r byd o'n hamgylch yw hwn sy'n sicrhau bod ein hymwneud â byd natur yn deg. Nid yw bodau dynol yn bwysicach na neb na dim byd arall, ac nid oes gennym yr hawl i wneud fel y mynnwn gyda bywydau anifeiliaid a phlanhigion. Wrth ddechrau meddwl am ein bodolaeth yn y ffordd newydd hon, mae modd bod ychydig yn fwy caredig wrth drin yr hyn sydd o'n hamgylch ym myd natur. Yn syml, peidiwch â chynaeafu mwy na'r hyn sydd ei angen arnoch, a meddyliwch sut rydych chi'n ad-dalu. Ydych chi'n diolch? Ydych chi'n rhoi rhywbeth yn ôl? Os felly, sut?

DIOLCHIADAU

Hoffai'r pedair ohonom ddiolch, yn gyntaf, i'n gilydd, am sicrhau bod y broses ysgrifennu'n un mor hawdd! Roeddem yn ofni y byddem yn anghydweld, ond mae hi wedi bod yn broses fendigedig ac yn fraint i gael cyd-greu.

Mae llawer o'r testun wedi cael ei ysbrydoli gan ddoethinebau rydym wedi eu casglu ar ein taith, gan gyfeillion, teulu a chymdogion ry'n ni wedi bod yn ddigon lwcus i gyd-droedio'r ddaear hon gyda nhw. Diolch iddynt am ein dysgu.

Diolch o galon i Gwmni Cyhoeddi Gwynn, Llyfrgell Genedlaethol Cymru a Chymdeithas Ddawns Werin Cymru am eu haelioni wrth ganiatáu i ni gynnwys alawon traddodiadol sydd wedi eu cofnodi yn eu cyfrolau nhw.

Diolch arbennig i Twm Elias am ei lyfrau amhrisiadwy, *Tro Drwy'r Tymhorau* ac *Am y Tywydd*, trysorau ac adnoddau pwysig tu hwnt i'r genedl, ac i'r almanac hwn, yn enwedig yn yr adrannau 'Tywydd' a 'Dyddiadau Traddodiadol'.

Diolch i Dr Elen Ifan am y cyfeiriadau at waith T Gwynn Jones a chynghorion doeth eraill. Diolch i Esyllt Angharad Lewis am ei hysbrydoliaeth wrth ddethol cerddi. Diolch i Zara Ali am ei rysáit ffein a'i chyngor diwylliannol ac i Keith Murrell am y sgwrs. Diolch i'r beirdd am y cerddi gwych sy'n cyd-fynd â phob mis. Diolch i Gyhoeddiadau Barddas am eu haelioni yn caniatáu i ni atgynhyrchu'r gerdd 'Heulwen' gan Tegwen Bruce-Deans, a 'Madarch' gan y Coblyn Bach a'r Pwca Drwg. Diolch i'r Lolfa am roi eu ffydd ynom, a ninnau'n awduron nad ydym yn rhan o'r prif ganon llenyddol, i greu rhywbeth annisgwyl. Roedd cydweithio â Marged Tudur ar ddechrau'n siwrnai yn addysg – diolch am dy waith craffu. Diolch i Lefi Gruffudd am y gefnogaeth ac am ein hannog i ddyfalbarhau. Diolch i Meleri Wyn James am fod mor frwdfrydig drosom ac iddi hi ac i Huw Meirion Edwards am olygu'n graff, a diolch i Sion Ilar am wneud iddo edrych fel llyfr go iawn.

Diolch i Natur am ei rhoddion beunyddiol sy'n ein cynnal a'n hysbrydoli.

I'n teuluoedd, y rhai annwyl sydd yma gyda ni, ac i'r rhai sydd yn y caeau pell, chi'n hudol. Diolch am y Cariad.

Mae'r byd yn troi

O fewn pob mis ceir yr adrannau canlynol. Dyma ychydig o wybodaeth sylfaenol am ein byd rhyfeddol cyn i ni droi at y misoedd.

Olwyn y Flwyddyn

Mae'r flwyddyn yn cylchdroi. Mae Olwyn y Flwyddyn yn dynodi mannau pendant lle byddai ein cyndeidiau Celtaidd wedi rhannu'r flwyddyn yn wyth rhan, yn ddibynnol ar yr haul. Mae'r Olwyn yn tarddu o'r cyfnod cynhanesyddol pan oedd pobl yn dibynnu ar gylchredau'r haul, y lleuad a'r sêr i fesur treigl amser ac mae'n tynnu ar sawl traddodiad hynafol.

Mae llawer o amrywiadau ar Olwyn y Flwyddyn, felly nid yw'n ddiffiniol, ond dyma batrwm i'w ddilyn i ddathlu tro'r tymhorau. Dywedir mai Iolo Morganwg ddyfeisiodd y term 'Alban' am y dathliadau yma.

Noder nad yw'r flwyddyn yn dechrau yn Ionawr, fel yn ein calendrau confensiynol Gregoraidd ond, yn hytrach, yn y gaeaf.

ALBAN ARTHAN / HEULDRO'R GAEAF (YULE/SOLSTICE)

Rhagfyr yr 21ain/22ain

Y noson fyrraf. Dechreuad newydd wrth i'r dydd ddechrau ymestyn. Tarddiad y Nadolig.

CALAN GWANWYN / GŴYL FAIR Y CANHWYLLAU / GŴYL SAN FFRAID (IMBOLC)

Chwefror y 1af/2il

Dathlu'r oerfel yn cilio a dychweliad y golau, gyda San Ffraid a choelcerthi yn gysylltiedig â'r dathliad.

ALBAN EILIR / CYHYDNOS Y GWANWYN (OSTARA/EASTER)

Mawrth yr 21ain

Y dydd a'r nos yr un hyd. Y ddaear yn deffro a'r tymheredd yn codi. Diddorol ar drothwy'r tymor ffrwythlondeb bod y gair am yr hormôn ffrwythlondeb, sef Oestrogen, yn tarddu o 'Ostara'.

CALAN MAI / CYNTEFIN (BELTANE)

Mai y 1af

Dathliad ffrwythlondeb ar ei anterth, geni a dechrau'r haf.

ALBAN HEFIN / HEULDRO'R HAF / HIRDDYDD HAF / GŴYL IFAN (LITHA/SOLSTICE)

Mehefin yr 20fed i'r 24ain

Diwrnod hiraf y flwyddyn. Dathliad o egni'r haul.

CALAN AWST (LAMMAS/LÚNASA)

Awst y 1af

Dathliad o'r cnydau a'r hyn a dyfwyd.

ALBAN ELFED / MABON (CYHYDNOS YR HYDREF)

Medi'r 21ain i'r 24ain

Dydd a nos yr un hyd. Cynhaeaf. Diolchgarwch am yr hyn ry'n ni wedi ei gael o'r ddaear a pharatoi am ddyddiau tywyllach.

CALAN GAEAF / YSBRYDNOS (SAMHAIN)

Hydref yr 31ain i Dachwedd yr 2il

Anrhydeddu'r meirw a chofio amdanynt. Yr 'amser tenau'.

Y ddaear, yr haul a'r lleuad

Y DDAEAR

Mae'r ddaear yn teithio o gwmpas yr haul ac yn cymryd 365 diwrnod i wneud hynny, neu 366 mewn blwyddyn naid.

Mae'n troi ar ei hechel dros 24 awr neu ddiwrnod.

YR HAUL

Seren yw'r haul. Mae pellter y ddaear oddi wrth yr haul yn rhoi y tymhorau i ni. Yn hemisffer y gogledd, cawn yr haf pan mae pegwn y Gogledd wedi troi tua'r haul a daw'r gaeaf pan mae e'n troi tua phegwn y De. Rhennir y tymhorau fel a ganlyn:

Gaeaf: Rhagfyr i Chwefror
Gwanwyn: Mawrth i Fai
Haf: Mehefin i Awst
Hydref: Medi i Dachwedd

Y LLEUAD

Lloeren yw'r lleuad sy'n cylchdroi o gwmpas yr haul, ac ar yr un pryd yn cylchdroi o gwmpas y ddaear.

Dyw'r lleuad ddim yn creu ei golau ei hun, mae'n dibynnu ar olau'r haul. Mae'r lleuad yn ymddangos yn llachar oherwydd ei bod yn adlewyrchu golau'r haul.

Mae hanner y ddaear a hanner y lleuad yn wynebu'r haul, a'r hanner arall mewn tywyllwch. Wrth i'r lleuad gylchdroi o gwmpas y ddaear, fe welwn hi o onglau gwahanol, a gwelwn wahanol ddarnau ohoni mewn golau. Dyma beth sy'n creu gweddau gwahanol y lleuad. Ceir 13 lleuad lawn mewn blwyddyn. Mae effaith disgyrchiant y lleuad ar y ddaear yn golygu bod y lleuad yn rheoli'r môr a'r llanw.

Beth bynnag yw ein cefndir neu'n cred, rydym yn gytûn, mae'n siŵr, bod natur yn rhyfeddol.

Ionawr

Dyddiau anadl gwrach
yn chwythu trwy'r oerfel,
dyddiau dwrn y gwynt
yn gadael ôl coch ar dy fochau,
dyddiau blino'r marwor
a'u llosg yn staenio'r awel,
dyddiau troi cysur yn gyffur
yn nagrau gwaelod panad,
dyddiau tôn deialu
yn boddi'r un hen oriau mud:
dyna blygion y dyddiau oedd arnon ni.

Ond heddiw,
yn ara', fel anghofio,
mae gwên y dydd ychydig caredicach,
gwythiennau dail ychydig amlycach,
trydar aderyn to ychydig cliriach,
treigl y dderwen ychydig miniocach,
ac ochneidiad braf y bore bach
yn chwythu llwch oddi ar awen bardd.

Tegwen Bruce-Deans, 'Haul Ionawr'
Gwawrio, Cyhoeddiadau Barddas

'Mis du wedi'r Dolig.' Mae gweld y dydd yn ymestyn 'cam ceiliog' yn ystod un o fisoedd tywyll y gaeaf yn gallu dod â chysur mawr. Gwybod bod yr haul yn troi ei wyneb yn ôl atom ar ôl y diwrnod byrraf.

Efallai ein bod yn dal i deimlo ychydig o hud yr Ŵyl ar ddiwrnodau cyntaf y mis, ond mae'r fflachlwch yn gwanhau. Serch hyn, mae addewid tawel yn y flwyddyn newydd sbon.

Enw'r mis: Mae'r mis wedi ei enwi ar ôl Janus, duw Rhufeinig pyrth, drysau a dechreuadau. Mae Janus yn ddeubennog, sy'n golygu ei fod yn medru gweld yn ôl ac ymlaen.

Arwydd y sidydd: Yr Afr – *Capricorn* (*c.* Rhagfyr 22 nes newid i Acwariws *c.* Ionawr 21)

Wedi'i reoli gan yr elfen: Daear

Planed reoli: Sadwrn

Y lleuad: Un o'r enwau a roddir arni yw 'Lleuad y Blaidd'. Credir fod hyn oherwydd bod bleiddiaid yn fwy tebygol o udo ym mis Ionawr. Rhai enwau eraill yw 'Lleuad Dawel' a 'Lleuad Aros Gartref'.

Crisial/Carreg y mis (*Birthstone*): Garned

Cyngor y mis Meddygon Myddfai: 'Peidiwch â chael eich gwaedu. Yfwch dri gwydraid o win, ymprydiwch. Cymerwch foddion (*potion*). Bwytewch gig gafr a llysiau llesol.'

Yn ogystal, credai Meddygon Myddfai fod ieir yn arbennig o dda yr adeg yma o'r flwyddyn:

'Pe gwypei rai dda-ed (mor dda) iâr ym mis Ionawr, ni adewid un ar y glwyd.'

Dyddiadur

1	Dydd Calan
2	
3	
4	
5	
6	Gŵyl Ystwyll – ymweliad y Doethion
7	
8	Ganwyd Shirley Bassey yn 1937.
9	Ganwyd Cranogwen yn 1839.
10	
11	
12	Hen Galan (Ceredigion)
13	Hen Galan (Penfro)
14	Ganwyd Jess Fishlock yn 1987. Makar Sankrānti – dathliad Hindŵaidd
15	
16	
17	
18	
19	
20	
21	
22	
23	
24	
25	Dydd Santes Dwynwen a Burns Night
26	
27	Diwrnod Cofio'r Holocost
28	
29	
30	
31	

Rhai dyddiadau traddodiadol (ac eraill)

Ionawr y 1af: Dydd Calan: Y traddodiad oedd casglu calennig y bore hwn. Mae rhai'n dal i wneud. Dwi'n cofio holl blant y pentre yn y 1960au yn mynd o dŷ i dŷ yn canu:

'Blwyddyn newydd dda i chi
Ac i bawb sydd yn y tŷ
Dyna yw'n dymuniad ni (neu
'Mae eto wedi dod i ni')
Blwyddyn newydd dda i chi.'

Arferai fy mam gadw 'arian calennig' – h.y. newid mân mewn jwg gogyfer â Dydd Calan.

Ionawr y 6ed: Gŵyl Ystwyll, y dyddiad traddodiadol i dynnu'r addurniadau i lawr.

Ionawr y 12fed/13eg: Hen Galan. Cadwodd rhai ardaloedd, megis Cwm Gwaun, at yr hen galendr Iwlaidd yn lle dilyn y calendr Gregoraidd a gafodd ei fabwysiadu yn 1752.

Yn ddibynnol ar galendr y lleuad, dyddiad rhwng **yr 21ain o Ionawr a'r 20fed o Chwefror:** Y Flwyddyn Newydd Tsieineaidd (*Lunar New Year*).

Ionawr y 25ain: Gŵyl Santes Dwynwen. Yn ôl y chwedl, bu Santes y Cariadon gael bywyd carwriaethol anffodus a diweddu ei hoes yn lleian ar Ynys Llanddwyn. Ceir yr hanes ysgrifenedig cyntaf amdani gan Dafydd ap Gwilym ac mae calendrau o'r bymthegfed ganrif yn nodi'r dyddiad hwn fel ei dydd gŵyl hi. Fe ddaeth Llanddwyn yn fan pererindod yn y Canol Oesoedd, yn enwedig i barau. Roedd pysgod yn y ffynnon ar yr ynys, a'r gred oedd pe byddai'r dŵr yn berwi neu'n symud mewn ffordd arbennig, yna byddai'r pâr yn cael lwc dda. Fe ysgrifennodd Iolo Morganwg amdani ac fe ddaeth ei hanes yn boblogaidd yn Oes Fictoria. Yn 60au'r ugeinfed ganrif, fe gynyddodd yr ymwybyddiaeth, gyda chardiau cyfarch yn cael eu cynhyrchu. Mae adfeilion yr eglwys i'w gweld ar Ynys Llanddwyn.

Ruth

Tywydd

Gall Ionawr fod yn un o fisoedd oeraf y flwyddyn, ond gall hefyd fod yn fwyn. Mae cyfeiriad y gwynt yn cael effaith fawr ar ein tywydd yng Nghymru. Os daw'r gwynt o'r gogledd neu'r dwyrain, byddwch yn barod am oerfel rhewllyd. I'r gwrthwyneb, fodd bynnag, mae cyfeiriad arferol y gwynt - o'r de-orllewin - yn dod ag aer llaith, mwyn. Mae ardaloedd mewndirol Cymru, a'r rheiny sy'n bellach i'r gogledd ac yn fynyddig, yn oerach nag ardaloedd arfordirol. Mae Sir Benfro yn gyson fwynach na gweddill y wlad oherwydd aer cymharol gynnes yr Iwerydd.

Enw'r lle	Tymheredd uchaf	Tymheredd isaf	Glawiad y mis	Oriau haul y mis
Caerdydd	9 gradd	4 gradd	20 diwrnod, tua 105 mm	53
Pen-bre	9 gradd	5 gradd	20 diwrnod, tua 138 mm	53
Y Drenewydd	7 gradd	2 gradd	20 diwrnod, tua 94 mm	33
Caernarfon	9 gradd	4 gradd	21 diwrnod, tua 125 mm	33

Cyfartaledd yw'r ffigurau ar y siart.

Gwawrio Ionawr y 1af: 8.24 a.m., machlud: 4.15 p.m.
Erbyn diwedd y mis, cynnydd o 1 awr 14 munud o olau dydd.
Ffigurau gwawrio a machlud ar gyfer Aberystwyth.

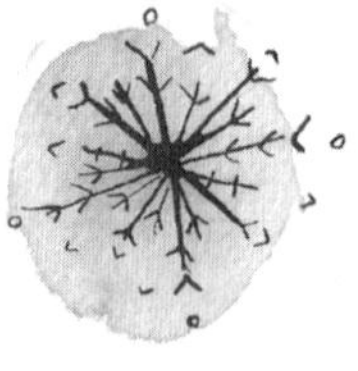

Rhai dywediadau a chredoau am y tywydd

O edrych ar y dywediadau niferus sydd ar gael ynglŷn â thywydd mis Ionawr, mae'n amlwg mai'r gred slawer dydd oedd mai peth drwg oedd cael tywydd mwyn y mis hwn. Hyd heddiw, mae yna gred bod angen rhew caled yn ystod y gaeaf er mwyn lladd y germau a'r chwyn. Dyma rai dywediadau i'r perwyl hwn:

'Ionawr tyner
Duw a'm helpo.'

'Braf yn Ionawr,
Dial ym Mai.'

'Diwerth gwanwyn yn Ionawr.'

Ac yn waeth na hynny:

'Daear las, mynwent fras.'

a hyd yn oed:

'Gwell gweld dodi Mam ar elor
Na gweld hinon deg yn Ionor.'

'Os gwyliau fis Ionawr
fydd hafaidd a hyfryd,
Yr hin fydd aeafaidd hyd
wyliau Mai hefyd.'

Roedd eira yn Ionawr yn cael ei ystyried yn beth da, yn arbennig i'r pridd, ac yn cael ei alw'n 'maeth Ionawr' a 'calch y dyn tlawd'. Dyma rai hen ddywediadau am eira'r mis hwn:

'Eira Ionawr – bara.'

'Blwyddyn o eira,
Blwyddyn o lawndra.'

Hefyd am fis Ionawr:

'Tir dan ddwfr – prinder (newyn),
Tir dan eira – bara.'

Dywediad teuluol am eira:

Os yw eira'n para am sbel, hyd yn oed os yw hynny ar ben y bryniau, mae'n 'aros am ei bartner', h.y. mae rhagor o eira ar y ffordd.

Roedd cred bod rhai dyddiadau ym mis Ionawr yn arwydd o'r tywydd y gellid ei ddisgwyl yn ystod y flwyddyn; er enghraifft:

'Tywydd Dydd Calan – argoel
o'r flwyddyn i ddod.'

'Tywydd Dygwyl Pawl (Ionawr y
25ain) – felly bydd y flwyddyn.'

Roedd 'Dyddiadur' neu 'Almanac' Enlli yn cofnodi'r tywydd adeg yr 'Hen Wyliau Nadolig' (deuddeg diwrnod yn hwyrach na'r hyn rydyn ni'n ei ddathlu)*. Y gred oedd bod tywydd pob dydd o'r gwyliau yn argoeli'r mis, e.e. beth bynnag oedd y tywydd ar y 6ed o Ionawr, hynny fyddai am y mis cyfan; beth bynnag oedd y tywydd ar y 7fed o Ionawr, hynny fyddai am fis Chwefror, ayyb.

Roedd 'Dyddiau Coel' Ceredigion o'r 6ed i'r 17eg o Ionawr a 'Choel Ddyddiau' yr un sir o'r 12fed i'r 24ain, ac yn gysylltiedig â chyfeiriad y gwynt.

*Gw. yr esboniad yn y Cyflwyniad i'r almanac hwn, o dan 'Tabl Dyddiadau'.

Ruth

Cerddoriaeth

Wedi miri mis Rhagfyr, mae teimlad bod angen symud mlaen o'r caneuon llawen a'r dathlu. Wrth i ni famaliaid droi yn ôl i rythm bywyd 'go iawn', sut mae llenwi'r bwlch ar ôl i'r calennig gael ei gasglu?

Oherwydd bod hon yn gân neu hwiangerdd gyda set o eiriau sydd wedi eu sefydlu, cynigiaf fersiwn llai cyfarwydd i chi. Cafodd hwn ei roi i ni'n pedair ar lafar gan ein mam a'n mam-gu.

Mae'r gaeaf yn llwm i adar bach sy'n chwilio am fwyd. Mae'r pennill yn pendroni a ydy'r aderyn dan sylw yn hedfan i ffwrdd er mwyn huno. Mae'n debyg fod y math yma o feddylfryd, o dderbyn a thrafod realiti naturiol marwolaeth, yn perthyn i gyfnod gwahanol, am nad ydym fel arfer yn gweld cyfeiriadau tebyg mewn caneuon traddodiadol sy'n cael eu canu heddiw, yn enwedig caneuon i blant bach. Ond trwy ganu geiriau fel hyn, efallai y gallwn ni i gyd deimlo ychydig yn agosach at natur ac yn llai ofnus. Noda gwefan 'Welsh Nursery Rhymes' mai'r geiriau yw: 'Ble'r ei di, ble'r ei di, yr hen dderyn bach? I nythu fry ar y goeden. Pa mor uchel yw y pren? Wel dacw fo uwchben. O mi syrthi, yr hen dderyn bach.' Tipyn llai brawychus na'n geiriau ni!

Mewn cyferbyniad â'r fersiwn arferol mwy hamddenol a swynol, mae'r dehongliad i'w ganu â rhythm mwy pendant, mewn tempo y byddech yn ei ddefnyddio wrth sboncio babi ar eich glin. Mae'r alaw'n dechrau'n bendant ar ddechrau'r bar cyntaf yn hytrach na gyda'r nodau arweiniol cyn y bar, fel sydd yn y fersiwn cyfarwydd.

Fe ellir dychmygu'r gân hon yn cael ei chanu i blentyn bach wrth edrych trwy'r ffenest ar olygfa lonydd, aeafol. Neu'n cael ei hymian yn dawel wrth gyflawni diwrnod prysur o waith neu wneud gwaith tŷ. Er, o gofio tynged yr aderyn, canwch â gofal i blant bach rhag ofn iddyn nhw fethu cysgu.

Fe ellir dod o hyd i'r fersiwn safonol hyfryd yn y llyfr *Caneuon Gwerin i Blant* gan Phyllis Kinney a Meredydd Evans (Cymdeithas Alawon Gwerin Cymru, 1981), ac fe ellir clywed Plethyn yn ei ganu ar yr albwm *Caneuon Gwerin i Blant* (2003).

Mari

Tu fas

Weithiau yn ystod y mis yma mae fel petai'r weithred o wisgo dillad i fynd tu fas ddim werth yr ymdrech. Cot law neu got gynnes? Welis neu fŵts? Het *a* sgarff, neu jyst sgarff? A ble ddiawl mae'r menig 'na? Ac os oes yna rai bach neu rywun sy'n fwy ffaeledig i'w helpu, mae'n hawdd iawn dweud 'Dim heddi', a theimlo'n ych-a-fi o beidio â mynd allan. Ond y peth i'w gofio yw - dim ots sut rydym yn teimlo cyn mynd, rydym *o hyd* yn teimlo'n well ar ôl dod 'nôl. Ewch mas. Hyd yn oed os yw hynny ond am ddeg munud. Ta beth yw'r tywydd.

O ran byd natur, byddwch yn siŵr o weld yr eirlys - y lili wen fach - erbyn diwedd y mis:

Gwyn, gwyn
Yw'r gynnar dorf ar lawr y glyn...
Pur, pur,
Wynebau perl y cyntaf fflur...
Glân, glân,
Y gwynder cyntaf yw eu cân.

Waldo Williams

Os nad yw hi'n rhy oer gellid hefyd weld cynffonnau ŵyn bach ar y coed cyll a blagur ar y coed helyg wrth i'r mis fynd yn ei flaen. Os ceir tywydd gweddol fwyn yn Ionawr, yna fe fyddwch yn sicr o glywed yr adar yn trydar yn fwy wrth i'r dydd ymestyn. Roedd 'na gred bod clywed aderyn du yn canu ar ddechrau'r flwyddyn yn golygu tywydd garw i ddod. Cred arall, fwy cyffredin efallai, oedd bod y robin goch yn dod yn agosach at ddrws y tŷ yn y gaeaf. Cred arall eto oedd bod cri'r gylfinir yn y gaeaf yn arwydd o ddrycin yn y gaeaf. Yng Nghrymych credent fod y gylfinir ('y hwibanwr') yn canu cyn y glaw.

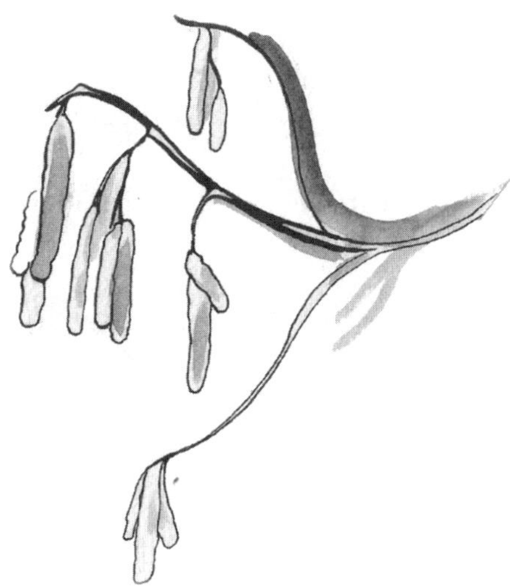

Mae sawl dywediad am ymddygiad y drudwy yn ystod y misoedd oeraf. Os oedd heidiau ohonynt yn cadw stŵr, roedd hynny'n golygu tywydd caled. Neu os oedd haid o ddrudwyod yn cyrraedd o'r gogledd, fe allai olygu storm o eira. Yn ddiddorol, fe'u gelwir yn 'adar yr eira' neu 'adar y ddrycin' gan rai oherwydd eu tuedd i gyrraedd cyn bod eira.

A sôn am adar...

PENWYTHNOS GWYLIO ADAR YN YR ARDD

Caiff y penwythnos hwn ei gynnal gan yr RSPB yn flynyddol bob Ionawr, fel arfer yn ystod penwythnos olaf y mis. Fe allwch chi gymryd rhan trwy wylio adar yn eich gardd, ar y balconi neu yn y parc lleol. Dyna i gyd sydd angen ei wneud yw rhifo'r adar am awr a chofnodi'r rhifau ar wefan yr RSPB. Yn ôl eu gwefan, mae 38

DEG UCHAF 2024

miliwn yn llai o adar yn yr awyr dros Brydain na'r hyn oedd yno 50 mlynedd yn ôl. Un o'r pethau y gallwch chi eu gwneud i helpu yw gadael i ran o'r ardd dyfu'n wyllt.

Cofiwch barhau i fwydo'r adar, gyda hadau neu beli braster, ac fe ddaw mwy i chi eu nodi ar eich rhestr. Cofiwch hefyd gadw'r offer bwydo'n lân ac, yn ddelfrydol, ei symud o gwmpas yr ardd. Y cyngor newydd gan yr RSPB yw dylem ond bwydo yn dymhorol rhwng dechrau Tachwedd a diwedd Ebrill er mwyn osgoi trosglwyddo heintiau. Mae heintiau'n trosglwyddo'n haws yn yr haf, ac mae mwy o fwydydd naturiol megis hadau a phryfed ar gael yr amser yma.

Am fwy o wybodaeth am sut i helpu bwydo'n gyfrifol ac yn lân, ewch i wefan yr RSPB.

Mae rhai o'n llysiau yn hapus braf yn y pridd oer, gwlyb dros fisoedd y gaeaf. Mae'r rhain yn cynnwys: cennin, persli, pannas, moron, erfin (rwdan/swêj), a theulu'r bresych. Yr hen gred oedd bod y rhan fwyaf o blanhigion oedd yn yr ardd yr adeg yma'n blasu'n well – yn felysach – ar ôl ychydig o rew. Mae'n debyg fod sail wyddonol i hyn, wrth i'r planhigion droi'r starts oedd ynddynt yn siwgr i'w hamddiffyn. Cadw allan o'r ardd mae'r rhan fwyaf o arddwyr yn Ionawr, gan fod y pridd yn wlyb a/neu wedi rhewi. Fyddwn ni ond yn gweld yr ardd wrth godi ambell gynhwysyn, megis persli neu gennin ar gyfer cawl, neu wrth mofyn winwns o'r sied neu'r cwpwrth ar gyfer 'cawl dŵr'.

CAWL DŴR A 'SOP'

Roedd yna hen ddywediad yn honni y byddai'r cawl yma yn eich helpu chi i gysgu'n dda: 'Cawl dŵr a gysg yn esmwyth', yn ôl un o ddywediadau eraill fy mam. Yn draddodiadol, fe'i gwneir drwy ferwi winwns neu nionod nes eu bod yn swps (mewn llaeth os dymunir), ac ychwanegu menyn, halen a phupur, a mêl, os dymunir. Swper poblogaidd arall oedd arllwys te (gyda llaeth a siwgr ynddo) dros ddarnau o fara menyn mewn powlen a'i fwyta gyda llwy, ambell dro gyda darn (neu dwlpyn, fel fydden i'n dweud) o gaws. Dyma ffefryn fy nhad. Rhoddir enwau gwahanol iddo mewn gwahanol rannau o Gymru: Siencyn, Sop. *Comfort food* go iawn.

Dwy rysáit go wahanol i'r un a welir yn 'Y crochan' Ionawr...

Ruth

Y crochan

FFA MASALA AR DOST GYDA SALSA PERLYSIAU GWYRDD

Zara Ali, sy'n byw yn Grangetown, Caerdydd sydd wedi cyfrannu'r rysáit hon. Ein ryseitiau ni'n pedair yw'r gweddill, ond rhaid oedd rhannu Ffa Masala hyfryd Zara gyda chi yng nghrochan Ionawr gyda'i sbeisys cynnes i dwymo'r corff a'r enaid.

Daw Zara o Gaerlŷr (Leicester) yn wreiddiol, ac mae hi'n rhedeg caffi The Hideout ym Mhafiliwn Grangetown. Mae ei theulu o dras Ceniaidd, Indiaidd a Phacistanaidd, felly mae dylanwadau'r diwylliannau hyn i'w blasu yn ei ryseitiau. 'Mae Mam yn coginio hwn dros y gaeaf gan fod y cyfuniad o sbeis yn gynhesol ac yn berffaith ar gyfer diwrnod oer,' meddai Zara. 'Mae'r rysáit hon yn cael ei gweini gyda bara, ond rydyn ni'n bwyta *chapati* gyda hi.'

Amser Paratoi: 10 munud
Amser Coginio: 45 munud
Digon i ddau

FFA MASALA ZARA ALI

CYNHWYSION

- 4 llwy fwrdd o olew olewydd
- 1 winwnsyn wedi'i dorri'n fân
- 2 ewin garlleg, wedi'u malu
- 1 tsili, wedi'i dorri'n fân
- 1 llwy fwrdd o bowdwr cwmin
- 1 llwy fwrdd o bowdwr coriander
- ½ llwy de o bowdwr tsili
- 1 pot o *passata*
- 1 llwy de o bowdwr paprica wedi'i fygu
- Halen i flasu
- 1 llwy de o bupur
- 2 dun o ffa *cannellini*, wedi'u draenio
- ½ llwy de o bast *chipotle* wedi'i fygu
- 2 dafell o fara

SALSA

- 1 bwnsh o goriander, wedi'i dorri'n fân
- 25g o bersli, wedi'i dorri'n fân
- 1 llwy fwrdd o gaprau (*capers*), wedi'u torri'n fân
- 2 ewin garlleg, wedi'u malu
- 1 tsili, wedi'i dorri'n fân
- 250ml o olew olewydd 'Extra Virgin'

- 2 lemwn
- Halen a phupur i flasu

DULL

1 • Ar gyfer y ffa masala: cynheswch yr olew olewydd mewn padell ar wres isel, gan ychwanegu'r winwnsyn a'i goginio nes ei fod yn frown golau.

2 • Ychwanegwch y garlleg a'r tsili, a pharhau i goginio am ychydig eiliadau, gan ei droi i sicrhau nad yw'r garlleg yn llosgi. Ychwanegwch y cwmin, y coriander a'r tsili, a'i droi am ychydig eiliadau.

3 • Ychwanegwch y *passata*. Yna ychwanegwch y paprica, yr halen a'r pupur. Coginiwch ar wres isel am 15 munud nes i'r masala dewhau ac y bydd ychydig o olew yn ffurfio ar y top.

4 • Draeniwch y ffa mewn colandr o dan ddŵr oer, a'u ychwanegu i'r masala. Cymysgwch y cyfan a gadael i'r masala goginio am 30 munud ar wres isel.

5 • Ar gyfer y salsa: rhowch y perlysiau mân mewn powlen. Taflwch y caprau, y garlleg a'r tsili i mewn. Ychwanegwch yr olew olewydd a chymysgu (gan ychwanegu mwy o olew nes ei fod mor drwchus ag y dymunir). Gwasgwch sudd y lemwn i'r salsa, ychwanegu halen a phupur a chymysgu eto. Fe ellir ei gadw yn yr oergell mewn bocs aerdyn am hyd at wythnos.

6 • Wedi i'r ffa dwchu, diffoddwch y gwres ac ychwanegu'r past *chipotle* a chymysgu. Tostiwch y bara a rhoi'r ffa masala ar ei ben. Rhowch y salsa dros y ffa a'i fwyta tra'i fod yn gynnes braf.

Corff ac enaid

RHAI DYWEDIADAU A CHYNGHORION

Ar ddechrau'r Flwyddyn Newydd, ar ôl diwrnodau o 'or-bopeth' - bwyta, yfed a segura - rydym yn dyheu i fod yn fwy cymedrol, am fywyd glân a gwell yn ystod y flwyddyn sydd i ddod. Daw un o ddywediadau cyson fy mam i'r cof, sef 'cymedroldeb ym mhopeth'. Arferai ddweud hyn am fwyd a diod yn arbennig. Arferai fy nhad-cu (tad fy mam) ddweud wrthym yn blant y dylen ni bob amser godi o'r bwrdd bwyd gan deimlo y gallen ni fwyta mwy, h.y. heb fod yn orlawn. Neges debyg sydd yn y dywediad hwn sy'n gyfarwydd i bawb, sef 'Gormod o ddim nid yw dda'.

Efallai ei bod yn werth ystyried y ddau ddywediad yma mewn agweddau eraill o'n bywydau. Yn yr oes hon ble gellir cael boddhad ar unwaith a ble mae'r cyfryngau cymdeithasol yn ein denu i'w defnyddio yn fwy ac yn fwy, efallai ei bod yn werth cadw rhinweddau cymedroldeb mewn cof. Mae 'cymedroldeb' yn ffefryn mawr gyda Meddygon Myddfai hefyd. Maent yn taeru bod bwyta'n gymedrol yn fodd i fyw'n hirach ond bod bwyta ac yfed llai neu fwy na beth ddylen ni, a chysgu a gweithio mwy na beth ddylen ni, yn arwain at salwch:

'Wrth sgwrsio, cerdded mewn cwmni, ac wrth yfed a bwyta yn ôl eich arfer, dylech fod yn gymedrol. Byddwch gymedrol wrth gerdded a merlota.'

Ynghyd â'r teimlad bod angen bod yn fwy cymedrol, daw'r ysfa reddfol i 'ddechrau eto' yr adeg yma o'r flwyddyn. Dyma adeg yr addunedau blwyddyn newydd bondigrybwyll. Peth da yw gosod amcanion i ni'n hunain ar gyfer y flwyddyn sydd i ddod. Ond mae hefyd angen bod yn realistig a pheidio â bod yn rhy galed arnon ni'n hunain. Dwi'n troi at un o ddywediadau Mam-gu y tro yma: 'Gwna damed bach, 'se fe ddim ond yn lled dy ben-ôl'. Fe fyddai'n dweud hyn er mwyn annog ei mab (fy nhad) i wneud rhywbeth i'w helpu hi – er enghraifft, palu tamaid o'r ardd. Mae 'Gwna lled dy ben-ôl' wedi dod yn ffefryn teuluol. Y rhesymeg yw bod gwneud rhywfaint yn well na gwneud dim byd. Gwnewch addunedau bach, realistig, felly.

Credaf fod 'gwna lled dy ben-ôl' yn clymu'n berffaith gyda'r dywediad cyfarwydd, 'Deuparth gwaith yw ei ddechrau'. Mae gwneud rhywfaint (lled dy ben-ôl) hefyd yn ddechreuad ar y dasg sydd o'n blaenau. Mae'n gallu bod yn anodd dechrau tasg – fel taclo'r addunedau hynny – ond siwrne rydym wedi dechrau, mae mor braf, ac yn aml yn rhwyddach na'r disgwyl.

YMARFER

Beth am gadw 'dyddiadur' (*journal*) gydag amcanion/datganiadau (*affirmations*) yn ystod y flwyddyn sydd i ddod? Yn y dyddiadur, nodwch:

- **Beth rydych chi'n ddiolchgar amdano.**
- **Sut ydych chi eisiau i'r flwyddyn edrych a theimlo?**
- **Beth hoffech chi ei gyflawni?**
- **Nodwch dargedau bychain, realistig. Rydych yn fwy tebygol o gadw atynt.**
- **Edrychwch ar unrhyw 'blip' neu 'fethiant' fel cyfle i ddysgu, ac i ddod o hyd i ffyrdd newydd o wneud pethau. Adeiladwch ar y ddoethineb a'r profiad rydych wedi'u casglu dros y blynyddoedd.**
- **Byddwch yn garedig i'ch hunan. Byddwch yn optimistaidd y gallwch newid, drwy gymryd camau bach tuag at newid - yn union fel yr hen geiliog 'na!**

(Gw. hefyd 'Corff ac enaid' mis Medi o ran cadw dyddiadur.)

Ruth

Defod

Y FARI LWYD

'Wel dyma ni'n dŵad
Gyfeillion diniwad
I ofyn am gennad
I ofyn am gennad
I ofyn am gennad i ganu.'

Mae'r Fari Lwyd yn draddodiad Cymreig sy'n cyfuno hwyl cymunedol gyda bygythiad sinistr ac yn digwydd adeg y Nadolig a'r Ystwyll. Credir fod y traddodiad yn fersiwn o ddefodau cyn-Gristnogol eraill oedd yn ymwneud â ffrwythlondeb y tir. Mae llu o enghreifftiau o'r Fari Lwyd yng Nghymru dros y ddwy ganrif ddiwethaf, ond credir taw yn siroedd Morgannwg a Gwent yr oedd hi ar ei hanterth.

Penglog ceffyl wedi ei baentio'n wyn a'i orchuddio â rhubanau yw'r Fari Lwyd. Roedd un dyn yn gyfrifol am gario a gweithio'r Fari: 'Gosodid sbring i fewn i weithio'r pen; yr oedd y dannedd yn aros, a phan gaeai y ceffyl ei safn ar neb gwnâi iddo gryn loes,' yn ôl y Parch. D G Williams yn *Casgliad o Lên Gwerin Sir Gaerfyrddin* (1895). Byddai criw o ddynion yn tywys y Fari Lwyd Lawen ar orymdaith gymdeithasol, gan alw o dŷ i dŷ i ofyn am fynediad er mwyn cael hwyl, diod a thamaid o fwyd. Roedd penillion yn cael eu canu am yn ail gyda'r preswylwyr tu fewn i'r tŷ, sef 'pwnco'. Wele enghraifft o bennill uchod. Wedi'r pwnco, byddai'r Fari a'i chriw yn cael mynediad i'r aelwyd, ac yn ôl rhai cofnodion, yn mynd ati'n syth i 'ymlid y merched ieuanc' (sydd yn amwys a brawychus, ac yn peri i rywun holi a oedd y cyfeillion wir mor 'ddiniwad' ag yr oedden nhw'n ei honni wrth ganu). Byddent yn mwynhau lluniaeth yr aelwyd cyn ymadael dan ganu eto. Weithiau byddai'r dynion a oedd yn hebrwng y Fari Lwyd yn gwisgo fel cymeriadau stoc y cyfnod – Arweinydd, Pwnsh a Siwan, er enghraifft – fyddai, mae'n siŵr, yn ychwanegu at y cyffro.

Mae gwreiddiau'r traddodiad yn amwys, ond awgrymir mewn ambell ffynhonnell fod 'Mari' yn cyfeirio at y Forwyn Fair, a'r goel bod angen i geffyl adael y stabl er mwyn gwneud lle i Mair eni'r baban Iesu. Neu efallai fod 'Mari' yn dod o'r gair Saesneg am gaseg, 'mare'. Mae'r ceffyl hefyd yn bwysig fel symbol Celtaidd, yn symbol o ffrwythlondeb, ac wrth gwrs, byddai ceffylau yn rhan bwysig o fywydau'r Cymry cyn dyfodiad ceir a pheiriannau.

Mae'r Fari Lwyd yn debyg iawn i wasaela, traddodiad arall oedd yn ymwneud â chanu cymdeithasol er mwyn cael mynediad i gartrefi i fanteisio ar eu lluniaeth. Roedd gwasaela'n digwydd ar yr un adeg o'r flwyddyn ac yn dathlu a dymuno ffrwythlondeb i'r ddaear ar gyfer y flwyddyn oedd i ddod. Ond mae'r Fari Lwyd yn perthyn i Gymru'n unig, tra bod gwasaela'n ddefod a welwyd dros Brydain. Yn wir, mae Iorwerth Peate, a sefydlodd Amgueddfa Werin Sain Ffagan, yn dweud mai gwasaela oedd yn digwydd ar draws Cymru, gyda'r Fari Lwyd yn bresennol ym Morgannwg yn unig. Wedi dweud hynny, gellir cymharu'r Fari Lwyd gyda defodau anthropomorffaidd eraill mewn ardaloedd penodol o Loegr. Er enghraifft, yr 'Hoodening' yng Nghaint, y 'Broad' yn y Cotswolds a'r 'Old Tup' yn Derby.

Nid yw'n ymddangos fod y Fari Lwyd yn digwydd yn eang yn gymunedol bellach, ond fe welwyd adfywiad bach o'r traddodiad yn ddiweddar gyda Dawnswyr Caerdydd, er enghraifft, yn teithio o amgylch tafarndai'r ddinas gyda'r Fari. Wedi dweud hynny, mae'r ddelwedd o benglog y ceffyl fel petai'n apelio'n eang at genhedlaeth newydd; mae i'w gweld ar grysau-T a siwmperi lu, ac yn datgan balchder yn y traddodiad rhyfedd hwn a pherchnogaeth ohono.

Rhiannon

Anifeilaidd

CEFFYLAU IONAWR

Gadawaf i'm corff gydsymud gyda hyrddiadau'r creadur gosgeiddig oddi tanaf. Awn ar garlam bach trwy'r goedwig, gan orfod symud yn sydyn rhag ambell gangen isel sydd yn ymddangos o dro i dro. Ond teimlaf yn saff dan ofal y ferlen hudol yma. Ymlaciaf i rythm y carnau'n tarfu'r pridd, ac mae fflachiadau'r golau drwy'r brigau yn fy swyno. 'Ni wnawn nhw fy nal,' meddyliaf, wrth i ni ffrwydro mas o'r goedwig at wyrddni agored, lle gwelaf y môr a'r mynyddoedd yn ein gwahodd i barhau â'n siwrne.

Wedyn deffraf i sŵn y larwm. Fi yw Rhiannon, a fi'n ofn anifeiliaid. Mae gyda ni bâr diniwed a phryderus o foch cwta getre, ac mae'r profiad o ymwneud â nhw yn codi curiad fy nghalon, gyda fy nghorff yn paratoi ar gyfer 'cythrwfwl neu gilio'. Mae fy ymennydd ymlusgol yn fy atgoffa, petai rhaid, y byddwn yn gallu rhoi cic mas drwy'r ffenest iddyn nhw er mwyn achub fy hun o'u crafangau bach. Rwy'n dwli ar gefn gwlad, felly sai'n siŵr o ble ddaeth yr ofn afresymol, chwithig hwn; alla i ddim cofio peidio â bod yn amheus o anifeiliaid. Fel person a gafodd fagwraeth led wledig, os oeddwn i am fynd am wâc, roedd yn rhaid i mi basio cŵn a fyddai'n aml yn cyfarth neu'n rhedeg ar fy ôl i, felly efallai fod hynny'n bresennol rywle yng nghofl y corff. Rwyf wedi dod i ddeall hefyd nad oedd fy nhad-cu, ochr fy mam, yn ffarmwr oedd yn gyfforddus iawn gyda'i anifeiliaid (heblaw am ei geffyl ffyddlon, Duke), felly efallai fod hynny wedi pasio lawr rhywsut i fy ngwneuthuriad i.

Teimlaf ymhell iawn oddi wrth Rhiannon, un o brif gymeriadau benywaidd y Mabinogi, wrth iddi hi, yn y gainc gyntaf, ymddangos yn hunanfeddiannol ar ei cheffyl gwyn gosgeiddig, gyda dynion Pwyll yn methu'n deg â chadw lan â hi. Yn wir, mae delweddau o fenywod nerthol a cheffylau yn niferus yn ein chwedloniaeth. Mae cerflun enwog o 'Buddug a'i Merched' tu fas i Dŷ'r Cyffredin yn Llundain, lle mae'r arwres Geltaidd yn reidio cert a cheffylau yn frenhinol. Mae Epona (enw sy'n perthyn i'r gair 'ebol'), duwies ffrwythlondeb Geltaidd, yn cael ei disgrifio fel Brenhines y Ceffylau. Mae'n drawiadol sut mae'r menywod hyn, yn y lluniau ohonynt, yn un â'u ceffylau ac yn feistresi arnynt. Tybed ai wrth amaethu y newidiodd y ceffyl o fod yn anifail oedd yn perthyn i ferched a'u hangerdd, i fod yn un oedd yn cael ei reoli gan ddyn?

Yn bersonol, rwy'n ystyried y Fari Lwyd fel traddodiad gwrywaidd, gyda dynion fel arfer yn griw i'r Fari, yn pwnco gyda dynion yr ochr arall i'r drws. O, am fod yn eofn ar gefn fy ngheffyl fel Rhiannon! Yn hawlio fy lle, fy mhŵer. Fel Buddug! Yn dathlu ffrwythlondeb y tir o'm hamgylch fel Epona! Nid yn cael fy erlid gan griw o ddynion meddw a phenglog ceffyl. Nid ychwaith yn celu rhag crafangau bach moch cwta!

Rydw i'n codi gyntaf yn ein tŷ ni. Rhof fy nhraed yn fy sliperi er mwyn gochel rhag y llawr pren, ac rwy'n ymbalfalu i ganfod fy ngŵn nos. Crwydraf i lawr y grisiau yn y tywyllwch, a chanfod y thermostat a throi'r gwres lan. Tegell arno, wedyn mas â fi i'r ardd i wneud fy nefod foreol i nodi'r pethau'r wyf yn ddiolchgar amdanynt a'r pethau rwy'n edrych mlaen at eu gwneud. Ymhyfrydaf yn yr oerfel sydd yn fy nghroesawu wrth iddo ddeffro fy nghroen gwelw a chysglyd. Diolchaf am gaer fy nghartref wrth i mi gamu'n ôl mewn i'r gwres cymharol. Af ati i baratoi brecwast a'r bagiau cyn mynd i ddihuno'r cyrff bach cynnes, meddal o'u trwmgwsg. Na, nid y moch cwta, fy mhlant, Melangell a Morfudd. Anogaf hwy i baratoi at yr ysgol heb lusgo'u traed, a cheisiaf fy ngorau i beidio â heneiddio blwyddyn neu ddwy, wrth i un fyta'i Rice Krispies fesul un, tra bod y cloc yn tician.

Ond wedyn, esgynnaf ar fy nghaseg fetel goch, sydd yn arwain y plant, hwythau ar eu hebolion. Â'n gwynt yn ein dyrnau, gan ein bod bob amser yn gadael y tŷ rai munudau'n hwyrach nag ydw i'n dymuno, cludaf ein beiciau i lawr drwy'r parc at lwybr yr afon, cyn croesi'r bont at yr ysgol. Oes, mae 'na rywfaint o gonan a chweryla yn atsain ar ein siwrne ar hyd afon Taf, ond rwy'n taeru bod sŵn ambell aderyn y gwanwyn yn trydar yn y coed. (Ie, trydar, gadewch i ni hawlio'r term 'nôl! Nid y llatai electronig llawn broliant cyfalafol, ond y sŵn a gynhyrchir gan ein ffrindiau bach pluog.) Gwelwn grychau rhubanog yr afon aflonydd. Teimlwn binnau bach yr oerfel ar ein bochau, a diolchaf ein bod wedi treulio munudau poenus cyn gadael y tŷ yn gwisgo'n menig, yn darian rhag ias yr awel dwyllodrus. Rhaid i ni, fel ceffylau sydd mas yn y gaeaf, sicrhau ein bod ni'n ddigon cynnes, a gochel rhag llithro ar yr iâ. Dydw i ddim yn feistres ar y goedwig, nac yn un gyda fy march a chyda natur. Ond ar fy nghaseg goch, caf brofi rhywfaint o ryddid, ym mhatrwm undonog Ionawr.

Rhiannon

Chwefror

Mae min gan y mis bach heddiw,
ei fysedd oer yn gwthio'u ffordd drwy 'nghot
wrth i mi grynu, a chodi'r zip jyst bach yn uwch.
Ond dwi mas. Drwy'r drws ac am y llwybr,
ar fy nhro beunyddiol rownd y bloc
gan ei fod, medden nhw, yn llesol i'r enaid.

Elen Ifan, 'Mynd am dro mewn lockdown (eto)'

'Mis bach, mawr ei anghysuron.'

Mae'r 'Mis Bach' yn dal yn adeg ddigon tywyll o'r flwyddyn. Er hyn, mae'r dyddiau'n ymestyn:

'Dwy awr hir Dygwl Mair.'

Roedd 'Dygwl' neu 'Ddydd Gŵyl' Fair ar ddechrau'r mis hwn ac yn bwysig i'n cyndeidiau. Roedd yn gyfle i ddathlu'r addewid bod y gwanwyn rownd y gornel.

Enw'r mis: Mae 'February' wedi'i fenthyg o'r Lladin – *Mensis Februarius*, sef mis y puredigaeth. Caiff ei gysylltu gyda phuro a glanhau.

Y lleuad: Rhai o'r enwau a roddir ar y lleuad ym mis Chwefror ydy 'Lleuad Eira', 'Lleuad Iâ' a 'Lleuad Storm'.

Diddorol nodi'r hen gred yma o ardal Arthog ym Meirionnydd:

'Dau leuad llawn yn Chwefror – haf gwlyb.'

Arwydd y sidydd: Acwariws (c. Ionawr 21 nes newid i *Pisces c.* Chwefror 19)

Wedi'i reoli gan yr elfen: Aer

Planed reoli: Wranws

Crisial/Carreg y mis: Amethyst

Cyngor y mis Meddygon Myddfai: 'Bwytcwch lcisiaid (gleisiad: eog/samwn) a mynychu pregeth yn y Grawys.'

Dyddiadur

1 (neu yr Ail) *Imbolc* / Gŵyl San Ffraid

2 Gŵyl Fair y Canhwyllau

3

4

5

6

7

8

9

10

11

12

13 Hen Ŵyl Fair

14 Dydd San Ffolant

15

16

17

18

19

20

21

22

23

24

25

26

27

28

29

Rhai dyddiadau traddodiadol (ac eraill)

Chwefror y 1af: Yr ŵyl Geltaidd *Imbolc* – un o wyth gŵyl flynyddol. Mae dechrau Chwefror hanner ffordd rhwng Calan Gaeaf (dechrau Tachwedd) a Chalan Mai (Mai 1), a hefyd rhwng y diwrnod byrraf a chyhydnos y gwanwyn.

Mae *Imbolc* – sy'n gysylltiedig â'r dduwies/santes Ffraid (Brigid) – yn dal i gael ei dathlu yn Iwerddon. Y ffydd Gatholig yw ffydd swyddogol Iwerddon, wrth gwrs, ac mae'r Eglwys yn arddel ac yn dathlu'r hen seintiau (fel yr oedden ni yng Nghymru tan adeg Harri'r Wythfed). Mae'n debygol iawn fod y duwiau a'r duwiesau oedd yn cael eu haddoli yn y cyfnod cyn-Gristnogol, fel Ffraid, wedi cael eu bathu a'u trawsnewid i fod yn seintiau.

Chwefror yr 2il: Gŵyl Fair y Canhwyllau. Mae hon yn ŵyl eglwysig bwysig sydd bron â mynd yn angof. Arferid bendithio canhwyllau a gorymdeithio yng ngolau cannwyll. Mae'n debyg fod cân wasael (*wassail*) o'r ail ganrif ar bymtheg yn cyfeirio at yr adeg yma fel 'Gŵyl Fair Forwyn ddechrau gwanwyn'. Sonnir hefyd am Ŵyl Fair yn y geiriau hyn, sy'n adlewyrchu adeg y flwyddyn a dechreuad y gwanwyn:

'Fe ddaw Gŵyl Fair, fe ddaw Gŵyl Ddewi,
Fe ddaw yr adar bach i ganu.'

Canol/diwedd y mis (neu ddechrau mis Mawrth): Dydd Mawrth Ynyd – Diwrnod Crempog/Pancots. Gŵyl Gristnogol. Mae dyddiad Dydd Mawrth Ynyd a'r Pasg yn amrywio o flwyddyn i flwyddyn, yn ddibynnol ar y lleuad. Mae'r Pasg ar y Sul cyntaf wedi'r lleuad lawn ar ôl y gyhydnos (*equinox*) ar Fawrth 21ain. Fe ddilynir Dydd Mawrth Ynyd gan gyfnod y Grawys, sy'n parhau am tua 6 wythnos. (Gw. mwy am Ddydd Mawrth Ynyd yn y rhan 'Defod Chwefror'.)

Canol y mis (y dyddiad yn amrywio): Wythnos Wybren Dywyll Cymru.

Mae'r digwyddiad yn codi ymwybyddiaeth am lygredd golau ac yn ein hannog ni i ddiffodd y golau am gyfnod ac edrych ar y sêr. Cynhelir gweithgareddau yn rhai o'n hardaloedd tywyllaf fel Pen Llŷn, Cwm Elan a Sir Benfro. (Am fwy o wybodaeth ewch i wefan Parciau Cenedlaethol Cymru.)

***c.* yr ail wythnos yn y mis (y dyddiad yn amrywio):** Dydd Miwsig Cymru.

Ruth

Tywydd

Mae tua dwy awr yn fwy o olau dydd rhwng dechrau a diwedd y mis. Er hyn, mae'n teimlo fel ganol gaeaf, yn enwedig os yw'r gwynt yn dod o'r dwyrain neu'r gogledd. Mae'r tymheredd fel arfer ychydig bach yn oerach, ac fel arfer mae hi damaid bach yn sychach ar gyfartaledd nag yw hi ym mis Ionawr.

Enw'r lle	Tymheredd uchaf	Tymheredd isaf	Glawiad y mis	Oriau haul y mis
Caerdydd	9 gradd	4 gradd	15 diwrnod, tua 90 mm	78
Pen-bre	9 gradd	5 gradd	15 diwrnod, tua 113 mm	78
Y Drenewydd	8 gradd	2 gradd	16 diwrnod, tua 87 mm	57
Caernarfon	9 gradd	4 gradd	16 diwrnod, tua 117 mm	57

Cyfartaledd yw'r ffigurau ar y siart.

Gwawrio Chwefror y 1af: 7.55 a.m., machlud: 5.05 p.m.
Erbyn diwedd y mis, cynnydd o 1 awr 43 munud o olau dydd.
Ffigurau gwawrio a machlud ar gyfer Aberystwyth.

Rhai dywediadau a chredoau am y tywydd

Mae mis Chwefror yn debyg i fisoedd eraill y flwyddyn o ran y gred petai y tywydd yn well nag arfer yn ystod y mis, y byddem yn talu am hynny yn y misoedd oedd i ddod:

'Chwefror teg yn difetha'r un ar ddeg.'

'Nid da i Chwefror wneud gwaith Mawrth.'

'Gwell hinddrwg na hindda ym mis Chwefror.'

Doedd hi ddim yn argoeli'n dda i'r adar chwaith:

'Os cân yr adar cyn Gŵyl Fair (Chwefror 13eg)
Hwy a griant cyn C'lanmai (Calan Mai: yr ŵyl ar ddechrau mis Mai).'

Ac i'r gwrthwyneb, petai eira neu dywydd drwg ym mis Chwefror, roedd hynny'n beth da:

'Os bydd hi'n eira ac yn lluwch
Cod yn fore i brynu buwch.'

Diddorol hefyd yw barn y Sais am y Cymry yn y dywediad Saesneg hwn:

'A Welshman would rather see
His dam on a bier
Than see a fair Februeer.'

Yn yr un modd y dywediad hwn:

'Gaeaf glas, mynwent fras.'

Ruth

Cân

'Y FOLANTEIN'

Er mai mis Ionawr yw mis ein nawddsant cariad ni'r Cymry, mae'r gân serch hon yn gysylltiedig â mis Chwefror, ac mae'n siŵr y gallwch ddyfalu pam o'i henw, 'Y Folantein', sydd, wrth gwrs, yn cyfeirio at nawddsant cariad Lloegr, San Ffolant, St. Valentine. Ond mae hefyd yn gân sy'n mynegi, trwy ei geiriau, obaith bod y gwanwyn yn egino yn y ddaear.

Gweler un o'r penillion yma, ond os ydych chi'n hoffi'r gân hon, dwi'n eich annog i bori yng ngweddill y penillion yn y gyfrol fendigedig *Caneuon Traddodiadol y Cymry* (gol. Arfon Gwilym, 2006). Roeddwn yn gyndyn i gynnwys yr holl benillion yn llawn oherwydd y syniad o gymell neu annog cydsyniad (*consent*) 'Gwen' sy'n cael ei drafod yn un o'r penillion ('Anturia, Gwen...'). Mae angen bod yn ofalus erbyn hyn wrth ystyried canu caneuon hanesyddol sy'n cynnwys penillion â neges fel hon; nid eu sensora nhw, o reidrwydd, ond ystyried beth yr hoffen ni ei ganu. (Mi ysgrifennais i draethawd hir ar y pwnc hwn flynyddoedd yn ôl sydd ar gael ar silff ddystlyd rywle yng nghrombil Prifysgol Bangor, os oes gyda chi ddiddordeb!)

'Fe ddarfu'r gaeaf creulon,
Tawelach yw'r awelon,
A'r adar bach gan fywiocáu
Sy'n dechrau gwau caneuon.'

Mari

Tu fas

Ydy, mae'n aml yn oer ac yn ddiflas ar y rhan fwyaf o ddiwrnodau'r Mis Bach. Ac ydyn, rydym yn dal yn swyddogol yn nhymor y gaeaf. Ond mae arwyddion fod pethau'n newid. Fynychaf mae o leiaf un diwrnod pan ellir synhwyro fod yr haf ar ei ffordd (hyd yn oed os yw e rywle yn y pellter). Mae mwyfwy o blanhigion yn dechrau ymddangos ar waelod y cloddiau, e.e. dail tafol, dail tafod yr hydd (*hart's tongue fern*) a dail pidyn y gog.

Mae'r blagur yn chwyddo ar y coed ac mae llawer o goed yn tyfu cynffonnau (cwte) ŵyn bach am ychydig wythnosau ddiwedd y gaeaf neu ddechrau'r gwanwyn, cyn bod y dail yn ymddangos.

Peidiwch â theimlo'n euog am beidio â garddio eto y mis yma... mae tyfiant sydd wedi marw'n guddfan dros y gaeaf i bryfed a chreaduriaid o bob math.

Fel yr ysgrifenna Mererid Hopwood:

'Nid marw wna'r tymhorau
yn y Pridd
ond Parhau.'

Mae'r eirlys yn eu gogoniant gwyn, ac i ymuno gyda nhw ymhen dim daw'r saffrwn ac, wrth gwrs, y cennin Pedr: 'cynta'r lliwiau' yn ôl Waldo Williams...

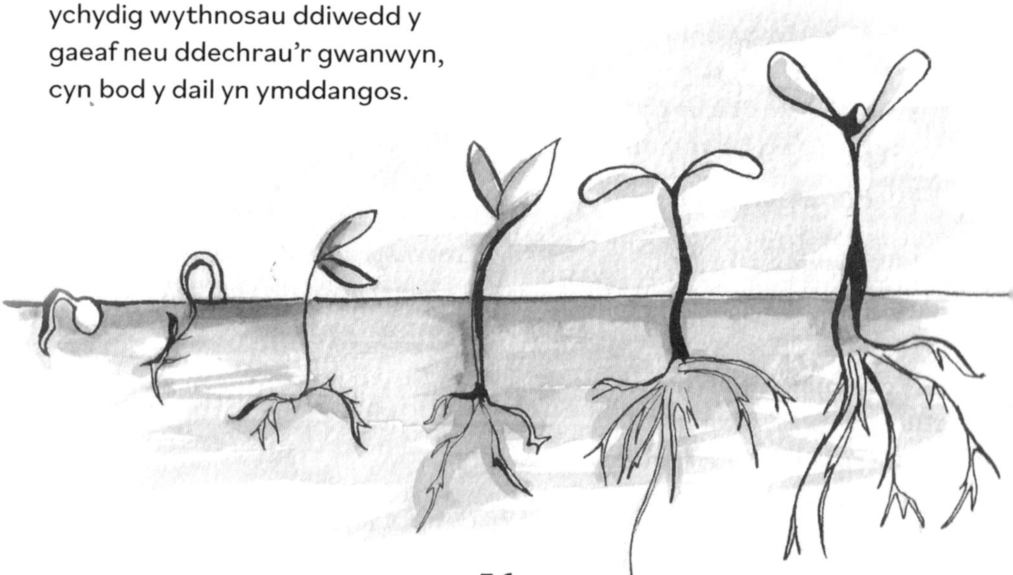

'Prydferthwch bro, deffroad
Melyn gorn ym mlaen y gad.'

Yn nes ymlaen daw'r llygad Ebrill (*lesser celandine*) a'r briallu. Yn ddiddorol, mae'r enw Saesneg am friallu, sef *primrose*, yn dod o'r Lladin *prima-rosa*, sy'n golygu y rhosyn cyntaf. Yn ôl pob sôn, roedd 'na hen gred os oeddent yn tyfu y tu allan i'ch tŷ fe fydden nhw'n eich amddiffyn chi, yn ogystal â denu'r tylwyth teg.

Dyma adeg y cydmaru i gadnoid (llwynogod), a hefyd i lyffantod. Efallai y gwelwch grifft llyffantod wrth i lyffantod a brogaod ddod at ei gilydd mewn pyllau i fwrw eu grifft wrth gydmaru. Yn ôl yr hen ddywediad, welwch chi ddim llawer o rew ar ôl hyn. 'Tywydd Grifft' – dyma y gelwir noson fwyn tua'r adeg yma o'r flwyddyn. Gwyliwch rhag gwasgu un o'r creaduriaid yma o dan olwyn eich car yn ystod y mis hwn wrth iddynt ddihuno o'u trwmgwsg a gwneud eu ffordd yn ystod y nos i gydmaru, fel arfer 'nôl yn y pwll lle gawson nhw eu geni. Creadur arall sy'n dihuno o'i drwmgwsg wrth i'r tywydd ddechrau gwella yw'r draenog.

Mae rhai'n gadael dŵr a bwyd cath neu gi allan iddynt, ac yn creu twll yn y ffens er mwyn iddynt gael croesi o ardd i ardd (ceir mwy o syniadau ar sut i helpu ein bywyd gwyllt ym mhennod Mawrth).

Mae'r adar yn dechrau gwneud mwy o sŵn, ac mae'n haws eu gweld gan fod y coed yn noeth. Mae'r aeron duon ar y coed iddew yn bwysig iawn i adar yr adeg hon, sef y cyfnod rhwng diwedd y gaeaf a dechrau'r gwanwyn. Mae diwedd y gaeaf a dechrau'r gwanwyn yn cael ei hystyried yn adeg dda i docio coed.

Yn ôl awdur *Casgliad o Lên Gwerin Sir Gaerfyrddin* (1895), y Parch. D G Williams: 'Torrir coed ym "Mis Bach" (Chwefror) pan na fo bywyd ynddynt, fel 'tai, oni byddys yn bwriadu eu rhisglo. I'r amcan hwn, rhaid eu torri pan fo'r sudd ynddynt.' Wedi dweud hyn, dyw hyn ddim yn wir am bob math o goeden, felly gwell canfod beth sy'n addas i'r goeden.

Arwyddion pitw bach bod byd natur yn dechrau dihuno o'i thrwmgwsg, felly.

Ruth

Y crochan

PANCOTS EIRA (EIRA YN DDEWISOL)

P'un ai ei bod yn Ddydd Mawrth Ynyd neu'n ddiwrnod ble mae angen ychydig bach o hwyl ar bawb, ewch amdani i greu pancots (crempogau, pancogau, ffroisau…) i iro'ch enaid. Er bod y rysáit yma'n awgrymu eu gweini gyda menyn, lemwn a siwgr (y gorau heb os), mae croeso i chi ychwanegu beth bynnag yr hoffech chi i'r bancotsen ddiymhongar. Melys neu sawrus, gan nad oes siwgr yn y gymysgedd. Os oes eira'n digwydd bod yn drwch, ewch allan i gasglu ychydig mewn powlen ac ychwanegu llwyaid i'r gymysgedd. Roedd ein mam a'n mam-gu ni'n dweud bod hyn yn gwneud y pancots yn ysgafnach; ond hyd yn oed os nad oes eira, mae sôn amdano yn ychwanegu bach o hud a lledrith i'r rysáit ac yn ffordd o ddathlu swyn yr eira.

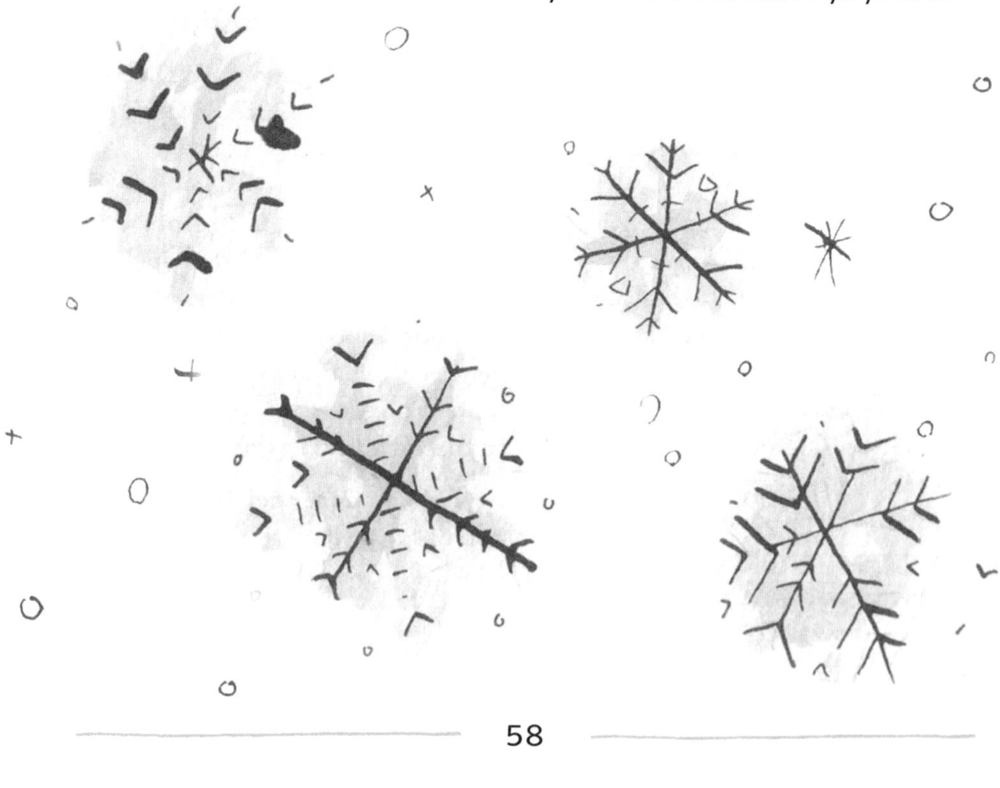

I wneud tua 8–10 pancotsen

CYNHWYSION

- 130g o fflŵr (blawd/can) plaen
- Pinsiaid o halen
- 3 wy
- 450ml o laeth o'ch dewis
- Llwyaid fwrdd o eira (dewisol) – gwnewch yn siŵr ei fod yn eira newydd, gwyn!
- Menyn (i iro)

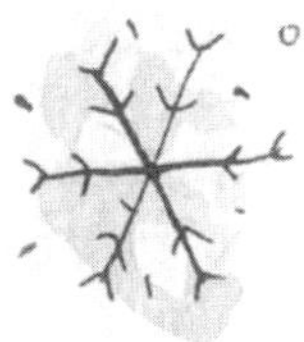

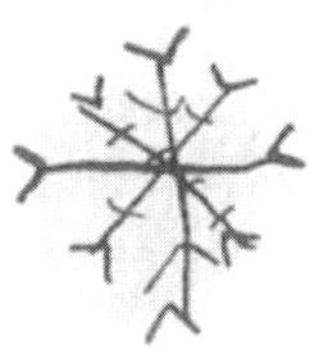

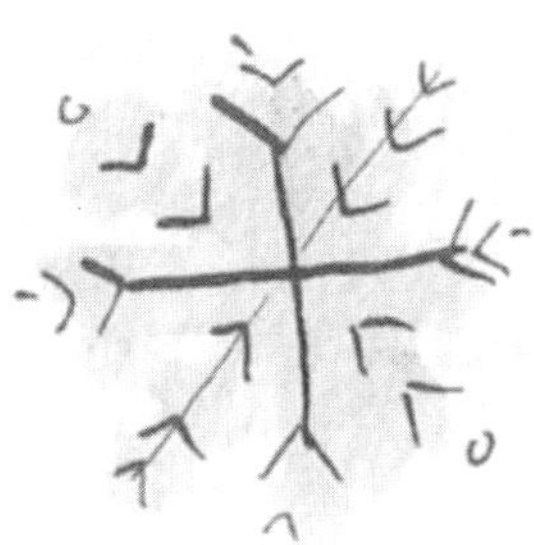

DULL

1 • Hidlwch y fflŵr a'r halen i fowlen fawr a gwneud twll bach yn y canol.

2 • Torrwch yr wyau i mewn i'r twll.

3 • Curwch yr wyau i'r gymysgedd.

4 • Wrth barhau i guro, ychwanegwch y llaeth yn araf nes bod y gymysgedd mor llyfn â phosib.

5 • Ychwanegwch yr eira i'r gymysgedd!

6 • Irwch ffrimpan gydag ychydig o fenyn.

7 • Rhowch ddigon o gymysgedd i mewn i orchuddio'r ffrimpan.

8 • Coginiwch am tua 1 munud bob ochr nes ei bod yn edrych yn barod.

9 • Irwch y ffrimpan gyda bach o fenyn rhwng pob pancotsen.

10 • Gweinwch gyda menyn, lemwn a siwgr.

Mari

Corff ac enaid

'PWYLL PIA HI.'

Er bod golau dydd yn cynyddu, mae'n gallu teimlo fel mis tywyll ar adegau. Does dim byd yn bod ar gynllunio ambell beth i edrych ymlaen ato'n nes mlaen i godi'r ysbryd, fel diwrnod allan neu wyliau bach. Mae lle hefyd i werthfawrogi llymder a llwydni'r gaeaf a bodloni ar yr adeg sydd ohoni. Gorffwys, adnewyddu a chymeryd pwyll.

Fel yn niwrnodau tywyllaf y flwyddyn, gall cynnau cannwyll roi cysur. Fel y soniwyd eisoes, arferai ein cyndeidiau nodi Gŵyl Fair y Canhwyllau ddechrau'r mis yma. Dyma ddarn (wedi ei gyfieithu) o lyfr enwog Trefor M Owen, *Welsh Folk Customs*:

'Ar Ŵyl Fair y Canhwyllau (dechrau Chwefror), arferid cynnau a rhoi canhwyllau yn ffenestri tai a ffermydd. Yn yr un ardal arferai meistres y fferm roi cannwyll wedi'i chynnau yn ddefodol i'r forwyn fawr yn yr hydref er mwyn ei defnyddio yn yr adeiladau y tu allan. Yn ôl y rheol, roedd disgwyl i'r forwyn roi cannwyll yn ôl i'r Feistres ar Ŵyl Fair y Canhwyllau. Y gred oedd y gellid gwneud heb y golau ychwanegol yma erbyn yr Ail o Chwefror. Roedd yr arferion yma yn dal i gael eu cofio yn ardal Cydweli yn 1915.'

Pwy hefyd sy'n teimlo'r poenau bach corfforol yna, canlyniad oerfel a natur cwtsio mewn y gaeaf, yn cripad mewn wrth ddod dros riniog Chwefror? Mae'n amser symud y corff.

Mae'r pedair ohonom yn gredwyr mawr mewn ymestyn yn ddyddiol. Rhyngddon ni, rydym yn cyflawni cyfuniad diddorol o beth y'n ni'n joio, neu wedi'i bigo lan o ddosbarthiadau (ioga yn bennaf), ac ymarferion sydd wedi'u rhannu gan weithwyr proffesiynol yn y byd iechyd ar gyfer ambell gŵyn yn ein cyrff. Ymarferion sy'n gweddu ac yn gweithio i ni yw'r rhain.

Yn ddiddorol, roedd Meddygon Myddfai yn cymell ymestyn hefyd:

'Wrth godi o'r gwely, cerddwch am ychydig, gan ymestyn eich breichiau a'ch coesau, a chywasgu eich pen a'ch gwddf. Fe wnaiff hyn gryfhau eich coesau a'ch breichiau, ac fe wnaiff cywasgu eich pen achosi i'r ysbryd (anifeilaidd) ruthro o'r stumog i'r pen. Wrth i chi gysgu, fe wnaiff ddisgyn i'r stumog eto.'

Dyma ymarfer ymestyn syml. Rhywbeth i annog bach mwy o waed i mewn i'r cymalau, efallai ar ôl eistedd am amser hir.

YMESTYN EICH OCHR

Sefwch ar eich traed.

Anadlwch mewn a mas.

Ysgwyddau 'nôl.

Codwch un fraich lan yn uchel, yn syth at y to, y bysedd yn pwynto am lan, a gostwng y fraich arall i lawr at y llawr a'r bysedd yn pwynto lawr, gyda chledrau'r dwylo'n agored.

Teimlwch gyhyrau eich ochr yn ymestyn.

Gwnewch yr un peth ar yr ochr arall.

ANADLU

Mae ymchwil ym maes ioga hefyd yn pwysleisio pwysigrwydd ymarferion anadlu i'n hiechyd cyffredinol. Mae'n faes arbenigol a chymhleth, ond ar lefel syml iawn, all neb wadu buddion cymryd anadl fach ac eistedd yn ôl am funud (gyda phaned boeth wrth edrych allan drwy'r ffenest ar dywydd Chwefror yn ei holl ogoniant!). Os ydych am ymlacio'n fwy, mae anadlu'n ddwfn dair gwaith yn llesol i'r corff ac yn gyfle am 'reset'.

Mari a Ruth

Defod

OS GWELWCH CHI'N DDA GA'I GREMPOG

Ddydd Mawrth Ynyd, os ydym yn lwcus, byddwn yn sglaffio cymaint o doesion bach fflat ag y gallwn ni, ond pam? Cwestiwn da. Pam lai yw'r ateb, wrth gwrs. Ond fel llawer o ddefodau yn ein calendr, mae'n tarddu o arfer crefyddol, ac yn yr achos hwn, mae'r traddodiad yn un Cristnogol yn wreiddiol, a ddechreuodd yn yr Oesoedd Canol. Yn draddodiadol, byddai pobl yn coginio pancots/crempogau er mwyn gwaredu eu storfeydd o fwydydd, yn gwledda, cyn ymprydio neu o leiaf aberthu llawer o fwydydd blasus dros gyfnod y Grawys.

Mae Dydd Mawrth Ynyd fel arfer yn digwydd ym mis Chwefror, ond mae'r dyddiad yn cael ei benodi mewn cysylltiad â phryd mae'r Pasg yn cwympo y flwyddyn honno. Nid yw'r Pasg ar ddyddiad penodol, fel dydd Nadolig er enghraifft, ond yn dibynnu yn hytrach ar pryd mae'r Saboth. Mae Dydd Mawrth Ynyd ar y diwrnod cyn Dydd Mercher y Lludw, sy'n ddechrau ar gyfnod y Grawys, sef 40 diwrnod o ympryd, ac eithrio'r Sabothau, y cyfnod y bu Iesu Grist yn yr anialwch yn cael ei demtio gan y diafol.

Nid Cristnogaeth gyflwynodd y bancotsen i'n byd ni, fodd bynnag. Mae'n debyg fod olion grawn i'w canfod ar declynnau malu o Oes y Cerrig, gydag ymchwilwyr yn dyfalu bod cogyddion bryd hynny yn cymysgu cynhwysion a'u coginio ar garreg dwym er mwyn creu fersiwn cynnar o bancots.

Yng Nghymru, yn benodol yn ardal Cydweli, roedd pobl yn arfer cicio hen ganiau i lawr yr heol, er mwyn nodi'r ffaith fod potiau a sosbenni yn cael eu rhoi o'r neilltu tan y Pasg. Roedd Dydd Mawrth Ynyd hefyd yn gyfle i bobl fynd o ddrws i ddrws yn gofyn am bancots, yn begera.

Erbyn heddiw, fel llawer o draddodiadau eraill, mae cyfalafiaeth yn gwerthu'r traddodiad yn ôl i ni. Mae modd prynu pob math o gynhwysion, llenwadau, a bling i'w roi ar eich pancots. Ond i fi, fel pob traddodiad masnachol arall, y symlaf y bancotsen, y ffeina yw hi. Lemwn a siwgr i fi bob tro.

Rhiannon

Anifeilaidd

MWYDYN CHWEFROR

Roedd diwedd mis diwetha'n teimlo'n hiiiir. Mae cyfuno'r ffaith fod y coffrau'n wag a'r tywydd yn ddi-ddim, llymder y tirlun a'r teimlad nad oes yna bethau i ddisgwyl mlaen atyn nhw, yn peri i rywun deimlo'n drwm.

Edrychais ymlaen at droi'r ddalen ar y calendr i Chwefror a'i addewid o obaith, o weld newid i'r llwyd. Ond nid felly y bu. Roedd Chwefror y 1af eleni yr un mor ddi-ddim â'r mis a'i rhagflaenodd. Sai'n siŵr os ydw i'n dioddef o SAD ('Seasonal Affective Disorder', neu yn y Gymraeg, 'Siom A Diflastod'), ond mae'r teimlad trwm yn amlwg i mi ar hyn o bryd.

Ond mae blynyddoedd o ddarllen almanacau Lia Leendertz (os cofiwch 'nôl i'r rhagair, un o ddylanwadau mawr ein halmanac ni) wedi dysgu i mi, er bod y byd yn teimlo'n llonydd ac yn ddi-ddim, os ewch chi mas i'r ardd

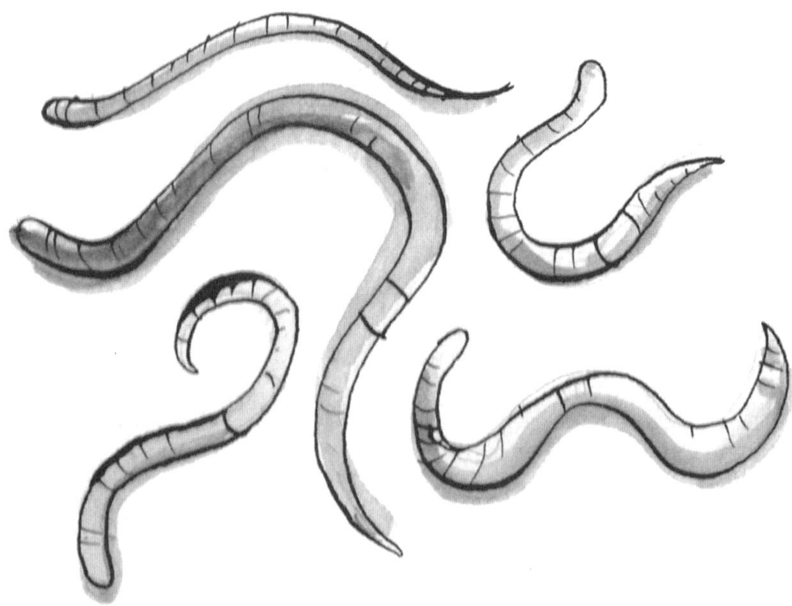

mae yna bethau'n digwydd, hyd yn oed os nad ydych yn eu gweld.

Os ewch chi mas i'r ardd, neu os ydych yn y parc neu'n mynd am dro, gallwch gymryd hoe fach a dilyn un o gynghorion Leendertz, sef diosg eich sgidiau a'ch sanau a theimlo'r gwair. Iawn, peidiwch â rhoi'r gorau i ddarllen - arhoswch funud! Mae'n deimlad grêt. Oherwydd er na welwch chi newid mawr o'ch amgylch, mae'r tir yn gweithio drwy'r amser, ac felly mae bywyd o'ch amgylch yn troi a throi. Dwi'n gwneud hyn. Teimlaf sioc cyntaf y pridd oer o dan fy nhraed, a gwead rhyfedd ond cysurus y dafnau gwlyb ar fy nghroen. Teimlaf egni'r tir.

Meddyliaf am y mwydyn bach, yn troi a throi a thyllu, yn rhoi aer i'r pridd, yn ei gadw'n fyw. Dwi ddim yn gallu ei weld, ond mae e yna, rhywle dan fy nhraed. O'n i'n gwybod bod mwydod yn bwysig cynt, ond wrth ymchwilio ymhellach cefais fy synnu! Ewch i ddarllen am y creaduriaid hynod hyn sy'n rhan mor bwysig o'n ecosystem. Wyddoch chi fod y mwydyn yn gallu bwyta gwerth ei faint ei hun o bridd y dydd? (Dries i neud 'na dros y Nadolig, o'dd e'n hwyl ar y pryd.) Wyddoch chi hefyd fod rhai rhywogaethau yn gallu adffurfio, megis Doctor Who? Hynny yw, yn gallu tyfu hanner gwaelod eu cyrff yn ôl os ydyn nhw'n cael eu sathru yn eu hanner.

Felly falle, yn y noethlymder hwn, fod efelychu rhai o rinweddau mwydyn yn rhywbeth syml i anelu ato. Troi a thyllu, cadw'n fyw ac iach, dal ati. Weithie mae'n iawn ac yn ddigon i allu rhoi un troed o flaen y llall. Oherwydd, yn wahanol i'r mwydyn bach, fi'n gwybod y daw tro ar fyd, ac y bydd fy mydolwg a phatrwm fy niwrnod yn newid yn fuan. Iawn, mae tyfu cynffon newydd i'n hunan ychydig yn uchelgeisiol efallai, ond beth am ddefnyddio'r syniad fod Chwefror llonydd yn gyfle i adffurfio ac adnewyddu ar ddechrau'r flwyddyn, tra bod pethau'n araf bach yn deffro o'n hamgylch?

Rhiannon

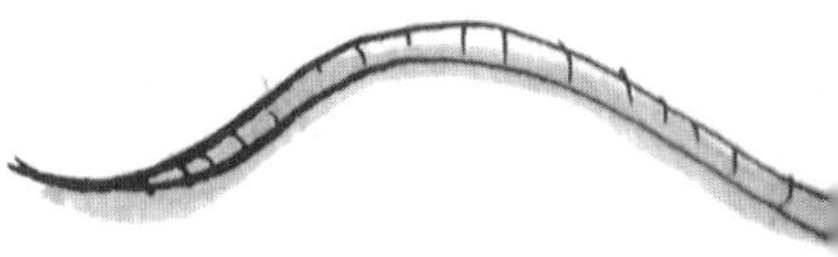

Mawrth

Mis Mawrth yw mis bod yn amyneddgar.
Anodd pan wyt mor ifanc.
Fel twt bach dwy neu dair oed,
does dim dal ar dy dymer:
weithiau'n wyllt, weithiau'n dawel,
weithiau'n bleser a mwynhad,
weithiau'n ddiflas ac anobeithiol.
Ond mae'r addewid yno,
y boddhad o wybod dy fod yn aeddfedu
ac yn datblygu yn union fel yr wyt i fod.
Beth am fynd gyda'r holl gybolfa braf,
a dy fwynhau am beth wyt ti?

Ruth Morgan, 'Hir yw pob aros'.

Wedi'i reoli gan yr elfen: Dŵr

Planed reoli: Neifion (*Neptune*)

Crisial/Carreg y mis: *Aquamarine*

Cyngor y mis Meddygon Myddfai: 'Defnyddiwch wreiddlysiau (*root vegetables*) a chael bath. Peidiwch â chael eich gwaedu yn aml. Peidiwch â chymryd emetig, oherwydd ei fod yn cynhyrchu oerfel yn eich perfedd. Yfwch win melys, ymprydiwch.'

Cyfnod o drawsnewid ydy'r adeg yma, gydag un troed yn y gaeaf a'r llall yn y gwanwyn. Mae'r dyddiau'n parhau i ymestyn a goleuo 'Dros ben cyfri Dygwyl Dewi' ac mae'r blodau'n egino a'r dail yn blaguro.

Enw'r mis: O enw duw rhyfel y Rhufeiniaid, Mars. Efallai am mai dyma'r mis cyntaf wedi'r gaeaf y gellid cynnal rhyfel?

Y lleuad: Rhai o'r enwau a roddir ar y lleuad y mis yma yw 'Lleuad Wy', 'Lleuad y Frân' a 'Lleuad y Gwyntoedd'.

Arwydd y sidydd: Y Pysgodyn - *Pisces* (Chwefror 19 nes newid i'r Hwrdd (*Aries*) c. Mawrth 21)

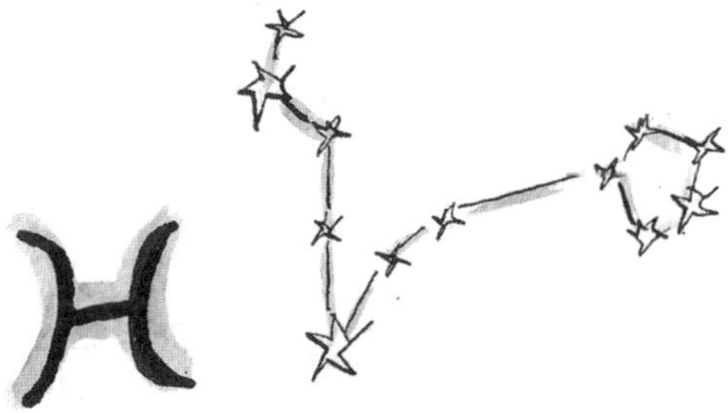

MAWRTH

Dyddiadur

1	Dydd Gŵyl Dewi Dechrau tymor y gwanwyn meteorolegol
2	Dydd Santes Non
3	
4	
5	Dydd Sant Piran, nawddsant Cernyw, ar y cyd â Sant Petroc
6	
7	
8	
9	
10	
11	
12	
13	
14	
15	
16	
17	Dydd San Padrig, nawddsant Iwerddon
18	
19	
20	
21	
22	Dechrau tymor y gwanwyn seryddol/astronomaidd Cyhydnos y gwanwyn; Alban Eilir.
23	
24	
25	
26	
27	
28	
29	
30	
31	

Rhai dyddiadau traddodiadol (ac eraill)

Dechrau Mawrth: Dechrau tymor y gwanwyn meteorolegol (Mawrth y 1af - 31ain Mai). Mae dau ddyddiad yn cael eu hystyried fel dechrau tymor y gwanwyn. Caiff Mawrth y 1af ei ddefnyddio yn y byd meteorolegol er mwyn bod hyd y tymhorau i gyd yn gyson.

Mawrth y 1af: Diwrnod Dewi Sant, nawddsant Cymru. Roedd yn bregethwr wnaeth sefydlu sawl eglwys. Dywedir ei fod yn gallu gwneud gwyrthiau ac roedd yn byw bywyd syml, llysieuol yn agos i'r tir, i natur ac i ddŵr. Dathlwn Gymreictod ar y diwrnod yma mewn sawl ffordd, trwy wisgo gwisg draddodiadol, cynnal cyngherddau i ddathlu'r diwylliant Cymreig, gwisgo cennin Pedr a gwisgo un o hoff fwydydd Dewi, yn ôl pob sôn - y genhinen!

Mawrth yr 2il: Diwrnod Santes Non, sef mam Dewi Sant. Yn ôl y chwedl, cafodd Dewi Sant ei eni yn y man sydd bellach yn adfeilion Capel Santes Non, ar y llwybr arfordirol ger Caerfai yn Nhyddewi, ar noson wyllt a stormus. Fe wnaeth Non hollti carreg yn ddwy gyda nerth ei dwylo yn ystod yr enedigaeth, gan adael olion ei bysedd. Dywedir, wrth i Dewi gael ei eni, i ffynnon sanctaidd ymddangos gerllaw. Mae pobl yn dal i ymweld â hon a llawer o ffynhonnau cysegredig Cymru yn y gred bod ganddynt bwerau hudol, fel y pŵer i iacháu.

Dechrau mis Mawrth (y dyddiad yn amrywio): Diwrnod y Llyfr.

Mawrth yr 21ain: Cyhydnos y gwanwyn; dyma pryd mae oriau golau dydd (12 awr) yr un hyd ag oriau'r nos, ac mae'r haul yn union uwchben y cyhydedd (*equator*). Mae'r gair yn dod o'r Lladin - 'aequi' (*equal*) a 'nox' (nos). Mae'r gyhydnos yn digwydd ddwywaith y flwyddyn, sef tua Mawrth yr 21ain a Medi'r 23ain. Neu yn ôl yr hen ddywediad:

'Hanner Mowrth a hanner Medi,
Dydd a nos 'run hyd â'i gily[dd].'

Mawrth yr 22ain: Dechrau tymor y gwanwyn (seryddol) o ran taith a safle'r ddaear o gwmpas yr haul, wrth i hemisffer y gogledd ddechrau gwyro at yr haul.

Sul y Blodau: Fe ddethlir Sul y Blodau (*Palm Sunday*) y dydd Sul cyn Sul y Pasg. Mae'n ŵyl Gristnogol sy'n dathlu gorymdaith orfoleddus yr Iesu ar gefn asyn i dref Jeriwsalem. Roedd yn draddodiad i lanhau neu wyngalchu beddi'r teulu yn y diwrnodau'n arwain at Sul y Blodau, ac mae'n dal i ddigwydd. Mae'n gyfnod o baratoi at ddathliadau'r Pasg a diwedd y Grawys.

Gwener y Groglith:
Gŵyl Banc. Yn ôl y ffydd Gristnogol, dyma'r diwrnod y croeshoeliwyd Iesu Grist.

Dydd Sadwrn y Pasg:
Diwedd cyfnod y Grawys.

Sul y Pasg: Mae dyddiad Sul y Pasg yn amrywio o flwyddyn i flwyddyn gan ei fod ar y Sul cyntaf wedi'r lleuad lawn ar ôl y gyhydnos ar Fawrth yr 21ain. Mae'n dathlu atgyfodiad yr Iesu a'r bedd gwag. Roedd Cristnogaeth wedi disodli'r dathliadau paganaidd a gynhaliwyd yr adeg yma o'r flwyddyn er i ddathlu deffroad natur, ac ailenedigaeth Lleu, duw'r haul. Yn ddiddorol, mae'r symbolau a welwn o'n cwmpas adeg y Pasg â'u gwreiddiau'n mynd yn ôl trwy'r milenia. Roedd yr ysgyfarnog yn ddelwedd Geltaidd, gyda chysylltiad â ffrwythlondeb, y lleuad a bywyd tragwyddol, a'r wy'n cynrychioli ffrwythlondeb a thyfiant.

Llun y Pasg: Gŵyl Banc.

Gŵyl Ramadan: Mae'r dyddiad yn amrywio o flwyddyn i flwyddyn gan ddilyn y lleuad, gyda dilynwyr Islam yn ymprydio rhwng y wawr a'r machlud, am fis, sef y mis y credir y dechreuodd Allah ddatgelu rhannau o'r Quran i'r proffwyd Muhammad. Mae Ramadan yn cael ei ddilyn gan ŵyl Eid al-Fitr, sy'n datgan diwedd yr ymprydio a dathlu'r ffydd.

Tywydd

Mae tywydd Mawrth yn enwog am fod yn anwadal – weithiau ceir diwrnod o haf, weithiau teimlwn ein bod yn ôl yn y gaeaf. Nodwedd arall o'r mis yma yw'r gwyntoedd cryf. Yn ddiddorol, mae yr un mor debygol iddi fwrw eira yn ystod y mis hwn ag ym mis Chwefror.

Enw'r lle	Tymheredd uchaf	Tymheredd isaf	Glawiad y mis	Oriau haul y mis
Caerdydd	11 gradd	5 gradd	18 diwrnod, tua 76 mm	119 awr
Pen-bre	10 gradd	5 gradd	17 diwrnod, tua 92 mm	119 awr
Y Drenewydd	10 gradd	3 gradd	18 diwrnod, tua 77 mm	85 awr
Caernarfon	10 gradd	4 gradd	19 diwrnod, tua 97 mm	85 awr

Cyfartaledd yw'r ffigurau ar y siart.

Gwawrio Mawrth y 1af: 7 a.m., machlud: 5.57 p.m.
Erbyn diwedd y mis, cynnydd o 2 awr 2 funud o olau dydd.
Ffigurau gwawrio a machlud ar gyfer Aberystwyth.

Rhai dywediadau a chredoau am y tywydd

'Mawrth oerllyd ac Ebrill cawodog
Ill dau wnânt rhyngddynt
Fai godidog.'

Rydym yn gyfarwydd â chlywed y dywediad yma (neu'r fersiwn Saesneg):

'Os fel llew daw Mawrth i'n drysau
Aiff i ffwrdd fel oen dan chwarae.'

Neu yn yr un modd:

'Os daw Mawrth i mewn fel oenig
Allan â fel llew mileinig.'

Ond fe all Mawrth fod yn oer a dod ag eira, hyd yn oed:

'Ni saif eira fis Mawrth
Fwy na menyn ar dorth dwym.'

Fel sy'n nodweddiadol o fisoedd eraill y flwyddyn, roedd cred bod tywydd y mis hwn yn darogan y tywydd oedd i ddod, e.e.

'Fel bo Mawrth bydd yr haf.'

Rhoddid cryn sylw i gyfeiriad y gwynt ar y gyhydnos (Mawrth yr 21ain) gan mai'r gred oedd y byddai'n dod o'r cyfeiriad hwnnw tan droad y rhod (Mehefin yr 21ain):

'Y gwynt a chwyth ar Fawrth 21ain
A chwyth drwy'r haf yn gyfan.'

Ar yr un trywydd, roedd cred y byddai wythnos o dywydd braf yn yr haf am bob diwrnod braf ym mis Mawrth.

Ruth

Alaw

'PWT AR Y BYS'

I ddathlu un o fisoedd mwyaf cenedlaetholgar y flwyddyn, dyma gyflwyno 'Pwt ar y bys', conglfaen unrhyw gerddor gwerin Cymraeg. Dyma'r alaw Gymraeg gyntaf wnes i ei dysgu ar y ffidil, a sawl cerddor arall, dwi'n siŵr. P'un a ydych yn brofiadol neu'n newydd i gerddoriaeth offerynnol, dyma alaw sydd wastad yn werth ei chael yn eich poced. Dwi'n cynnwys cordiau gitâr neu biano hefyd er mwyn i grŵp o bobl gyda sgiliau cerddorol o bob math allu chwarae gyda'i gilydd. Mae hon yn alaw berffaith ar gyfer clocsio yn ogystal.

Mari

Tu fas

Erbyn hyn, trown ein sylw o'r lili wen fach a thuag at y bylbiau eraill, e.e. y cennin Pedr a'r saffrwn. Mae'r cennin Pedr / daffodils fel arfer yn drwch ar Ddydd Gŵyl Dewi, ond wrth i'r mis fynd yn ei flaen, maent yn dueddol o ddechrau hongian eu pennau. Diddorol nodi'r dywediadau yma ynglŷn â'n blodyn cenedlaethol:

'Chynhesith (Thyfith) hi ddim tan bod y cennin Pedr wedi marw.'

Hefyd:

'Cennin Pedr yn gynnar – gwanwyn cynnar.'

'Cennin Pedr yn hwyr – gwanwyn hwyr.'

Mae'r blodau gwyllt cynhenid, e.e. y briallu, y llygad Ebrill, blodau'r gwynt a blodau dant y llew, yn blaguro yn y perthi a'r coedlannau. Yn raddol, mae'r blodau glas yn ymddangos ochr yn ochr â'r melyn; mae'r *muscari* yn ymwthio

yn hy, cyn i glychau'r gog ddangos eu hwynebau ychydig yn nes ymlaen. Mae blodau'n ymddangos ar y ddraenen ddu... mae'n werth nodi lle maent yn tyfu os ydych am gasglu eirin yn yr hydref, gan eu bod yn anoddach eu gweld. Dyw hi ddim yn hawdd cofio'r gwahaniaeth rhwng y ddraenen ddu a'r wen oherwydd bod blodau gwyn ar y ddraenen wen a'r ddraenen ddu. Ond mae blodau gwyn y ddraenen ddu yn blodeuo cyn i'r dail ymddangos, ac mae'r brigau du'n hawdd eu gweld felly. Yn ogystal, mae'r ddraenen ddu yn blodeuo tua'r adeg yma o'r flwyddyn ac nid yw'r ddraenen wen yn blodeuo tan fis Mai neu ddechrau Mehefin, hyd yn oed:

'Pan flodeua'r ddraenen wen
Mae y tymor rhew ar ben.'

A gan ein bod ym mis ein nawddsant, beth am y genhinen? Roedd Meddygon Myddfai yn credu bod y llysieuyn hwn yn un da i yrru ysbrydion drwg ymaith, a hefyd er mwyn puro'r gwaed. Cofiwch hefyd, yr adeg yma, godi unrhyw gennin sydd ar ôl yn yr ardd cyn eu bod yn 'mynd i had', yn enwedig os yw'r tywydd yn fwyn.

Dyma'r adeg mae creaduriaid yn dechrau dihuno o'u trwmgwsg. Os gallwch chi, mae'n beth da i gadw cornel yn yr ardd i'r anifeiliaid cysglyd wrth iddyn nhw ddihuno. Ar ddiwrnod o dywydd gweddol fach, gellir clywed sŵn dwfn, isel ambell wenynen - y cachgi bwm, a'u gweld yn hedfan igam-ogam wrth edrych am hen dwll llygoden i wneud nyth. Mae'n debygol y gwelwch wenyn eraill hefyd tua'r adeg yma. Efallai y gwelwch chi ambell fuwch goch gota neu bilipala yn mentro eu trwynau allan o'u clydfannau. Mae'r adar yn canu'n gryf erbyn hyn; efallai y byddwch yn eu gweld yn cario ambell frigyn er mwyn adeiladu eu nythod, a gallwn eu bwydo er mwyn eu helpu i fagu'r rhai bach.

Mae amseriad ymddangosiad blodau'r gwanwyn, cryfder cân yr adar a'r symudiadau bach cyntaf gan y creaduriaid tu allan yn amrywio o flwyddyn i flwyddyn, ac yn ddibynnol ar y tywydd. Oherwydd effeithiau cynhesu byd-eang, rydym yn cael tywydd mwynach nag arfer erbyn hyn, sy'n golygu bod planhigion a choed yn ymddangos ac yn blaguro'n gynt nag oedden nhw. Yn ystod y mis hwn yn arbennig, da o beth fyddai cofio geiriau Dewi Sant a 'gwneud y pethau bychain' i helpu ein planed, fel yn y gerdd yma:

CYNHESU BYD-EANG

Pan ddiflanna gwres grât yr haf
llithra'r oerfel mewn yn
gusanau digroeso i gyd.
Dos i nôl blancedi, hel y cardiganau,
troi'r deial am i fyny – gan
bwyll, dim gormod.

Hanan Issa, Bardd
Cenedlaethol Cymru

Cyfieithwyd gan Grug Muse

llenyddiaethcymru.org

(Mae cyngor ar gael ar beth allwn ni ei wneud i fyw yn fwy cynaliadwy ar wefannau fel gweithreduarhinsawdd.llyw.cymru, yn ogystal ag yn nes ymlaen yn y bennod hon.)

Ruth

Y crochan

CREISION DANADL POETHION

Mae'r 'chwyn' cyffredin yma yn llawn maeth a daioni, harn a fitaminau, ac yn llawer o hwyl i'w bwyta fel creisionyn anarferol. Nid yw'n pigo ar ôl ei goginio, er bod yna deimlad bach tingli yn y geg.

Gallwch eu bwyta fel creision neu eu hychwanegu ar ben sŵp neu stiw. Cofiwch wisgo menig wrth eu casglu!

Amser Patatoi: 5–10 munud
Amser Coginio: 20 munud

CYNHWYSION

- 3 llond llaw o ddail danadl poethion neu ddigon i orchuddio tun rhostio mewn un haenen (dail wedi'u tynnu o'r goes o'r pedair haen uchaf)
- Glwg mawr o olew olewydd
- Opsiynol – fflêcs tsili neu eich hoff sbeis
- Halen môr a phupur

DULL

1 • Golchwch y dail yn dda.

2 • Cymysgwch y dail gyda glwg mawr o olew olewydd (a'r tsili neu'r sbeis, os ydych chi'n eu defnyddio).

3 • Taenwch nhw'n un haenen ar bapur pobi mewn tun rhostio gyda digon o halen môr a phupur ar eu pennau.

4 • Rhowch nhw mewn ffwrn ar wres isel am 20 munud, neu tan eu bod yn grensiog, gan eu troi unwaith yn ystod yr amser coginio.

Cofiwch: Mae'n hanfodol adnabod blodau a phlanhigion yn gywir cyn eu bwyta – os ydych yn ansicr, peidiwch â'u bwyta.

Bethan

Corff ac enaid

MUD-FFRWTIAN

Rydym oll yn fwy na pharod i groesawu'r gwanwyn. Mae'r gaeaf yn iawn yn ei dro, ond mae'n anodd anwybyddu ein hiraeth am ffresni, tyfiant, adnewyddiad, gwres. Ond y gwir yw bod y gwanwyn fel cawl; angen ffrwtian am sbel cyn i chi brofi ei ysblenydd-dra. Felly Mawrth yw mis rhoi'r crochan ar y tân am y tro cyntaf; sdim lot fawr yn digwydd am sbel. Mae ambell beth wedi bod yn ddigon hy i wthio'i hunan lan drwy'r ddaear: y lili wen fach, y cennin Pedr. Ond fel arall, rhaid bod yn amyneddgar tra bod y gwahanol rinweddau'n asio i greu'r blas.

Cafodd un o fy mhlant ei eni ar ddechrau Mawrth, a chofiaf benderfynu, yn fuan wedi dod adref o'r ysbyty, mynd â'r baban newydd a'i chwaer fawr am dro i'r parc lleol. 'Sdim ishe ffysan i fynd â chotiau,' meddwn wrthyf fy hun, a chanolbwyntio ar yr her o'n cael ni mas o'r drws, gan edrych drwy'r ffenest a gweld awyr las gwmwlog. Ond buan y difarais fy mhenderfyniad, ac roedd ein hymweliad â'r parc yn fyrhoedlog, am ein bod ni'n sythu yno. Cafodd fy mysedd, oedd yn cwrlo o amgylch ffrâm y goets, eu cnoi

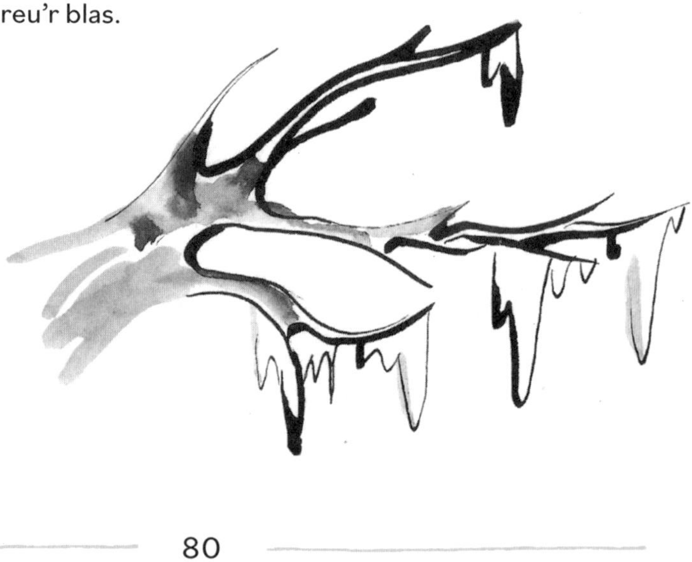

gan y gwynt, ac roedd clustiau fy mhlentyn hynaf yn cochi'n yr oerfel. Felly, os mynd mas ar ddechre mis Mawrth, cofiwch eich cot!

Yna, ar Fawrth y cyntaf un tro, cofiaf yr eira'n disgyn yn ysgafn ond roedd dal angen i mi fynd i'r gwaith. Wrth gychwyn fy siwrne drwy Grange Gardens (dan rwgnach) gwelais olygfa drawiadol. Clwstwr o gennin Pedr wedi'u hysgeintio ag eira. Am lun tlws, oedd hefyd yn codi cwestiynau yn fy ymennydd am y ffyrdd y bûm yn cysylltu gwahanol fathau o dywydd gyda thymhorau penodol ers fy mod yn blentyn ifanc. Roeddwn wedi bod yn aros trwy'r gaeaf am rywfaint o eira (fel rydym yn ei weld ar y cardiau Nadolig oedd wedi eu hen ailgylchu), ond dyma fe'n dod ar ddechrau gwanwyn y calendr.

Mae angen sefydlogrwydd arnom yn ein bywydau, megis y tymhorau, gan ei fod yn helpu i'n daearu. Ond weithiau mae natur yn cynnig tro annisgwyl i ni.

YMARFER

Sylwi ar y momentau hynny o ddisgord, ar yr anghymesur; cennin Pedr yn yr eira, ambell ddeilen grin sydd wedi mynnu cadw'i lle ar goeden sy'n borcyn fel arall, trydar un aderyn bach mewn gofod llawn sŵn traffig. Yn hytrach na meddwl amdanynt fel digwyddiadau ansefydlog, gellir eu hystyried yn rhoddion sydd wedi'n gorfodi i sylwi ar y foment a'r harddwch o'n hamgylch. Maent yn wahoddiad i ni gymryd ennyd i fyfyrio arnynt. Os yw'r momentau'n eich ysbrydoli, gallwch eu hallanoli a'u nodi ym mha bynnag ffurf yr hoffech; yn eich dyddiadur neu ddyddlyfr, neu gallwch hyd yn oed ysgrifennu cerdd neu dynnu llun syml ohonynt.

Rhiannon

Defod

MANNAU ADDOLI Y BYD NATURIOL

Mae pobl yn creu defodau, yn adeiladu temlau a mannau i addoli mewn amryw o ffyrdd. Mae creaduriaid gwyllt yn gwneud y pethau hyn hefyd. Gwelwn hyn yn y ffordd gywrain a chyson maen nhw'n ymfudo, creu cartref, ffindo cymar.

Dyw bodau dynol ond yn 0.01% o'r holl fywyd sydd ar y ddaear, ac fel y rhai sy'n creu y niwed mwyaf teimlaf fod dyletswydd arnom i roi help llaw i'r byd naturiol pan allwn ni. Sdim rhaid bod 'da chi ardd a hat fawr swanc, fel y gwelir yn y Chelsea Flower Show, i greu hafan fach o natur. P'un a yw hynny'n flodyn ar sìl y ffenest neu bwll dŵr ar eich balconi, mae'n ddigon i roi paill i'r peillwyr, achub ein hawyr a gwneud cartref i greaduriaid. Yn ogystal, mae ymchwil yn dangos bod edrych ar ddŵr, planhigyn neu goeden yn gallu gwella ein hiechyd a'n lles.

Mae'r dyn doeth Adam yn yr Ardd yn defnyddio'r term 'eco-gyfrifol' yn lle 'eco-gyfeillgar', gan fod y gair 'cyfrifol' yn ein gwneud yn fwy tebygol o dderbyn ein rôl hanfodol mewn gofalu am y byd naturiol o ddifri.

Mae gwyddonwyr wedi profi bod y coed a'r ffyngau sydd o'n cwmpas yn siarad ac yn helpu ei gilydd trwy rwydweithiau anhygoel wrth i mi ysgrifennu hyn. A gallwn ni estyn cangen a helpu hefyd.

AC FELLY...

Defodau'r mis 'ma yw'r gweithredoedd syml y gallwn ni eu gwneud i helpu i gynnal creaduriaid, tra eu bod nhw'n rhoi boddhad i ni wrth eu gwylio'n cyflawni eu defodau dyddiol.

Dyma rai ffyrdd y gall pobl adeiladu eglwysi ar gyfer yr ecosystemau rydyn ni'n dibynnu arnynt, er mwyn addoli natur fel y dylen ni.

CARTREFI

Gallwn greu cartref neu gapel i natur gydag ychydig iawn o ymdrech.

Trwy adael bwlch bach yn eich ffens, mae'n bosib i bob math o greaduriaid ddod ar bererindod!

Y ffordd symlaf o greu cartref, heb unrhyw ymdrech ar ein rhan ni, yw trwy dorri'r glaswellt yn llai aml neu gadw patsh o wair gwyllt, i roi cartref i flodau gwyllt a phryfed dirifedi. Mae hyn hefyd yn rhoi lle i greaduriaid swil guddio, fel ein draenog annwyl sydd wedi mentro i'n gardd am y tro cyntaf eleni, wedi'i swyno gan y tyllau yn y ffensys a'r gwylltineb gwyrdd afreolus sy'n llenwi'r ardd.

Plannwch goed brodorol. Maent yn rhan amhrisiadwy o'r gwaith o reoli newid hinsawdd ac maen nhw'n gartref i gymaint o fywyd amrywiol. Er enghraifft, dywed Coed Cadw (The Woodland Trust) bod ein dwy rywogaeth dderw frodorol yn cynnal 2,300 o rywogaethau o famaliaid, adar, infertebrata, ffyngau a mwsoglau.

Beth sy'n well na gweld cyfeillion byd natur yn nythu gerllaw? Ac os nad oes mannau naturiol ar gael gellir gwneud neu brynu bocsys i'w rhoi ar waliau adeiladau i greu cartref i adar, draenogod ac ystlumod. A bydd darparu bwyd addas yn siŵr o'u denu a'u cynnal pan mae bwyd yn brin.

DŴR

Mae ffynhonnell ddŵr ffres a glân yr un mor bwysig â bwyd i adar yn yr ardd.

Mae creu pwll dŵr yn denu cymaint o fioamrywiaeth ac yn creu ei gadwyn fwyd ei hun i'ch gardd. Sdim angen gardd fawr, gallwch gael pwll mewn ardal mor fach â balconi. Mae gyda ni un wedi ei wneud o fwced. Mae sawl syniad gwych i'w gael am sut i fynd ati, ond y prif reolau i'w cofio yw i gael rhywbeth fel cerrig neu bren i amffibiaid a chreaduriaid eraill allu dringo mewn a mas ac i ddefnyddio dŵr glaw, nid dŵr tap, gan fod dŵr glaw yn rhydd o gemegion.

Mae gadael dŵr ffres a glân i adar yn golygu eu bod yn aros wedi'u hydradu, a hefyd byddant yn gallu cadw eu plu mewn cyflwr da. Yn ogystal â chadw'r dŵr yn lân a ffres, gwnewch yr un peth wrth fwydo adar a pheidio â'u bwydo o fwydwyr rhwng Gŵyl Fai (Mai y 1af) a Chalan Gaeaf (Hydref yr 31ain) pan mae mwy o fwydydd naturiol ar gael i'r adar, er mwyn atal heintiau rhag lledu.

Casglu dŵr glaw yw un o'r pethau gorau y gallwn eu gwneud oherwydd, yn ogystal â pheidio â gwastraffu dŵr tap gwerthfawr a phrin, mae casglu dŵr yn lleihau faint sy'n mynd 'nôl mewn i'n system garthffosiaeth. Mewn gwlad sy'n gynyddol debygol o weld tywydd eithafol a llifogydd, mae lleihau faint o ddŵr sy'n cyrraedd y llefydd trin carthion yn lleihau'r tebygrwydd o orfod gollwng carthion amrwd i'r moroedd ac i afonydd.

COMPOST

Mae'r bin compost fel teml bioamrywiaeth, i'w addoli.

Mae'n enghraifft o natur yn gweithio ar ei gorau! Fi'n cael boddhad mawr o'r ddefod o gomposta. Beth sydd ddim i'w garu? Taflu gwastraff mewn, cael bwyd maethlon i'r pridd allan, gan greu cartref i greaduriaid bychain sy'n creu bwyd i rai mwy yn y cyfamser.

Bydd angen bin neu le ar gyfer tomen, ar ben pridd yn ddelfrydol ond nid yw hynny'n hanfodol. Yna ychwanegwch gymysgedd o 25–50% o ddeunydd meddal, gwyrdd a bwyd, a'r 50–75% arall yn ddefnydd prennog, brown wedi'i dorri.

Gall y defnydd gwyrdd fod yn unrhyw beth o'r gegin sydd heb ei goginio (e.e. sgraps ffrwythau a llysiau amrwd, growns coffi, plisgyn wy), gwair, chwyn a mwy. Gall y defnydd brown fod yn unrhyw beth sy'n uchel mewn carbon, e.e. cardfwrdd, papur newydd, mân frigau, gwellt, blawd llwch, dail, ayyb.

Os ydych chi'n brin o le, ystyriwch greu abwydfa (*wormery*) yn lle hynny, sef bocs pwrpasol lle mae mwydod yn troi eich gwastraff bwyd yn wrtaith gwych.

Mae compost yn bwydo pridd sy'n sail i'r holl fywyd ar y ddaear.

(Mae gan yr RHS lawer o wybodaeth hawdd ei dilyn am gompostio os ydych am ymchwilio ymhellach.)

Weithiau, os fi'n teimlo wedi fy llethu gan y dasg o achub y byd, fi'n meddwl am bridd a'r biliynau o ficrobau, ffyngau, rhwydweithiau gwreiddiau a chreaduriaid sy'n byw ynddo ac yn teimlo'n falch 'mod i'n gallu darparu lle iddyn nhw fodoli. Mae un llwy de o bridd iach yn dal mwy o greaduriaid nag sydd o bobl ar y ddaear i gyd, felly carcwch eich pridd, mae'n sail i bob dim byw ac mae fel carco bydysawd bach ynddo'i hun.

Bethan

Anifeilaidd

SGWARNOGOD GWALLGO

Rydym yn cysylltu'r ysgyfarnog gyda'r adeg yma o'r flwyddyn gan fod delweddau'r creadur (yn ogystal â'r bwnis bach fflwfflyd hynny) o'n cwmpas ym mhobman adeg y Pasg. Dechrau'r gwanwyn yw'r amser mae sgwarnogod swil yn fwyaf amlwg. Maen nhw wedi eu cysylltu â gwallgofrwydd oherwydd dyma'r adeg y gellir eu gweld yn 'paffio', gan godi ar eu coesau ôl. Dyma eu tymor bridio neu gydmaru, a gwelir y sgwarnogod gwryw yn paffio, yn ogystal â'r ddau ryw yn paffio, wrth i'r fenyw geisio hel y gwryw gorgariadus i ffwrdd.

Dyw sgwarnogod ddim yn cysgu mewn ffau fel cwningod, ond yn hytrach mewn 'gwely' neu nyth bas. Mae hyn yn eu gwneud yn agored i ymosodiadau. Dyma pam mae eu cyflymder yn hollbwysig – maent yn un o'r mamaliaid cyflymaf ar y tir (yn gallu cyrraedd tua 45 mya), gan ddefnyddio eu coesau ôl pwerus.

Fe wnaeth niferoedd y sgwarnog leihau yn sylweddol rhwng y 1960au a'r 1990au oherwydd lleihad mewn dulliau traddodiadol o ffermio. Ers y nawdegau mae'r niferoedd wedi codi ychydig bach, yn dilyn cynlluniau swyddogol oedd yn ceisio helpu ystod eang o fywyd gwyllt.

Fel y soniwyd eisoes (gw. y ffeithiau am y Pasg ar ddechrau'r adran 'Mawrth'), credai'r Celtiaid fod pŵer goruwchnaturiol gan y sgwarnog. Dros y canrifoedd mae wedi cael ei weld fel creadur arallfydol, rhyfeddol a hyd yn oed fel twyllwr. Fe allai fod sawl rheswm am hyn... mae'n greadur chwim sydd wedi mynd o'r golwg cyn bod neb, bron, yn ei weld yn iawn. Yn ogystal, mae'n greadur tawel, unig ar y cyfan, neu'n byw mewn parau. Mae'n napio yn y dydd ac ar ddi-hun tan y wawr, ac mae'n well ganddo fwydo yng nghysgodion min nos wrth i'r golau bylu.

Canodd Dafydd ap Gwilym amdano fel creadur anwadal yn

ei gerdd 'Serch fel ysgyfarnog'. A dywedodd Alice yn *Alice Through the Looking-Glass* gan Lewis Carroll: 'The March hare will be much the most interesting, and perhaps as this is May it won't be raving mad - at least not so mad as it was in March.' Yn ddiddorol, roedd 'na gred bod y sgwarnog yn ddeurywiol, ac yn amyneilio rhwng bod yn wryw ac yn fenyw.

Mae'r hanes unigryw, hudol yma yn cael ei adrodd ar draws y byd, mewn credoau ac mewn llên gwerin. Ym Mhrydain, sonnir

am bobl, weithiau menywod neu wrachod, yn trawsnewid yn sgwarnogod. Dyma sy'n digwydd yn chwedl Taliesin. Wrth i Gwion Bach y gwas droi crochan y wrach Ceridwen, mae diferion o'r pair yn syrthio ar ei fys ac mae'n rhoi ei fys yn ei geg. Yn ffodus i Gwion, roedd Ceridwen yn berwi doethineb, felly daeth ef i wybod popeth! Cafodd fraw a dianc, wedi'i drawsffurfio yn sgwarnog. Rhedodd Ceridwen ar ei ôl, wedi ei thrawsffurfio yn filgi. Yn ei dro mae Gwion yn trawsnewid yn bysgodyn ac yn neidio o'i chrafangau i'r afon.

Chwedl Gymreig enwog arall sy'n rhoi lle blaenllaw i'r sgwarnog yw stori Melangell, nawddsant y sgwarnogod a chreaduriaid bach. Yn ôl y chwedl, rhoddodd Melangell loches i ysgyfarnog oedd yn ceisio dianc wrth gael ei hela gan Brochwel, Tywysog Powys. Gelwir sgwarnogod yn 'ŵyn bach Melangell' gan rai.

Ar adegau ym Mawrth dwi'n siŵr ein bod i gyd yn teimlo fel y sgwarnogod gwallgo hynny sy'n paffio gyda'i gilydd – y *Mad March Hares*. Weithiau mae fel petai pethau'n troi wyneb i waered: mae'r gwynt yn chwythu'n wyllt... mae'n dawel; mae'r heulwen yn dwym... mae'n rhewi. Beth wnawn ni? Codi a neidio, neu aros mewn trwmgwsg? Beth sy'n digwydd? Ac ar ben popeth mae'r awr yn troi, sy'n golygu colli awr werthfawr o gwsg. Efallai mai'r peth gorau yw 'mynd gyda' gwynt mis Mawrth yn lle ymladd yn ei erbyn. Teimlwch e'n chwyrlïo o'ch cwmpas ac yn symud eich gwallt, pe bai ond am rai munudau. Weithiau mae'n werth mynd gyda'r llif mewn bywyd.

Ruth

Ebrill

Fis Ebrill, a'n gardd yn llawn ohono,
ffrwydriadau myrdd o'i sêr bach saffir
trwy'r gwyrddni, gwylltni'r borderi:
n'ad fi'n ango'.

Christine James, 'N'ad fi'n angof'.
N'ad fi'n ango': *Myosotis* yn y Lladin, *Forget-me-not* yn Saesneg.
(Mabwysiadawyd y blodyn bach glas yma yn symbol
ar gyfer clefydau Alzheimer a dementia.)

Cyfnewidiol yw'r tywydd o hyd ond mae'r gwanwyn yn carlamu yn ei flaen. Mae'r ddraenen wen yn ei blodau a'r coed eraill yn rasio i ddala lan. Heb sôn am y n'ad fi'n ango', clychau'r gog a blodau eraill y gwanwyn. Mae côr y wig ar ei anterth, gyda'r adar yn amddiffyn eu tiriogaeth, yn cydmaru ac yna'n magu'r wyau a'r cywion bach.

Dyma'r adeg i weld y gwenoliaid yn dychwelyd a hefyd i wrando mas am y gwcw neu'r gog:

'Amser y gwcw yw Ebrill a Mai
A hanner Mehefin, chwi
wyddoch bob rhai.'

Enw'r mis: O'r ferf Ladin am 'agor' (*aperire*), gan fod cymaint o flaguro a thyfiant yn ystod y mis hwn.

Y lleuad: Dau o'r enwau a roddir arni yw 'Lleuad Hadau' a 'Lleuad Ddeffro'.

Arwydd y sidydd: Yr Hwrdd - *Aries* (c. Mawrth 21 nes newid i Tawrws c. Ebrill 20)

Wedi'i reoli gan yr elfen: Tân

Planed reoli: Mawrth

Crisial/Carreg y mis: Diemwnt

Cyngor y mis Meddygon Myddfai: 'Bwytewch gig ffres, cymerwch ddiod dwym. Cymerwch emetig. Bwytewch ddau lond ceg o dafod yr hydd ddwy waith y dydd. Mae angen osgoi gwreiddiau llysiau, fe wnânt achosi ataliad. Yfwch gywarch gwyllt (*hemp agrimony*).'

EBRILL

Dyddiadur

1 Ffŵl Ebrill

2

3

4

5

6

7

8 Diwrnod Rhyngwladol y Romani

9

10

11

12

13

14

15

16

17

18

19

20

21

22 Diwrnod y Ddaear

23 Diwrnod San Siôr, nawddsant Lloegr

24

25

26

27

28

29

30

Rhai dyddiadau traddodiadol (ac eraill)

Sul y Pasg: Mae'r Sul hwn yn aml ym mis Ebrill ac mae'n dathlu atgyfodiad yr Iesu a'r bedd gwag. Fel y soniwyd eisoes yng nghalendr Mawrth, mae dyddiad Sul y Pasg yn amrywio o flwyddyn i flwyddyn. Fe'i dethlir ar y Sul cyntaf wedi'r lleuad lawn ar ôl y gyhydnos ar Fawrth yr 21ain.

Mae'r pennill hwn yn dangos trefn y Suliau yr adeg yma o'r flwyddyn:

'Dydd Sul Ynyd, Dydd Sul hefyd,
Dydd Sul a ddaw, Dydd Sul gerllaw;
Dydd Sul y Meibion, Dydd
Sul y Gwrychon;
Dydd Sul y Blodau, Pasg
a'i ddyddiau.'

Dydd Sul Ynyd: y Sul cyn y Grawys, cyfnod y carnifal (*Shrove Sunday* yn Saesneg).

Shrove Tuesday yw Diwrnod Crempog yn Saesneg, sef dechrau cyfnod y Grawys.

Dydd Sul y Meibion (Sul y Mamau erbyn hyn): pedwerydd Sul y Grawys.

Dydd Sul y Gwrychon / Sul y Pys: pumed Sul y Grawys, pan oedd pryd o fwyd yn cynnwys pys wedi'u sychu yn cael ei fwyta. Roedd y pys yn cael eu socio cyn eu coginio ac yn elfen bwysig o'r deiet yr adeg yma o'r flwyddyn, mae'n debyg.

Dydd Sul y Blodau: chweched Sul y Grawys.

Mae'n draddodiad o hyd i roi blodau ar feddi teuluol ar Sul y Blodau. Yn ôl pob sôn, mae'r arfer o wneud hyn a glanhau'r beddi yn mynd yn ôl ganrifoedd.

EBRILL

Mae gŵyl Gristnogol y Pasg wedi disodli'r dathliadau paganaidd, fel y soniwyd ym mis Mawrth. Wedi dyfodiad Cristnogaeth, credai rhai fod wyau yn cynrychioli bedd gwag Iesu Grist. Wedi cyfnod o ymprydio y Grawys, roedd cig, bwyd, cynnyrch llaeth ac wyau ar gael i'w bwyta eto. Mae'r wyau siocled rydym yn eu bwyta adeg y Pasg i ddathlu diwedd cyfnod y Grawys yn esiampl berffaith o'r cwlwm rhwng dathliadau trigolion cynnar yr ynysoedd yma a'r byd Cristnogol mwy diweddar.

Canol Ebrill: Vaisakhi, gŵyl bwysig yn y grefydd Sikh. Dathliad cynhaeaf y gwanwyn a dyddiad sy'n dynodi blwyddyn newydd yr haul.

Ruth

Tywydd

Mae Ebrill yn enwog fel mis o dywydd cyfnewidiol. Er ein bod yn cysylltu'r mis hwn gyda chawodydd o law, mae Ebrill hefyd yn gallu bod yn un o fisoedd sychaf y flwyddyn. Mae llai o wasgedd isel a hwnnw'n wannach. Mae'r heulwen yn cryfhau a gwelwn fwy o awyr las wrth i'r cawodydd gael eu chwythu i ffwrdd gan wyntoedd y gwanwyn.

Enw'r lle	Tymheredd uchaf	Tymheredd isaf	Glawiad y mis	Oriau haul y mis
Caerdydd	13 gradd	6 gradd	15 diwrnod, tua 78 mm	180 awr
Pen-bre	12 gradd	7 gradd	14 diwrnod, tua 84 mm	180 awr
Y Drenewydd	12 gradd	4 gradd	16 diwrnod, tua 78 mm	135 awr
Caernarfon	12 gradd	6 gradd	15 diwrnod, tua 89 mm	135 awr

Cyfartaledd yw'r ffigurau ar y siart.

Gwawrio Ebrill y 1af: 6.48 a.m., machlud: 7.52 p.m.
Erbyn diwedd y mis, cynnydd o 1 awr 54 munud o olau dydd.
Ffigurau gwawrio a machlud ar gyfer Aberystwyth.

Rhai dywediadau a chredoau am y tywydd

'Bu weithiau heb haf; ni bu erioed heb wanwyn.'

'Chwech o bethau a sych yn sydyn,
Carreg noeth a genau meddwyn,
Cawod Ebrill, tap heb gwrw,
Pwll yr haf a dagrau gwidw.'

Mae'r coed yn deilio erbyn hyn, wrth gwrs; slawer dydd talwyd sylw mawr i p'un ai dail y dderwen neu'r onnen oedd yn blaguro gyntaf:

'Os y dderwen ddeilia gynta,
Haf a sychder a ganlyna;
Os dail yr onnen gynta welir,
Mae haf gwlyb yn eithaf sicir.'

Ac os yw'n bwrw eira ym mis Ebrill, y gred oedd:

'Ni saif eira fis Ebrill
Fwy na dwfr [dŵr] ar gefn brithyll.'

Daw clychau'r gog ('esgidiau'r gog' mewn Gaeleg) a'r gog ei hun tua'r un adeg:

'Dyfod pan ddêl y gwcw,
Myned pan êl y maent,
Y gwyllt atgofus bersawr,
Yr hen lesmeiriol baent;
Cyrraedd, ac yna ffarwelio,
Ffarwelio – Och na pharhaent.'

'Clychau'r Gog'
gan R Williams Parry

Ruth

Alaw

'OKO VELA O CHAVO'

Gyda Diwrnod Rhyngwladol y Romani yn cael ei ddathlu'r mis yma, dyma gân yn hen iaith y sipsiwn Cymreig, neu'r *Kale*; cymuned â ffordd o fyw sy'n werth ei dathlu. Cafodd y geiriau eu casglu oddi wrth blant sipsiwn Cymreig yn Sir Amwythig yn 1962. Mae'r geiriau'n cael eu canu ar dôn adnabyddus 'Bobby Shafto'. Fyddai ddim yn iawn i mi gyfieithu'r darn heb ymgynghori ag un o siaradwyr yr iaith frodorol, ond rwy'n fodlon mentro bod y llinell gyntaf yn golygu rhywbeth tebyg i 'Dyma'r bachgen wedi dod' (*vela* = dod, *chavo* = bachgen). Mae stori'r gân yn seiliedig ar stori'r sipsiwn, 'Y Dyn a Ddyfeisiodd y Bedol'. Mae'r geiriau fel y cawsant eu casglu gan blant sipsiwn Cymreig i'w gweld yn antholeg anhygoel Peter Kennedy, *Folksongs of Britain and Ireland* (1975), neu gellir dod o hyd i fersiwn mwy hygyrch yn *Mabsant*, gol. Rhidian Griffiths (1991).

Mari

Tu fas

FFORIO CRAF YR AFR

Erbyn y pwynt hwn yn yr almanac, gobeithiwn fod y darllenydd wedi dechrau dirnad bod pob math o drysorau o'i amgylch.

Fel rhywun nad yw'n cael llawer o lwyddiant wrth blannu a thyfu cnydau (diolch yn bennaf i gathod drws nesaf), dwi'n edrych ymlaen at y cyfle i fforio am ambell beth o fannau eraill. Mae'r teimlad o fwyta rhywbeth ry'ch chi wedi ei dynnu o'r pridd yn llesol, yn un sy'n eich uno â'r Fam Ddaear ac yn eich gwneud yn ddiolchgar am ei rhoddion.

Un o'r cnydau sy'n ymddangos yn helaeth yn y gwanwyn yw Craf yr Afr (Wild Garlic). Gall ymddangos mor gynnar â Chwefror, a phara ymhell i mewn i Fehefin. Mae'r *Allium ursinum* yn blanhigyn brodorol i Ewrop, yn perthyn i deulu'r winwnsyn, ac yn aml yn tyfu mewn patsiau ar loriau coedwigoedd. Gallwch ei adnabod wrth ei ddail hirion pigfain, gwyrdd llachar, gydag un blodyn gwyn i bob planhigyn. Ond mae'n bur debyg y gwnewch chi ei arogli cyn ei weld - arogl garlleg reit gryf, sy'n peri i drwynau plantos bach grychu wrth sylwi arno.

Mae angen bod yn ofalus nad ydych yn drysu rhwng y planhigyn hwn a Chlych Enid (*Convallaria majalis* neu Lily of the valley), sy'n wenwynig i'w fwyta. Mae dail y ddau blanhigyn yn debyg ond y prif wahaniaeth yw'r blodau. Blodau siâp seren sydd gan Graf yr Afr, a blodyn siâp cloch sydd gan Lily of the Valley.

Mae ambell reol i'w hystyried wrth fforio am Graf yr Afr neu unrhyw gnwd arall. Peidiwch â gorbigo (cofier am y 'cynhaeaf cydwybodol' y soniwyd amdano yn ein cyflwyniad!). Mae'n iawn i chi gasglu digon i wneud ambell botyn o besto, neu fenyn garlleg gwyllt ar gyfer pryd neu ddau, a pham ddim rhoi potyn i gymydog? Fe fyddai'r Fam Ddaear yn hoffi'r caredigrwydd hwnnw. Ond peidiwch â mynd â chymaint nes bod gennych dipyn dros ben. Byddai'n well gadael hwnnw yn y tir. Mae'r Ymddiriedolaeth Genedlaethol yn argymell mynd ag un ddeilen o bob ugain planhigyn. Dyw hynny ddim yn swnio fel llawer, ond mae Craf yr Afr yn tueddu i dyfu mewn llecynnau ble mae llawer mwy nag ugain planhigyn. Peidiwch chwaith â fforio am Graf yr Afr, nac unrhyw beth arall, o Safleoedd o Ddiddordeb Gwyddonol Arbennig.

Mae'r holl blanhigyn yn fwytadwy, gan gynnwys y blodyn; gallwch ddefnyddio hwnnw i addurno salad efallai. Ond y darn mwyaf defnyddiol a hawdd ei fwyta yw'r ddeilen. Torrwch y ddeilen o'r coesyn gan ddefnyddio eich ewinedd neu siswrn. Oherwydd bod y rhan fwyaf o arlleg gwyllt yn tyfu ar lawr coedwigoedd, gwnewch yn siŵr eich bod yn ei olchi'n dda, er mwyn gwaredu pryfed bach a phridd – yn ogystal â phi-pi creaduriaid sy'n mynd am dro ar hyd y llecyn hwnnw!

Gallwch ei fwyta gydag olew olewydd ar fara ffres, ei ychwanegu i gawl neu gyrri, ond fy hoff beth i yw creu pesto, ac mae hwnnw'n cael ei sglaffio gan bob aelod o'r teulu.

Rhiannon

FFORIO AM ARLLEG TRIONGLOG (*ALLIUM TRIQUETRUM, THREE-CORNERED LEEK*)

Mae gan Graf yr Afr gefnder gwyllt - ei enw yw garlleg trionglog.

Yn wahanol i neges Rhiannon am bwysigrwydd peidio â gorgymryd o'r tir, nid yw'r rheol yma'n berthnasol i'r planhigyn ewn hwn yn fy ngardd i. Os ddewch chi i fy ngardd i, plis pigwch lond whilber neu dri o'r garlleg trionglog! Yn debyg i Graf yr Afr, mae'n hynod flasus ac mae pob darn yn fwytadwy. Ac mae'n dlws iawn! Mor dlws fel yr awgrymodd fy ffrind y dylen i roi fy mhlant yng nghanol y 'clychau'r gog gwyn' a chael *photo shoot*! Ond mae'r planhigyn tlws yma'n ymledol iawn - yn bla. Maen nhw'n cymryd drosodd yn llwyr, yn tyfu trwy grombil planhigion, yn plethu i'w dail ac yn gwneud i fathau eraill o chwyn ymddangos yn swil a chwrtais. Fel ddwedodd Janice, fy nghymdoges hollwybodus am yr ardd, 'Chi'n pigo nhw, a ma'n nhw'n tyfu ar eich ôl chi.' Mae hi'n llawn sylwadau a pherlau doethineb. A sôn am berlau - dywedodd Janice fod bylbiau garlleg trionglog fel llwyth o berlau gwyn yn swatio'n ddyfnach i'r pridd na dyfnder maint rhaw. Felly palwch yn ddyfnach, da chi, a gwyliwch mas amdanyn nhw!

Bethan

Y crochan

PESTO CRAF YR AFR (GARLLEG GWYLLT)

CYNHWYSION

- Llond llaw o gnau (cnau pin, cnau cashiw, cnau Ffrengig neu unrhyw gneuen arall)
- Llond llaw o ddail aeddfed Craf yr Afr neu arlleg trionglog (tua 10 deilen) wedi eu golchi'n dda
- 2 lwy fwrdd o gaws caled, e.e. Parmesan neu *cheddar* (neu furum maethol, *nutritional yeast*, i ychwanegu maeth neu i'w wneud yn fegan)
- Hanner lemwn
- 6 llwy fwrdd o olew olewydd
- Ychydig o ddŵr

DULL

1 · Tostiwch y cnau mewn ffrimpan ar wres canolig am tua 7 munud, gan droi'n aml, tan eu bod nhw wedi brownio a bod arogl braf.

2 · Rhowch y dail, y cnau wedi'u tostio a'r caws neu'r burum i gyd mewn prosesydd bwyd.

3 · Ychwanegwch sudd yr hanner lemwn a'r olew olewydd.

4 · Cymysgwch y cyfan yn y prosesydd bwyd. Os oes angen, ychwanegwch sblashys o ddŵr nes ei fod yn cymysgu'n iawn.

Os nad oes gennych chi brosesydd bwyd, mi wneith pestl, mortar a bôn braich y tro.

Gweinwch y pesto gyda phasta, wrth wneud pastai o rolyn o does a llysiau, neu unrhyw le arall y gwelir pesto yn arferol (neu'n anarferol!).

Mari

Corff ac enaid

'Mae'r gwanwyn yn gryf.'

Wrth dyfu lan cofiaf sawl person hŷn yn dweud hyn wrth esbonio'r teimladau o flinder mae rhai ohonom yn eu profi yn y gwanwyn. Mae sôn amdano yn y Saesneg fel *Spring Fatigue* neu *Spring Fever*. Yn ogystal â phrofi blinder, fe welir fod y gwrthwyneb yn wir hefyd, sef bod gan rai pobl fwy o egni. Ymysg y nodweddion eraill y gellir eu profi mae hwyliau anwadal (*mood swings*), pendro neu bennau tost, newid o ran chwant am fwyd a'i chael hi'n anodd canolbwyntio.

Dywediad arall sy'n perthyn i'r adeg yma o'r flwyddyn, ac un dwi'n cofio fy mam yn ei ddweud yn aml, yw hwn:

'Mawrth a ladd
Ebrill a fling
A rhwng y ddau
byddwn heb ddim.'

(Daw 'fling' o'r gair 'blingo', sef 'dinoethi' neu 'stripio', e.e. blingo cwningen oedd tynnu ei chroen i ffwrdd cyn ei choginio.)

Yn fy nhyb i, mae'r dywediad yma'n adlewyrchu'r ffaith bod ein cyrff (o ran ein hemosiynau a'n nerth corfforol) ar eu hisaf, wedi heriau'r gaeaf.

Mae llawer o ffactorau'n gallu effeithio arnom yr adeg yma o'r flwyddyn, gan gynnwys y pethau hyn:

Tywydd cyfnewidiol: mae'n dechrau cynhesu, gan gael effaith bositif arnom. Yna mae'n oeri eto.

Y clociau'n cael eu troi: mae colli awr o gwsg ar ddiwedd Mawrth yn effeithio ar lefelau blinder rhai. Ddylai'r effaith yma ddim parhau'n rhy hir ac mae'r corff yn addasu.

Balans hormonol: mae hormonau'n chwarae rôl o ran lefelau egni. Mae'n debyg ei bod yn gallu cymryd amser i'r corff addasu wrth i'r dyddiau ymestyn. Rydym yn teimlo'n fwy cysglyd dros y gaeaf oherwydd bod mwy o dywyllwch yn gwneud i'r corff gynhyrchu *melatonin*, sef hormon sy'n 'dweud wrth' eich corff am gysgu. Yn ogystal, mae stôr *serotonin* y corff yn lleihau dros y gaeaf.

Hwn yw'r 'hormon hapus' sy'n cael ei gynhyrchu gan olau dydd. Ar y llaw arall, mae mwy o *serotonin* yn cael ei gynhyrchu yn y gwanwyn sy'n golygu ein bod yn fwy bywiog.

Yn gyffredinol, mae yna deimlad o optimistiaeth ac egni cynyddol wrth i'r dydd ymestyn 'dros ben cyfri' ar ôl 'Dwgwl (Dydd Gŵyl) Dewi'. A gyda lwc, mae'r reddf honno i lanhau a rhoi trefn ar bethau - yr enwog *Spring clean* - yn amlygu ei hun. Petaen ni ond yn clirio un drôr bach - hynny yw, yn gwneud 'lled ein pen-ôl', fel y soniwyd amdano yn Ionawr - mae'n werth cymryd mantais o'r ysfa hon ac, yn sicr, mae'n ein helpu ni i deimlo'n well ac yn barod i groesawu'r gwanwyn.

YMARFERION

Ddylai'r cyfnod o addasu ddim parhau'n hir, a dyma rai pethau y gallwn eu gwneud i gyflymu'r broses (mae'r pwyntiau yn ganllaw defnyddiol i fyw bywyd iach trwy'r flwyddyn, nid yn unig yn y gwanwyn):

- Cael digon (ond dim gormod) o gwsg.
- Ymarfer corff - mae gwneud hynny tu allan yn well fyth.
- Ystyried technegau fel meddylgarwch ac ioga i leihau straen.
- Cysylltu gyda phobl.
- Bwyta bwyd da, iachus fel ffacbys a melynwy ac eog, sy'n cynnwys Fitamin D. Mae ein stôr o'r fitamin/hormon hwn yn isel erbyn diwedd y gaeaf. Yn ddelfrydol, bwytewch fwyd sydd mor dymhorol a lleol â phosib.

Slawer dydd roedd y ffaith bod y stôr o fwyd ffres mwy neu lai wedi dod i ben erbyn y gwanwyn - yr 'hungry gap' - yn effeithio ar lefelau egni a ffitrwydd y boblogaeth. Dyw'r esgus hwnnw ddim gyda ni mwyach!

Ruth

EBRILL

Defod

SYFRGANU

Dyma ddefod nad yw bellach yn digwydd yn anffodus, ond credir ei bod yn gyffredin yn Sir Benfro a gorllewin Sir Gâr ar un adeg. Mae'n debyg ei bod yn digwydd tan tua adeg yr Ail Ryfel Byd. Mae cofnod ohoni mewn ambell bapur newydd coll, gyda thystiolaeth lafar yn cadarnhau ei bodolaeth a'i defnydd. Bathwyd y term 'syfrganu' gan yr hanesydd Dr Tegwyn Deiniol, oedd yn ymweld â'r ardal wrth ymchwilio i'w lyfr enwog *Defodau Dirgel Gwalia* ac a dystiodd i'r ddefod.

Meddai Mrs Dilys Puw o Lanychâr, 'O'dd e fel 'se'r byd yn dihuno, gyda pawb yn talu sylw nid yn unig i'r hyn oedd i weld o'n hamgylch ni, ond yr hyn o'ch chi'n clywed wlêth.' Byddai'r ddefod yn digwydd tua Ebrill a Mai wrth i fwy o flodau a phlanhigion dyfu ac wrth i adar ac anifeiliaid ailymddangos wedi'r gaeaf. Y tro cyntaf yr oeddech yn sylwi ar fath arbennig o blanhigyn neu anifail neu aderyn y flwyddyn honno, byddech 1) yn stopio, 2) yn myfyrio am funud ar y rhywogaeth honno,

a 3) yn llafarganu sain y rhywogaeth honno mor uchel ag oedd modd; 4) pe byddech yn clywed rhywun arall yn syfrganu, byddai'n rhaid i chi ymuno â nhw. Daw'r term 'syfrganu' felly o'r 'syfrdan' yn rhan 2 a'r 'canu' yn rhan 3.

Roedd yn hawdd efelychu sain aderyn, er enghraifft, ond beth petaech yn myfyrio ar fath o ddeilen? Sut byddech chi'n creu y sŵn hwnnw? 'Wel, byddech chi'n dychmygu ei sŵn e, wrth gwrs,' meddai Mrs Puw. 'Wedyn, o'i lafarganu, bydde rhaid i bawb we'n eich clywed chi ymuno.' Mae Dr Deiniol yn cofio'r tro cyntaf iddo dystio i'r ddefod:

'Yn cerdded ger Meidrim oeddwn ar ddechrau Ebrill cyn dychwelyd i'r lojins am damaid o swpar, ac yn sydyn clywais sŵn yn ymledu i lawr y dyffryn, a minnau'n methu'n deg â gweithio allan os taw bleiddiaid neu asynnod oedd yn gwneud y ffasiwn nadu. Dychrynais o glywed y sŵn yn cyrraedd y cae drws nesaf i mi. Mentrais edrych dros y gwrych a gweld ffarmwr a'i fab yn sefyll yn yr unfan yn llafarganu, eu lleisiau'n ymuno yn y côr o'r caeau eraill.'

Â Deiniol ymlaen i gofnodi sgwrs gyda'r ffarmwr a'i fab, cyn gorffen drwy ddweud,

'Er i mi deithio dros Gymru benbaladr yn cofnodi defodau dirgel, chefais i erioed ffasiwn brofiad â'r noson honno o Ebrill, Ebrill y cyntaf, os cofiaf yn iawn, oedd ar un llaw wedi rhoi ias i mi a pheri i mi feddwl bod dydd y Farn wedi cyrraedd, ac ar y llaw arall wedi f'atgoffa o fawredd a rhyfeddod byd natur yn ei gân gyntefig.'

Ie, defod hynod oedd syfrganu, un nad yw bellach yn cael ei harfer, yn anffodus, ac na ddigwyddodd erioed. Ffŵl Ebrill!

Rhiannon

Anifeilaidd

Y DRUDWYOD

Lledrith llwyr yw gweld miloedd o adar yn symud fel un cwmwl o siapau ar y gwynt. Y coreograffi mwyaf cain, yn destun cenfigen i bob un o gyfarwyddwyr seremoni agoriadol y Gemau Olympaidd. Yn wers i ddynol ryw am gydweithio a gwrando ar ein cyd-greaduriaid. Ni all trysorau drudfawr guro drudwns a'r wefr o'u gweld yn cydsymud.

Wrth graffu'n fanylach parhau wna'r hud; eu pluf sgleiniog gwyrdd-biws-las fel enfys o olew slic a gemau gwerthfawr drudwyog yn frith o sbeciau bach fel sêr. Llewyrch yr arth ar blufyn. Joiaf hefyd eu bod nhw'n edrych yn ddeinosoraidd, fel 'sen nhw'n perthyn i oes cyn hanes. Nid fi yw'r unig un sy'n gweld gwychder yr aderyn hwn. A glywsoch chi sôn am Ddrudwy Anwes Mozart?

'Ar 27 Mai, 1784, fe gyfarfu Wolfgang Amadeus Mozart â drudwy fach fflyrtlyd mewn siop yn Fienna a ganodd fersiwn byrfyfyr o'r thema o'i Gonsierto i'r Piano rhif 17 yn G fwyaf. Gan synhwyro bod yr aderyn ifanc powld yn enaid hoff cytûn, prynodd Mozart ef a mynd ag e adref yn anifail anwes i'r teulu. Am dair blynedd, bu'r ddrudwen yn byw gyda Mozart, yn dylanwadu ar ei waith a bod yn gydymaith iddo, gan droi ei sylw at bethau eraill, ei gysuro, a gwasanaethu fel awen iddo.'

Cyfieithiad o *Mozart's Starling*, Lyanda Lynn Haupt

A'r drudwy yn destun cariad yn hanes y Celtiaid, wedi dwyn yr enw canmoliaethus 'Drud wy' neu 'Drud wen', yn aderyn sy'n cael ei gysylltu â'r dduwies San Ffraid a ffrwythlondeb ac yn arwres yn chwedl Branwen, mae'n amlwg 'mod i ddim ar fy mhen fy hun wrth ddwli ar yr aderyn hwn.

Serch hyn, dywed sawl un fod drudwns yn rhai cas sy'n dwyn bwyd yr adar eraill. Ond yn fy mhrofiad i maen nhw'n gwrtais a pharchus, yn rhannu bwyd ac yn aros yn amyneddgar i'r adar bach orffen cyn bwyta oddi ar ein bwydwr ni.

Sgwn i a yw eu parch a'u cwrteisi yn deillio o'r ffaith eu bod nhw'n fy nghofio i pan o'n i'n un o'u llwyth? Yn ddrudwen ryfedd yr olwg gydag adenydd carpiog o blu ffabrig ym Mlwyddyn 8, pan chwaraeais ran Y Ddrudwy ym mhantomeim *Branwen* ein cwmni theatr lleol?

Neu ydyn nhw'n cofio y flwyddyn hon...?

Fel y gallwch ddyfalu wrth fy nghyflwyniad canmoliaethus i (a Mozart) i'r creadur yma, ro'n i ar ben fy nigon y gwanwyn cyntaf ar ôl i ni symud o'r ddinas i fyw yn y wlad i weld, wel... unrhyw beth yn nythu yn unrhyw le i fod yn onest, ond yn yr achos yma: drudwns yn nythu yn ein to.

Ond un bore heulog o wanwyn, fe ddaethom ar draws golygfa ryfedd a thorcalonnus yn yr ardd.

Sneb dal yn gwybod y rheswm. Nyth anaddas? Y rhieni yn methu gofalu amdanyn nhw? Brwdfrydedd i hedfan yn rhy gynnar?

Beth bynnag oedd y rheswm, roedd ein lawnt fach yn frith o gywion pinc ar wasgar. Rhai'n llonydd a rhai'n trio eu gore i oroesi, i ffindo lloches, i fyw. Galwon ni ein cymdogion, sy'n ddewiniaid doeth ynglŷn â phopeth naturiol, i weld beth ddylen ni ei wneud.

Oherwydd bod dim plu gan y cywion eto, barn Mr Ioan a Mrs Sharon oedd bod y sefyllfa'n anobeithiol i'r adar bach ac felly fe wnaethon nhw awgrymu ein bod ni'n gadael yr adar i'w ffawd naturiol.

A finnau'n fam i gyw bach fy hun, allen i ddim gwneud hynny. (Ychwanegaf nad dyma'r tro cyntaf i mi gymryd creaduriaid dan fy adain. Fy anifail anwes cyntaf oedd cleren o'r enw Clara.) Felly, gyda help ein cymdogion doeth ac amyneddgar, fe aethom ati i adeiladu nyth mewn bocs i'r tri bach oedd yn dal yn fyw a'u carco nhw. Eu cadw nhw'n dwym ac yn sych a rhoi dŵr iddyn nhw o syrínj pitw bach, a gobeithio'r gorau, gyda sŵn hwiangerddi fy ngŵr a fi yn drac sain iddyn nhw. Daeth y dydd, dydd digon emosiynol, ac fe gollon ni un, ac yna un arall, ac yn yr orie mân, fel y proffwydwyd, bu farw yr un bach olaf o'r tri yn nhywyllwch y nos. Nid oedd y wyrth ro'n ni wedi gobeithio amdani i fod. Cafwyd angladd syml a rhoi'r cyrff i'r cloddiau, yn ôl i gylch natur, gan obeithio y byddai'r cadnoid neu'r moch daear yn eu cymryd i fwydo eu teuluoedd nhw ac y byddai rhyw ddaioni yn dod o'r sefyllfa drist.

Dyw dyn ddim yn fwy pwerus nac yn gwybod yn well na natur. Mae rhai pethau tu hwnt i'n deall ni a thu hwnt i'n gallu i'w trwsio. Ond mae'n iawn i deimlo gobaith a pheidio â rhoi'r ffidil yn y to, hyd yn oed os yw ein hymdrech yn erbyn yr ods. Mae natur yn greulon ac mae natur yn wyrthiol. Yn y misoedd dilynol, ro'n i'n licio meddwl bod y drudwyod yn rhoi sioeau eithriadol o wych mlaen yn ein cwmni, a bod yr holl adar yn ein gardd fel 'sen nhw'n gwybod am ein hymdrech ac yn rhoi naid fach yn agosach aton ni nag arfer.

Fi'n credu ein bod ni'n agosach
at fywyd gwyllt nag rydyn
ni'n ei yn sylweddoli.

Y flwyddyn ganlynol, yr un oedd
tynged y drudwyod druain. Y tro
yma, gyda chalon drom a phrofiad,
eu gadael i'w ffawd naturiol
wnaethon ni. Ond ers hynny, daw
teuluoedd bach o ddrudwyod
i nythu ac i fwydo yn yr ardd,
ac i joio byw. Mae ail gyw bach
gyda fi i'w garco a'i garu erbyn
hyn, un sy'n dwli gweld yr adar.
Mae'r cylch yn parhau i droi.

Bethan

Mai

Gwn ei ddyfod, fis y mêl,
Gyda'i firi yn yr helyg,
Gyda'i flodau fel y barrug –
Gwyn fy myd bob tro y dêl...

Gwn ei ddyfod, fis y mêl,
Gyda'i firi, gyda'i flodau,
Gyda dydd fy ngeni innau –
Gwyn fy myd bob tro y dêl.

Eliseus Williams (Eifion Wyn), 'Mai'.
Gellir clywed y gerdd hon ar ffurf cân ar albwm hyfryd Georgia Ruth, *Mai.*

Mae'r gwanwyn yn troi'n haf. Mae natur yn gwneud pethau hudol, gyda hyfrydwch y gwyrddni a'r blodau lu o'n cwmpas ym mhobman. Dywedir fod saith math o felynwyrdd yn y dail ar yr adeg yma.

Enw'r mis: Wedi ei enwi ar ôl y dduwies Roegaidd Maia, sef duwies ffrwythlondeb.

Y lleuad: Dau o'r enwau a roddir arni yw 'Lleuad Flodau' a 'Lleuad yr Ysgyfarnog'.

Diddorol hefyd yw'r dywediad:

'Dau leuad llawn fis Mai,
Dim cynhaeaf, dim cnau.'

Arwydd y sidydd: Tawrws (*c.* Ebrill 20 nes newid i *Gemini* - Yr Efeilliaid - *c.* Mai 21)

Wedi'i reoli gan yr elfen: Daear

Planed reoli: Fenws

Crisial/Carreg y mis: Emrallt

Cyngor y mis Meddygon Myddfai: 'Peidiwch â bwyta pen a thraed dafad. Yfwch ddiod dwym. Bwytewch damaid o dafod yr hydd ddwywaith y dydd, wrth ymprydio. Cymerwch emetig ysgafn. Defnyddiwch faidd syml (*whey* yn Saesneg). Yfwch sudd ffenigl a'r wermwd.'

A cheir y cyngor brawychus yma ganddynt hefyd:

'Ta pwy sy ddim yn bwyta brecwast ym Mai, cystal iddo ystyried ei hun gyda'r meirw.'

Dyddiadur

1 Gŵyl Fai / Calan Mai
Hefyd: Diwrnod Rhyngwladol y Gweithwyr

2

3

4

5

6

7

8

9

10

11

12

13

14

15

16

17

18 Diwrnod Annibyniaeth Somaliland

19

20

21

22

23

24

25

26

27

28

29

30

31

Rhai dyddiadau traddodiadol (ac eraill)

Mai y 1af: Gŵyl Fai neu Galan Mai. Daw'r ŵyl hon hanner ffordd rhwng cyhydnos y gwanwyn - Alban Eilir - a hirddydd haf. Roedd Calan Mai (neu Galan Haf) yn nodi dechrau'r haf, union hanner blwyddyn ar ôl nodi dechrau'r gaeaf yn nathliadau Calan Gaeaf. Dyma adeg dychweliad anifeiliaid i'r hafod wedi iddynt dreulio'r gaeaf yn yr hendre. Yr hen arfer oedd cynnau coelcerthi er mwyn cael haf ffrwythlon, cadw ysbrydion drwg draw a phuro'r teulu a'r anifeiliaid. Yn y modd yma, roeddent yn talu teyrnged i dduw'r haul, sef Bel neu Beli... Ac wele'r enw Gaeleg ar yr adeg yma, sef *Beltane* neu 'Tân Bel'. Yn debyg i Galan Gaeaf (Hydref 31), roedd Noswyl Calan Mai (neu G'lamai) - Ebrill 30 - yn bwysig fel 'ysbrydnos', gyda'r gred ar y ddwy noson bod pwerau arallfydol ar led. Yn ogystal â chynnau coelcerthi roedd pob math o broffwydo ac arferion eraill yn digwydd; er enghraifft, rhoi croes mewn calch ar ddrysau'r tai i gadw'r ysbrydion drwg bant ac addurno'r tu allan i'r tai gyda brigau'r ddraenen wen (ystyrid ei bod yn anlwcus

i'w cael yn y tŷ). Yn ogystal, fe fyddai yna ddawnsio o amgylch y Fedwen Haf, rhialtwch oddi wrth gymeriadau fel y Cadi Ha' a'r Bili Ffŵl, a chanu penillion Calan Mai.

Y dydd Llun cyntaf ym Mai: Gŵyl Banc.

Mai y 19eg: Dydd Sant Erwan, nawddsant Llydaw.

Y Sulgwyn: Mae'r dyddiad yn amrywio o flwyddyn i flwyddyn, ond mae'n cwympo fel arfer ar ddiwedd Mai neu ddechrau Mehefin. Mae'r Sulgwyn saith Sul/wythnos ar ôl y Pasg o hyd, gyda Christnogion yn dathlu bod yr Ysbryd Glân wedi disgyn ar yr apostolion a'r dilynwyr. Slawer dydd, roedd traddodiadau a sbri Calan Mai yn cael eu hailadrodd ddiwedd y mis, gan gynnwys dawnsio Morris, gyda chymeriadau fel Siôn y Nel a Mawd, a llawer o chwarae o gwmpas.

Adeg y Sulgwyn: Eisteddfod Genedlaethol yr Urdd; Gŵyl y Gelli.

Y dydd Llun olaf ym Mai: Gŵyl Banc y Gwanwyn.

Diwrnod lleuad lawn cyntaf y mis: *Vesak* (neu *Wesak*), sef gŵyl fawr flynyddol yn y grefydd Fwdaidd ble bydd bywyd a marwolaeth Gautama Buddha yn cael ei goffáu ac ymdrech gan ddilynwyr y grefydd i ddod â hapusrwydd i eraill.

Ruth

Tywydd

Fel arfer, dyma'r mis gyda'r mwyaf o oriau o heulwen a'r lleiaf o law. Mae'r haul yr un mor gryf ym Mai ag yw yn ystod Gorffennaf.

Enw'r lle	Tymheredd uchaf	Tymheredd isaf	Glawiad y mis	Oriau haul y mis
Caerdydd	16 gradd	9 gradd	15 diwrnod, tua 79 mm	197 awr
Pen-bre	15 gradd	9 gradd	15 diwrnod, tua 85 mm	197 awr
Y Drenewydd	15 gradd	7 gradd	16 diwrnod, tua 82 mm	169 awr
Caernarfon	15 gradd	8 gradd	16 diwrnod, tua 86 mm	169 awr

Cyfartaledd yw'r ffigurau ar y siart.

Gwawrio Mai y 1af: 5.42 a.m., machlud: 8.44 p.m.
Erbyn diwedd y mis, cynnydd o 1 awr 29 munud o olau dydd.
Ffigurau gwawrio a machlud ar gyfer Aberystwyth.

Rhai dywediadau a chredoau am y tywydd

'Gaeaf hyd Fai, Haf hyd Galan,
Haf hyd Galan, Gaeaf hyd Fai.'

Er bod y tywydd yn sychach ac yn dwymach, fel y soniwyd eisoes, mae'n ymddangos fod mwy o ddywediadau am nodweddion tywydd gwlyb ac oerfel yr adeg yma nag sydd am dywydd da:

'Mai oer a gwlyb,
Llond y lle o ŷd.'

'Glaw mis Mai sy'n fara
drwy'r flwyddyn.'

'Mai oer a fydd iach ei dydd
Yn argoel haf heb neb yn glaf.'

Mae ambell hen ddywediad i'r gwrthwyneb, wrth gwrs, megis:

'Nid yw Mai oer yn cyfoethogi neb.'

A'r rhybudd (sy'n debyg i'r rhigwm Saesneg 'Don't cast a clout till May is out'):

'Cadwch eich hugan (clogyn)
Nes elo Mai allan.'

Diddorol yw'r hen arfer o gadw potel o ddŵr glaw mis Mai, am ei fod yn cael ei ystyried yn dda ar gyfer afiechydon yn ymwneud â'r llygaid. Roedd dŵr dydd Iau Dyrchafel, 40 diwrnod ar ôl y Pasg, yn cael ei ystyried yn arbennig o werthfawr.

'Mi af i'r ysgol fory a llyfr yn fy llaw,
Heibio'r castell newydd
a'r cloc yn taro naw.
O Mari, Mari, cwyn, mae
heddiw'n fore mwyn,
A'r adar bach yn canu a'r
gwcw yn y llwyn.'

(Tradd.)

Mae'r rhigwm bach yma rhywsut yn adlewyrchu optimistiaeth a gobaith yr adeg yma o'r flwyddyn.

Ruth

Alaw

'MWYNDER MAI'

Mae'r gân dlws hon yn gyfuniad o alaw draddodiadol a geiriau T Gwynn Jones. Maent yn dal ysbryd y mis yn naturiol tu hwnt ac yn dwyn i'r meddwl ddarluniau o flodau yn blaguro ar ddaear sy'n twymo. Maent yn hyfryd i'w gwerthfawrogi ar eu pennau eu hunain.

Dwi wedi addasu mân nodau yn yr alaw wrth ei nodi fan hyn i ddangos sut byddai rhywun yn canu'r geiriau yn naturiol gyda'r alaw. Mwynhewch ei chanu'n hamddenol.

Daw dewin mis Mai heb
ei weled, fin nos,
Gan wasgar ei liwiau ar
weirglodd a rhos;
Bydd heulwen y bore yn
dawnsio ar dwyn,
A daw ar adenydd lawenydd i lwyn.

Er oered fo'r eira, er garwed fo'r gwynt,
Er byrred ei rwysg bydd yr haf ar ei hynt,
Mewn byd sy mor gymysg
o fethiant neu fai,
Rhyw awr o Baradwys yw
mwynder mis Mai.

Mae'r alaw yn hen ac yn cael ei chofnodi am y tro cyntaf yn *The Welsh Harper* (Bardd Alaw), Cyf. II (1848), a chyhoeddwyd y geiriau gan T Gwynn Jones yn *Canu Haf: Summer Carols* (1944).

Mari

Tu fas

GARDDIO YN ÔL Y LLEUAD

Does dim ots pa fath o wanwyn rydym wedi ei gael hyd yn hyn, erbyn mis Mai mae byd natur yn ffrwydro o'n cwmpas. Mae'r llysiau cyntaf lleol, cynhenid eisoes wedi ymddangos, e.e. asbaragws a bresych (*spring greens*).

Erbyn diwedd y mis daw tatws newydd Sir Benfro. A daw'r ysfa i drochi'n dwylo mewn pridd a phlannu rhywbeth, hyd yn oed os taw pot neu ddau ar sìl y ffenest yw'r unig ardd sydd gennych. Ond cyn i ni fynd ati i blannu, beth am ystyried yr hen gred ynglŷn â garddio yn ôl cyfnod y lleuad?

Tra bod rhai'n credu nad oes a wnelo'r lleuad ddim byd â garddio, mae eraill yn argyhoeddedig bod effaith y lleuad, a'r cyfnod mae ynddo, yn bwysig o ran plannu planhigion, torri coed, ayyb. Roedd Dewi, fy nhad-cu a thad fy mam, yn arddwr (fel roedd y rhan fwyaf o bobl slawer dydd, o reidrwydd) ac yn gredwr mawr mewn plannu i gyd-fynd â'r lleuad.

Yn ôl pob sôn, mae'r gred yn gyffredin ar hyd a lled y byd, e.e. ymysg llwythau brodorol Gogledd America. Oherwydd bod y lleuad yn effeithio ar lanw a thrai y môr, y gred yw ei bod hefyd yn effeithio ar y lleithder sydd yn y pridd. Gellir dadlau fod y lleuad yn cael llawer o effaith arnom fel bodau dynol... diddorol, er enghraifft, yw cofio bod cylchdro'r misglwyf (ar gyfartaledd) a chylch misol y lleuad fwy neu lai yr un hyd. Ac mae llawer o ddamcaniaethau ynglŷn ag effaith y lleuad lawn ar hwyliau a chyflwr meddyliol.

Yn fras, meddylfryd garddio yn ôl y lleuad yw ein bod yn plannu'r blodau blynyddol, y llysiau a'r ffrwythau sydd â'u cnydau uwchben y ddaear, o'r diwrnod mae'r lleuad yn newydd tan y diwrnod mae'n llawn. Yna, ein bod yn plannu bylbiau blodeuog, blodau eilflwydd a pharhaol a llysiau sydd â'u cnydau o dan y ddaear o'r diwrnod ar ôl y lleuad lawn tan ei bod yn newydd eto. (Am fwy o fanylder gweler tud. 124.)

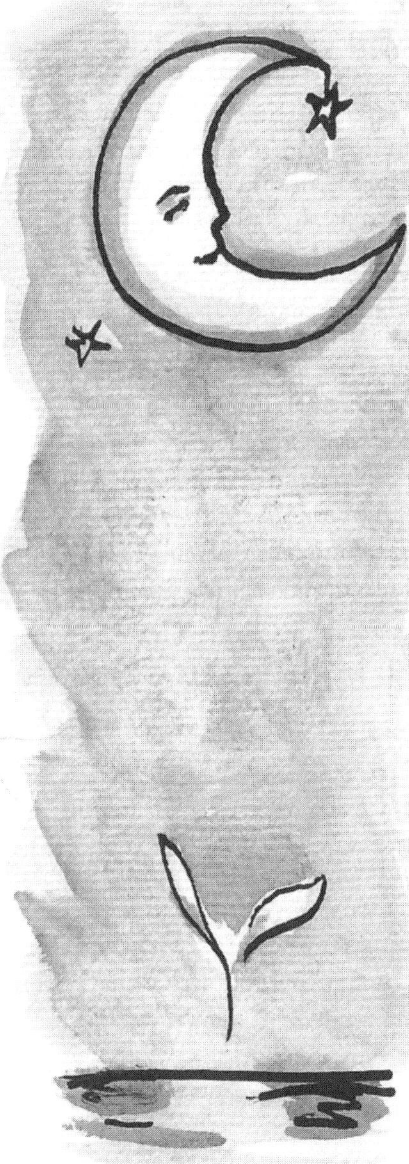

Slawer dydd yr arfer oedd torri coed yn ôl yn ystod chwarter olaf y lleuad, oherwydd byddai llai o sudd (*sap*) yn codi a llai o waedu. Yn ogystal, fe fyddai'r goeden yn gwella'n gynt.

Ymddengys mai cred i'r gwrthwyneb mae awdur *Casgliad o Lên Gwerin Sir Gaerfyrddin*, y Parch. D G Williams, yn ei chofnodi:

'Pan fyddys yn "cropo clawdd" ac yn plygu'r coed, hynny yw, pan fyddys yn torri coed gyda'r bwriad iddynt dyfu eto, rhaid gwneud hynny ar ôl i'r lleuad newid, tra mae hithau'n tyfu.'

OND:

'Y mae rhai pobl ar hyd y sir a ddiystyrant y lleuad pan yn cropo'r cloddiau; dywedant nad oes dim gwahaniaeth pa bryd y torrir clawdd ond ei dorri pan fyddo awch ar y bilwg.'

Ta beth yw eich barn am effaith y lleuad, mwynhewch fod tu fas gymaint ag y gallwch – a chymaint ag mae'r tywydd a'r gofynion ar eich amser yn ei ganiatáu – yn ystod y mis hyfryd hwn.

*** Pan fo'r lleuad ar gynnydd (*waxing*):**

Rhwng y lleuad newydd a'r chwarter cyntaf, mae'r dŵr sydd yn y ddaear, a'r sudd sydd mewn planhigion (ac sy'n cynnwys maeth a fitaminau), yn codi neu'n cael ei dynnu i fyny. Y gred yw mai dyma'r amser gorau i hau neu i blannu cnydau deiliog sy'n tyfu uwchben y pridd, e.e. perlysiau a bresych a hefyd flodau unflwydd.

Rhwng y chwarter cyntaf a'r lleuad lawn:

Tyfiant yn y cnydau uwchben y ddaear. Amser da i blannu planhigion gyda hadau tu mewn iddynt, e.e. ffa dringo, ffa Ffrengig a thomatos. Adeg dda hefyd i fwydo planhigion, ac i dorri a grafftio.

Rhwng y lleuad lawn a'r chwarter olaf (*waning*):

Mae'r golau'n gwanhau ac mae'r sudd mewn planhigion yn prinhau ac yn cael ei dynnu i lawr tuag at wreiddiau'r planhigyn. Amser felly i ffocysu egni tuag at y gwreiddiau, h.y. hau hadau planhigion sydd â gwreiddyn bwytadwy, fel moron, betys a thatws. Yn ogystal, plannu planhigion sy'n byw mwy na dwy flynedd. Torri'n ôl, trawsblannu a chynaeafu.

Gwagio'r lleuad – rhwng y chwarter olaf a'r lleuad newydd:

Mae'r pwyslais ar dyfiant o dan y ddaear. Peidio â phlannu. Chwynnu a phalu, bwydo gyda gwrtaith solet, megis tail, torri planhigion sy'n cysgu yn ôl a chynaeafu. Plannu bylbiau a phlanhigion lluosflwydd/parhaol.

Ruth

Y crochan

SALADAU BLODAU A CHWYN BWYTADWY

Mae'r ardd gyffredin yn llawn danteithion blasus!

Nid wyf yn arbenigwraig, felly plis gwnewch eich ymchwil eich hun cyn fforio a bwyta! Ond dyma ychydig o hoff bethau 'yf fi wedi mwynhau eu pigo a'u bwyta o'r ardd. Fel gydag unrhyw flodau, maent yn blasu'n well yn ffres, er y gallwch eu cadw yn yr oergell am ychydig ddyddiau, ac mae planhigion ifanc yn well na rhai hen i'w bwyta. Golchwch y planhigyn cyn ei fwyta.

DANT Y LLEW

Llawn maeth a daioni. Pigwch y dail ifanc, maen nhw'n llai chwerw.

Am salad: chwisgiwch sudd lemwn, olew olewydd ac ychydig o halen a phupur cyn ychwanegu'r dail wedi'u torri. Mae gadael iddyn nhw eistedd yn y dresin am ychydig cyn eu bwyta yn gwneud eu blas yn fwynach.

Tynnwch y petalau melyn i ffwrdd a'u defnyddio i addurno saladau a sŵps mewn ffordd drawiadol a maethlon.

BLODAU BLASUS

Fy hoff flodau bwytadwy yw'r rhai isod. Mae'n fater o flas, ond gall rhai blodau gael eu bwyta yn gyfan tra bod gwell blas ar betalau blodau eraill. Gallwch

eu hychwanegu i saladau, gyda thato newydd neu eu rhoi ar ben unrhyw bryd:

Llawenllys (*borage*)
Fioled/Trilliw (noder: nid yw pob math o fioled yn fwytadwy)
Llygad y dydd
Blodau shibwns
Miri Mari (*Nasturtiums*)
Blodyn corbwmpen, sy'n fawr ac yn dda fel cragen i'w llenwi gyda bwyd (megis caws hufennog) a'i choginio

CIWBIAU IÂ BLODEUOG

Mae'r rhain yn ffefryn yn ein tŷ ni, gan eu bod yn drawiadol ac yn hawdd i'w gwneud. Mae'n beth hyfryd i'w wneud gyda phlant. Rhowch flodau un o'r planhigion o'r rhestr uchod mewn trei ciwbiau iâ gyda dŵr ar eu pennau, yna'u rhewi. Perffaith i ddod ag ychydig o hud i'ch diodydd! Fy hoff un i yw llawenllys gan ei fod mor dlws, ond hefyd am fod ei flas ciwcymbr ffres yn mynd yn dda gyda sawl diod.

TE MINTYS

Mae'n dda iawn at system dreulio bwyd y corff. Jyst twlwch eich mintys mewn dŵr berw a'i adael am ychydig funudau ac mae'n barod! Oes, mae ffordd o sychu, gwasgu ac ati, ond dwi byth yn dod rownd i wneud hyn, ac mae'r fersiwn ffres yn hen ddigon blasus a iachusol.

Mae cymaint mwy na'r rhestr yma ar gael – fyddech chi'n synnu faint o flodau a phlanhigion eich gardd a'ch cloddiau sy'n fwytadwy! Felly amdani!

Cofiwch: Fel y dywedwyd eisoes, mae'n hanfodol adnabod blodau a phlanhigion yn gywir cyn eu bwyta – os ydych yn ansicr, peidiwch â'u bwyta.

Bethan

Corff ac enaid

DAWNS-FYFYRIO

Mai yw mis fy ngeni, felly fi am ddefnyddio'r mis yma i siarad am rywbeth sy'n agos at fy nghalon, sef dawnsio.

Sai'n meddwl dawnsio gydag unrhyw fath o goreograffi neu safon, ond dawnsio er mwyn dawnsio. Symud. Gyda miwsig. Mae ymchwil yn dangos bod dawnsio yn dda i'n hwyliau, i'r cof, ac wrth gwrs, i'n corff. Gallaf deimlo hyn ym mêr fy esgyrn.

Yn fy marn a 'mhrofiad i, does dim byd sy'n gwneud i ni gysylltu â ni'n hunain, y byd, ein gilydd a'r cread fel dawnsio. Mae'n fynegiant ac yn ddathliad o fod yn fyw. Mae rhoi cerddoriaeth mlaen a symud, heb os, yn falm i'r enaid. Mae'n symud yr egni marwaidd ac yn dod â ni'n ôl at ein cyrff. Rydym yn teimlo'n sionc yn ystod ac ar ôl bwgi ac mae e fel chwa o awyr iach.

Does dim angen aros am gwmni na *dance floor*. Mewn gwirionedd, sdim gwell *dance floor* na llawr y gegin.

Mae Calan Mai, a elwir hefyd yn 'Cyntefin' a 'Beltane', yn ddathliad o'r gwanwyn ar ei anterth, yn ddathliad o ffrwythlondeb a dechrau'r haf. Felly, amser da i ddawnsio'r tywyllwch i ffwrdd ac i agor ein breichiau mewn dawns i groesawu'r goleuni.

- Dychmygwch blant yn dawnsio. Y llawenydd! Y gorfoledd! Gadewch i ni symud fel o'n ni'n gwneud cyn i'r ymennydd ein rheoli. Fe fydd y rheiny ohonoch chi sydd wedi bod mewn *raves* yn gwybod bod yr iwfforia o gydsymud i ddrwm cyson yn brofiad heb ei ail, yn weithred greiddiol sy'n mynd ymhell 'nôl yn ein DNA. Mae symud i guriad drwm gydag eraill fel rhannu yr un curiad calon. Sdim teimlad tebyg.
- Felly, yr ymarfer yr hoffwn ei rannu ym mis Mai yw dawns-fyfyrio. Cyn hynny, hoffwn sôn am y bêsics, am beth yw myfyrio traddodiadol, oherwydd bod y ddau, er mor wahanol i'w gilydd yn gorfforol, yn ymarferion fi'n credu'n gryf ynddynt sy'n ein helpu ni i greu cysylltiad gyda ni'n hunain a'n corff.

MYFYRIO

- Mae myfyrio yn un o ymarferion ysbrydol hynaf y byd, ac yn cael ei ddefnyddio mewn sawl crefydd yn ogystal ag mewn ffordd seciwlar. Yn yr un modd â dawnsio, mae yna ymchwil di-ben-draw am fuddion myfyrio. Mae sawl ffordd o fyfyrio, ond efallai taw'r ffordd fwyaf cyffredin yw eistedd yn dawel am gyfnod estynedig gan geisio gadael i'r meddwl dawelu. Os ydych am roi tro arni, dyma ychydig o awgrymiadau i chi.
- Ffeindiwch rywle lle na fydd neb yn tarfu arnoch.
- Eisteddwch yn gyfforddus gyda'ch cefn yn syth. Gall hyn fod ar gadair, ar y llawr, yn erbyn wal neu gyda'ch coesau wedi'u croesi.
- Gosodwch larwm ar gyfer hyd y sesiwn fyfyrio. Gall fod yn unrhyw beth o ychydig funudau i fyny.
- Canolbwyntiwch ar eich anadl. Sdim angen newid yr anadl, dim ond bod yn ymwybodol ohono'n mynd mewn ac allan.
- Canolbwyntiwch ar y corff, sylwch ar ba deimladau

corfforol sydd yno; gall hyn fod yn unrhyw beth o'r galon yn curo i anesmwythder, llonyddwch neu aflonyddwch, teimladau o densiwn, neu deimladau ymlaciol, teimlo gwres y corff, neu deimlo sut beth yw'r arwyneb ry'ch chi'n eistedd arno. Cyfle i edrych yn wrthrychol ar ein cyrff heb feirniadaeth ac i fod yn bresennol. Sgan Corfforol (*Body Scan*) yw'r term a ddefnyddir am hyn ym myd y myfyrwyr.

- Canolbwyntiwch ar eich meddyliau. Ceisiwch beidio â gadael i'ch hunan fynd ar goll yn eich meddwl, yn hytrach sylwch ar y meddyliau'n mynd a dod. Fel awyr a chymylau, weithiau bydd sawl cwmwl/syniad ac weithiau bydd llai. Y peth pwysig yw osgoi hedfan bant gyda'r cymylau, a thrial dod 'nôl i'r awyr, sef chi eich hun.

Noder: mae eich meddwl yn mynd i hedfan bant, ond dyw hyn ddim yn meddwl bod rhywbeth wedi mynd o'i le. Dyna holl bwynt yr ymarfer. I ddod 'nôl i'r corff pan mae hyn yn digwydd, dro ar ôl tro. Ein dysgu ni i ffeindio llonyddwch tu hwnt i'n meddyliau.

- I orffen yr ymarfer, os dymunwch, dychmygwch olau gwyn yn llenwi pob rhan o'ch corff gan ddod â theimladau o heddwch bob man mae'r golau'n cyffwrdd. Os oes rhan o'r corff sy'n brifo neu'n anesmwyth, gallwch ddanfon mwy o olau i'r rhan honno. Gallwch hefyd estyn y golau gwyn heddychlon yma ymhellach at fodau neu sefyllfaoedd sydd ei angen, yn eich tyb chi.

YMARFER: DAWNS-FYFYRIO (NEU JYST DAWNSIO)

Fi'n gredwr mawr mewn myfyrio. Ond mae math arall o fyfyrio sydd hefyd yn dod â ni'n ôl i gysylltiad â'n cyrff, ond trwy wneud y gwrthwyneb i fod yn llonydd. Trwy symud. Y peth prydferth am ddawnsio yw bod dim y fath beth â dawnsio anghywir. Wrth ddawnsio, ry'n ni'n clymu'r corff a'r enaid 'nôl at ei gilydd. Felly ar eich pen eich hun, neu gydag eraill - dawns-fyfyriwch!

- Dewiswch eich hoff gân neu gân sy'n gweddu i'ch hwyl. A jyst symudwch.

- Symudwch ac ymestyn fel mae'r corff ishe, ac yn galw arnon ni i'w wneud. Gwrandewch a thiwno mewn i ddoethineb cynhenid y corff. Gadewch i'r corff symud ym mha bynnag ffordd sy'n teimlo'n dda. Dawnsiwch a gadael i'r gerddoriaeth wneud i'r corff symud, stampio, siglo, bownsio, neidio. Sut mae hyn yn teimlo?

- Yn ogystal, gallwch ychwanegu'r llais, gwneud sŵn, canu neu udo!

Mae dawnsio tu fas yng nghanol natur yn beth pwerus i'w wneud hefyd. Dyna beth sydd mor apelgar am wyliau cerddorol.

Felly, dawnsiwch ac udwch ar y lleuad, a fi'n addo byddwch chi'n falch eich bod chi wedi gwneud.

Bethan

Defod

Y WENNOL

'Un wennol ni wna wanwyn' yw'r hen ddywediad sy'n ein rhybuddio rhag cymryd yn ganiataol bod rhywbeth yn mynd i ddigwydd os yw'r dystiolaeth yn wan. Erbyn mis Mai – wel, erbyn diwedd y mis beth bynnag – fe fydd y gwanwyn a'r gwenoliaid wedi hen gyrraedd, ynghyd â llawer o adar eraill sy'n dod yma dros yr haf. I fi, does dim byd yn codi'r ysbryd fel gweld y gwenoliaid yn dychwelyd. Mae eu defod o ymfudo'n ôl yma wir yn codi'r galon. Mae'r gwenoliaid yn dechrau cyrraedd o ddiwedd Mawrth ymlaen, â'r rhan fwyaf yn cyrraedd ym mis Ebrill. Roedd 'na sawl hen gred am y gwenoliaid, e.e. y byddai'r tywydd yn braf petai'r gwenoliaid yn hedfan yn uchel, ac yn ddiflas os oeddent yn hedfan yn isel.

Tan yn weddol ddiweddar, do'n i ddim yn ymwybodol bod 'na ddau fath o wennol. Dwi ddim yn adaregwr, ond dwi'n hoffi gweld adar (o bell!). Ro'n i'n gwybod bod y wennol yn cyrraedd yn y gwanwyn, yn gwibio fel ffŵl, ac yna ar ddiwedd yr haf maen nhw'n casglu ar y gwifrau cyn ymadael. Erbyn hyn dwi'n gwybod bod y wennol a'r wennol ddu (*swift*) yn wahanol i'w gilydd. Dwi'n meddwl bod Covid a'r cyfnodau clo wedi ein gorfodi i arafu a sylwi ar fyd natur yn fwy, yn enwedig yr adar sydd o'n cwmpas. Roedd y cyfnod clo cyntaf, gwanwyn 2020, yn erchyll, ac yn brysur i lawer, fel y gweithwyr iechyd ac eraill. Ond roedd hefyd yn gyfnod o dywydd braf ac yn gyfle i'r rheiny ohonom oedd yn styc adref i sylwi mwy ar fyd natur ac i fod yn dyst i brysurdeb yr adar, a'r gwenoliaid yn dychwelyd.

MAI

O ran ei golwg, mae gan y wennol gorff glas sy'n lliw hufen oddi tanodd a'r gynffon fforchog nodweddiadol. Mae ei thalcen a'i gwddf yn goch. Yn wahanol i hyn, mae pob rhan o gorff y wennol ddu yn dywyll. Mae'r adenydd yn hir a'i chynffon yn fach ac yn fforchog. Nodwedd arall yw bod gwenoliaid yn casglu at ei gilydd ar wifrau tua dechrau Medi cyn ddychwelyd i wledydd poeth Affrica. Mae'r wennol ddu yn cyrraedd Prydain ddiwedd Ebrill / dechrau Mai, yn 'gwibio' neu'n 'gleidio' yn chwim ac yn gwneud sŵn sgrechian unigryw (sy'n hollol wahanol i drydar gwichlyd y wennol). Mae'n medru gwneud popeth – gan gynnwys cysgu – wrth hedfan.

Roedd 'na hen gred am y wennol ddu – os oedd yn sgrechian mwy nag arfer roedd glaw ar y ffordd, neu newid yn y tywydd. Yn anffodus, mae eu niferoedd wedi gostwng yn syfrdanol; maent nawr ar Restr Goch y Deyrnas Unedig ac mewn perygl o ddiflannu yn ystod y degawdau nesaf. Mae sawl rheswm, gan gynnwys newid hinsawdd a diffyg llefydd addas i nythu mewn tai mwy newydd. Dyna pam mae gwthio mawr ar osod blychau gwennol neu frics gwennol ddu.

Yn ôl erthygl yn un o gylchgronau'r BBC mae canran uchel o wenoliaid yn dychwelyd o Affrica i Brydain i'r union le flwyddyn ar ôl blwyddyn, yn wir i'r un nyth yn aml. Yn llythrennol, 'dod yn ôl at eu coed'*. Mae rhai pobl hefyd yn defnyddio meddylgarwch i ddod yn ôl at eu coed ac at eu synhwyrau. Gellir gwneud hyn tu allan mewn sawl ffordd: mynd am dro ym myd natur, cymryd munud neu ddwy i sylwi ar un goeden yn fanwl, neu hyd yn oed 'cwtsio coeden'. A phwy a ŵyr, efallai bydd yr hen wennol fach 'na'n digwydd gwibio heibio!

*'Dod yn ôl at ein coed': Dywediad yn golygu 'callio', 'dod yn ôl i ni'n hunain / i'n synhwyrau', h.y. i feddylfryd mwy cytbwys – 'balanced state of mind'.

Am fwy o ymarferion meddylgarwch y tu allan, gw. cynllun 'Dod yn ôl at dy goed', Cynllun y Carneddau, Parc Cenedlaethol Eryri.

Ffeithiau am y wennol ddu: www.biosfferdyfi.cymru; *BBC Wildlife Magazine: Discover Wildlife*; *Llyfr Adar Mawr y Plant*, Onwy Gower (2023).

Ruth

Anifeilaidd

CATHOD

'Cathod mis Mai,
Dod â nadredd i'r tai.'

Hen ddywediad, ac un o ddywediadau fy mam.

Roedd 'na hen gred bod cathod bach sy'n cael eu geni ym mis Mai yn dueddol o ddod â 'nadredd i'r tai' fel offrwm. Sgwn i oes unrhyw sail wyddonol i hyn? Mae'n ddywediad diddorol serch hynny. Roedd pen-blwydd fy rhieni ym Mai, ac yn ddi-ffael byddai fy mam yn dweud hyn, yn awgrymu eich bod yn un o 'gathod mis Mai' petaech chi'n cael eich geni y mis yma. Dwi ddim yn cofio cael esboniad, ond roedd yn cael ei ddweud mewn ffordd chwareus a chariadus, gan gymharu penblwyddwyr Mai gyda chathod bach newydd-anedig.

Gogwydd mwy negyddol tuag at gathod, yn enwedig 'cathod mis Mai', oedd gan y Parch. D G Williams yn ei lyfr *Casgliad o Lên Gwerin Sir Gaerfyrddin*:

'Parch hanerog sydd i'r gath gan y werin. Dywedir fod "cath ddu yn cadw gofid mas o'r tŷ". Ond nid oes neb yn hoffi cadw cathod a ddaw i'r byd ym mis Mai. Credir eu bod trwy eu hoes yn hoff o gario nadredd i'r tŷ.'

Ac yn waeth fyth:

'Credir fod gan y gath ryw allu rhyfedd i sugno'i anadl allan o faban – rhywbeth mwy na gorwedd ar y baban a'i fygu. Felly rhythir at y gath mewn dychryn os gwelir hi yn agos i gadair (crud) y mae'r baban ynddi.'

A beth am y dywediad yma?

'Na chadw ddim o gylch dy dŷ,
Na cheiliog gwyn na chath ddu.'

Mae gan lawer ohonom gŵn a chathod yn anifeiliaid anwes. Un o fanteision cadw cath yw ei bod yn fwy annibynnol, ac felly'n llai o waith. Fe fyddai llawer yn cytuno mai un o'r prif wahaniaethau rhyngddynt yw fod ci yn deyrngar i'w berchnogion a'r gath i'w chartref, fel yn y dywediad yma o Sir Gaernarfon:

'Cath i dŷ a chi i deulu.'

Mae pob anifail bach ifanc yn annwyl iawn, wrth gwrs, gyda *cute factor* mawr, a dyw cathod bach ddim yn eithriad. Slawer dydd, cedwid cathod yn bennaf i wneud y gwaith o ladd llygod a doedd dim modd bod yn rhy sentimental am gathod bach oedd yn cael eu geni. Cofiaf fy mam yn sôn am ei thad – fy nhad-cu – yn boddi cathod bach, fel yr oedd pawb yn gorfod gwneud yn yr adeg cyn ein bod yn gallu mynd â nhw at y fet i gael triniaeth atal cenhedlu.

Cofiaf hefyd ddarllen rhigwm i'm plant pan o'n nhw'n fach yn sôn bod rhywun cyffelyb i 'Sioni bach yr Hendre' yn 'foddwr gwan' oherwydd:

'Y sach aeth gyda'r afon
a'r cathod ddaeth i'r lan.'

Agweddau diddorol felly oedd gennym (ac sydd gennym o hyd) tuag at y creadur unigryw yma, dim ots pa fis o'r flwyddyn y'i ganwyd.

Addas efallai fyddai gorffen gydag 'Amen'... neu fel yr arferai mam fy mam, fy mam-gu annwyl, ddireidus ei ddweud:

'Amen cath wen
Twlu'i thin dros ei phen.'

Ruth

Mehefin

Mwyn [yw]'r wybren glir
A llawen [yw] lliw'r haul yn yr haf,
Ac y mae'r awyr gyda'r nos yn ddymunol,
A'r byd yn hyfryd yn yr haf…
Pwy ni chwardd pan fo hardd haf?

Dafydd ap Gwilym, rhannau o gerdd 'Yr Haf' (yng Nghymraeg heddiw).

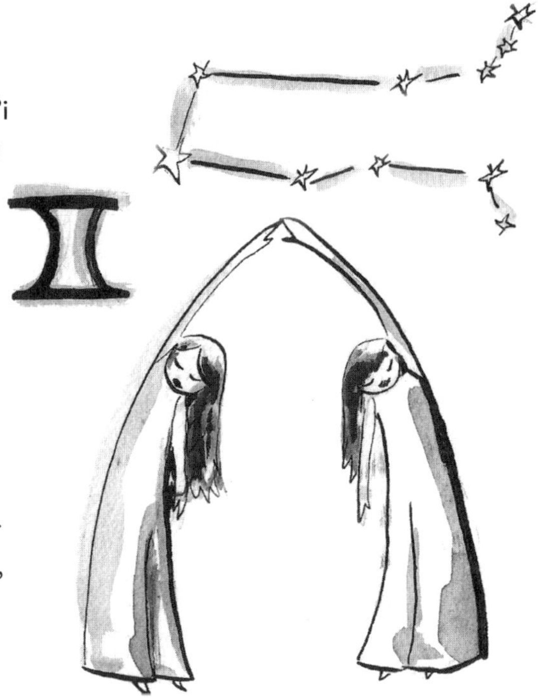

Mae'r dydd ar ei hiraf, y nos ar ei byrraf a'r haul ar ei agosaf. Mae dwywaith cymaint o olau dydd o'i gymharu â mis Rhagfyr, a'r golau hwnnw sawl gwaith yn gryfach. Mae'r pryfaid a'r gwenyn yn swnian yn hapus braf ac mae'r wlad yn llawn lliw a gobaith.

Enw'r mis: O'r Frythoneg, yn golygu 'Canol Haf'.

Me(*i*) yn golygu 'canol', *hef* yn dod o 'haf'.

Y lleuad: Rhai o'r enwau a roddir arni yw 'Lleuad Fedd' (o'r ddiod), 'Lleuad Geffylau' a 'Lleuad Fêl'.

Roedd hen gred, os byddai lleuad newydd ar droad y rhod (Mehefin yr 21ain), yna gallai'r tywydd fynd unrhyw ffordd – boed yn law neu'n hindda.

Arwydd y sidydd: Yr Efeilliaid – *Gemini* (*c.* Mai 21 nes newid i'r Cranc *c.* Mehefin 21)

Wedi'i reoli gan yr elfen: Aer

Planed reoli: Mercher

Crisial/Carreg y mis: Perl

Cyngor y mis Meddygon Myddfai: 'Cymerwch gwpanaid o ddŵr oer, ymprydiwch yn ddyddiol. Peidiwch ag yfed cwrw na medd. Yfwch laeth twym a bwytewch letys.'

Dyddiadur

1 Dechrau tymor yr haf – meteorolegol

2

3

4

5

6

7

8

9

10

11

12 Diwrnod y Dywysoges Gwenllian

13

14

15

16

17

18

19

20

21 Y diwrnod hiraf (ar, neu yn agos at, y diwrnod hwn). Heuldro'r Haf; Hirddydd Haf; Alban Hefin.

22

23

24 Gŵyl Ifan

25

26

27

28

29

30

31

Rhai dyddiadau traddodiadol (ac eraill)

Mehefin yr 21ain neu'r 22ain: Hirddydd Haf neu Heuldro'r Haf, Alban Hefin. *Midsummer* yn Saesneg, *Litha* mewn Gaeleg. Mae'r diwrnod hiraf hwn o'r flwyddyn wedi cael ei ddathlu ers miloedd o flynyddoedd ar draws gwledydd lu yn hemisffer y gogledd (gw. Defod Mehefin).

Mehefin y 24ain: Gŵyl Ifan. Roedd yr Eglwys wedi dyrchafu adeg troad y rhod fel dathliad o enedigaeth Ioan Fedyddiwr (mae Ioan ac Ifan yn ddau fersiwn o'r un enw, John, yn y Saesneg). Unwaith eto, gwelir cymysgedd o'r hen arferion paganaidd a'r rhai eglwysig mwy diweddar. Yn y cyfnod cyn-Gristnogol, arferid cynnau coelcerthi a phroffwydo'r dyfodol. Roedd yn un o dair ysbrydnos flynyddol, pan fyddai'r ffin rhwng y ddau fyd ar ei mwyaf tenau (nos Calan Mai a Chalan Gaeaf oedd y ddwy arall).

Un o'r hen arferion oedd codi'n gynnar ac addurno'r Fedwen Haf ar y dyddiad hwn, yn debyg i adeg Calan Mai. Roedd y fedwen yn cael ei gwarchod rhag 'lladron' o bentrefi cyfagos, ac yna byddai dawnsio a hwyl a sbri o'i hamgylch.

Yn ôl pob sôn, casglwyd 'Llysiau Ioan' neu 'Ddail y Fendigaid' (*St. John's Wort*) ar yr adeg yma er mwyn puro'r tŷ. Fe'u crogwyd ar ddrysau a'u defnyddio ar gyfer sawl salwch, yn ogystal ag ar gyfer proffwydo.

Mae'n debyg fod perchnogion odynau calch yng Nghwm Gwendraeth yn cael hwyl a sbri gyda'u gweithwyr adeg Gŵyl Ifan. Oherwydd bod gan fy nhad (a'i gyndeidiau) odynau calch yn yr ardal hon, braf fyddai meddwl eu bod yn dathlu yr adeg arbennig yma o'r flwyddyn.

Y trydydd Sul ym Mehefin: Sul y Tadau.

Eid al-Adha: Mae'r dyddiad yn amrywio o flwyddyn i flwyddyn gan ddilyn y lleuad. Gŵyl bwysig arall i ddilynwyr Islam sy'n nodi diwedd pererindod ac aberth y proffwyd Abraham.

Ruth

Tywydd

Disgwylir heulwen ddi-dor yn ystod mis Mehefin. Dyma ganol haf wedi'r cyfan, gyda'r diwrnodau hiraf, a'r haul yn uchel yn y nen. Gyda bach o lwc, yn ystod Mehefin cawn ddigon o dywydd braf, tyner a phoeth. Ochr arall y geiniog yw bod siawns go dda o weld sawl system o wasgedd isel yn ymweld â ni o Fôr Iwerydd.

Enw'r lle	Tymheredd uchaf	Tymheredd isaf	Glawiad y mis	Oriau haul y mis
Caerdydd	18 gradd	12 gradd	14 diwrnod, tua 82 mm	194 awr
Pen-bre	17 gradd	12 gradd	14 diwrnod, tua 95 mm	194 awr
Y Drenewydd	18 gradd	9 gradd	15 diwrnod, tua 89 mm	151 awr
Caernarfon	17 gradd	11 gradd	15 diwrnod, tua 86 mm	151 awr

Cyfartaledd yw'r ffigurau ar y siart.

Gwawrio Mehefin y 1af: 4.57 a.m., machlud: 9.31 p.m.
Erbyn diwedd y mis, cynnydd o 15 munud o olau dydd.
Ffigurau gwawrio a machlud ar gyfer Aberystwyth.

Rhai dywediadau a chredoau am y tywydd

Gellid newid enw'r mis a dweud y canlynol am unrhyw fis o'r flwyddyn:

'Mis Mehefin, gwych os daw,
Peth yn sych a pheth yn law.'

Gwerth edrych i weld a oes blodau ar y mwyar y mis hwn, yn ôl y dywediad yma:

'Blodau'r mwyar ym Mehefin
Bydd cynhaeaf cynnar wedyn.'

Roedd llawer o goelion tywydd o gwmpas troad y rhod (Mehefin yr 21ain) a Gŵyl Ifan (Mehefin y 24ain). Y gred oedd y byddai'r tywydd ar y dyddiau hyn yn parhau am y mis cyfan, neu am 40 diwrnod neu hyd yn oed yn hirach.

'Rhaid iddi frafio cyn troad y rhod
Neu glaw a geir am y mis i ddod.'

'Lle mae'r gwynt ar droad y rhod,
Yno am chwe mis y myn e fod.'

'Y tywydd ar droad y rhod
Yno am chwe mis y myn e fod.'

Yn ogystal, roedd cred y byddai haf gwlyb petai'r gwcw'n cael ei chlywed ar ôl y diwrnod hiraf.

Ruth

Alaw

CÂN – 'MARWNAD YR EHEDYDD'

Cân adnabyddus sydd wedi ymddangos mewn sawl ymgnawdoliad ar recordiadau Cymraeg, yn ogystal ag mewn cylchoedd gwerin. Y si yw bod yr 'ehedydd' yn cynrychioli Owain Glyndŵr ond dwi wedi ei chynnwys o dan fis Mehefin, oherwydd mai hwn yw un o'r misoedd y gellir clywed yr ehedydd yn canu yng nghôr y bore bach.

Er y gellir dod o hyd i lwyth o fersiynau, dwi wedi penderfynu cynnwys y fersiwn cynnar gafodd ei gofnodi yng nghasgliad Mr Soley Thomas yn Eisteddfod Caerfyrddin 1911 a'i ganu gan Mr Edward Vaughan, Plas-rhiw-Saeson. Mae hon ychydig yn wahanol i'r alaw sydd bellach yn safonol, yn enwedig yn y cymalau cyntaf sydd drydydd yn uwch na'r fersiwn safonol (ac efallai yn wannach o'r herwydd!), ond dwi'n ei gweld hi'n ddiddorol cymharu'r fersiynau.

Mi a glywais fod yr 'hedydd
Wedi ma-rw ar y mynydd
Pe gwyddwn i mai gwir y geiriau
Awn â gyr o wŷr ac arfau
I gyrchu corff yr hedydd adrau.

Mae un o fy hoff fersiynau o'r alaw yn un gyda mandolinau digon dramatig gan Ac Eraill oddi ar yr EP *Addewid* (1974).

Mari

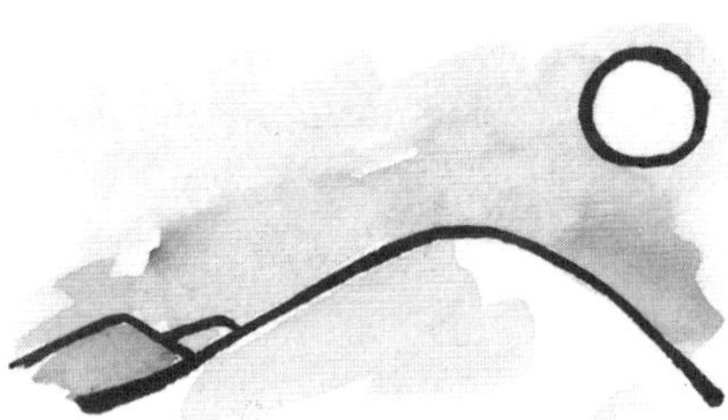

Tu fas

Ym myd natur fis Mehefin,
mae'r haf yn dangos ei liwiau
yn y ffordd fwyaf llachar.

Felly hefyd y gwelwn Fis Pride, ble mae cymunedau LHDTC+ Cymru a'r byd yn cael cyfle i ddathlu eu hunaniaeth, ac mae baner liwgar Pride yn arddangos gwerthoedd y mudiad. Mae'r blodau gwyllt lliwgar hyn yn adlewyrchu hyfrydwch pobl a'r byd amrywiol.

Blodyn Neidr (pinc)
Pabi (coch)
Blodyn Mwnci (aur/oren)
Blodyn Menyn (melyn)
Dail Ffawydden (gwyrdd)
Rhwyddlwyn y Maes (glas)
Clychau'r Gog (fioled)

Sylwch fod nifer fawr o'r blodau gwyllt sydd yn ein caeau a'n cloddiau yn borffor, fioled a glas yr adeg yma o'r flwyddyn. Efallai nad yw hi'n gyd-ddigwyddiad mai dyma hefyd hoff liwiau gwenyn. Mae natur yn glyfar.

Mari

Y crochan

SYCHU LAFANT

Mae lafant yn dechrau cyrraedd ei anterth ym mis Mehefin a bydd yn blodeuo ac yn gwneud y gwenyn yn hapus trwy gydol yr haf. Felly dyma amser perffaith o'r flwyddyn i bigo'r planhigyn er mwyn ei sychu. Wedyn, mi all fod wrth law ym misoedd y gaeaf er mwyn cynnig arogl ymlaciol neu i greu pob math o bethau hyfryd.

Bydd angen:

- lafant, faint bynnag yr hoffech ei sychu
- band(iau) lastig
- cordyn neu fachau i hongian y lafant

1 • Yn ddelfrydol, pigwch eich lafant ychydig bach cyn iddo flaguro. Mae hyn er mwyn i'r blodau bach aros gyda'i gilydd yn well – bydd llai o siawns y byddan nhw'n syrthio i ffwrdd.

2 • Torrwch y coesynnau mor hir ag yr hoffech.

3 • Tynnwch unrhyw ganghennau bach i ffwrdd.

4 • Rhowch y lafant gyda'i gilydd i wneud tusw. Peidiwch â gwneud y tusw'n rhy fawr rhag ofn bod y blodau/planhigion yn y canol ddim yn cael digon o aer i sychu.

5 • Defnyddiwch fand lastig (ailddefnyddiwch rai sydd o gwmpas y tŷ os oes modd) i glymu'r tusw at ei gilydd. Bydd y coesynnau'n crebachu wrth iddynt sychu, felly bydd y lastig yn eu cadw nhw'n dynn at ei gilydd; mae'n bosib rhoi lŵp arall i'w gwneud yn dynnach eto.

6 • Hongiwch y blodau i fyny ben i waered mewn rhywle sych a thywyll, fel bod y lafant ddim yn colli ei liw yn yr haul.

MEHEFIN

7 • Mi ddylai'r lafant fod wedi sychu'n gyfan gwbl mewn cwpwl o wythnosau.

Mae tystiolaeth bod y defnydd o lafant ar gyfer ei arogl hyfryd yn mynd yn ôl i amser yr Eifftiaid a'r Rhufeiniaid. Mae'r lafant wedi sychu wedyn yn addurn deniadol o gwmpas y tŷ, neu byddai modd ei roi yn anrheg fel ag y mae, neu ei ddefnyddio i greu olew, sebon, neu hyd yn oed ei ddefnyddio wrth goginio. Ond cofiwch fod yn ofalus wrth ddefnyddio lafant i greu unrhyw beth i'w fwyta neu ar gyfer y corff. Defnyddiwch gyfarwyddiadau dibynadwy gan rywun profiadol bob tro. Os nad ydych yn siŵr, cadwch at werthfawrogi'r arogl naturiol, melys a glân.

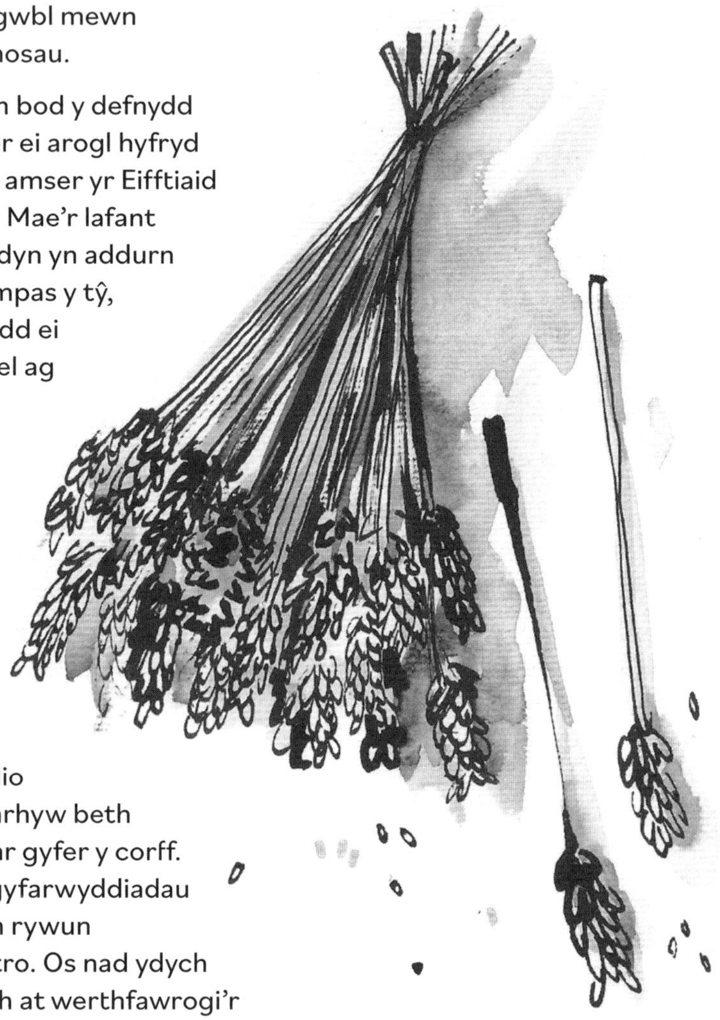

Mari

Corff ac enaid

Mae'r haul yn gwenu, y blodau yn eu gogoniant, yr adar yn canu – on'd yw Mehefin yn wledd? Ond i mi, fel sawl un arall, nid yw'r wledd yn dod heb ei diffyg traul. Mae'n adeg lle dwi'n dioddef o dwymyn y gwair, ac mae'n llawer haws gwerthfawrogi Mehefin o 'nghartref gyda'r drysau a'r ffenestri ar gau. Ond mae'n drueni peidio â mentro mas, on'd yw hi? Felly, ddarllenydd, os ydych chi'n dioddef o'r un aflwydd â mi, dyma rai syniadau (heb eu profi'n wyddonol!) am sut i'ch helpu drwy'r cyfnod hwn.

Mêl lleol: mae llawer o bobl yn credu bod defnyddio mêl lleol yn lleihau symptomau twymyn y gwair. Gall bwyta tamaid o'r mêl hwn, sy'n dod o'r alergen yn lleol, ddadsensiteiddio'r corff i'r dwymyn. Mwynhewch e ar eich tost, mewn diod o ddŵr twym, neu o'r potyn, fel y Dewin Dwl!

Blodau'r ysgaw: ar gael yn wyllt yn ystod y mis hwn. Yn ôl David Hoffman yn *Welsh Herbal Medicine*, roedd yr ysgawen yn arfer cael ei hystyried yn anlwcus, ac ni fyddai'r un coediwr yn fodlon torri'r pren hwn. Mae'n mynd ymlaen i ddweud, os oeddech yn llosgi'r pren yn eich grât, y byddech yn gweld neb llai na'r diafol ei hun yn eistedd ar eich simdde!

Ond mae'r goeden yn lwcus i'r sawl sy'n dioddef o dwymyn y gwair! Mae'n adnabyddus am fod yn flodyn sy'n gwneud diodydd oer blasus, boed yn jin neu'n gordial. Ond gwna de blasus hefyd, te sydd â rhinweddau sy'n helpu gyda thrwynau wedi blocio, yn ôl y sôn. Mae digon o de blodau'r ysgaw ar gael mewn siopau, ond mae'n syml iawn i wneud y te eich hunain gyda'r petalau ffres. Arllwyswch ddŵr berw dros lond llaw o'r petalau mewn cwpan. Gadewch e am ryw ddeg munud, yna'i hidlo a'i yfed. Gallaf ddweud o brofiad bod petalau

MEHEFIN

bach blodau'r ysgaw yn mynd i bobman, felly sicrhewch fod eich hidlwr yn un da, neu ychwanegwch haen o bapur cegin o'i amgylch.

Dŵr: cyngor da, os ydych yn dioddef o dwymyn y gwair neu annwyd cas, yw defnyddio stêm er mwyn clirio'ch pibelli. Berwch ddŵr a'i arllwys i fowlen fawr. Dodwch dowel glân dros eich pen, gan roi eich wyneb uwchben y fowlen a gofalu rhag cyffwrdd y dŵr. Gwnewch babell gyda'r towel â'ch pen dros y fowlen, fel nad yw'r stêm yn dianc. Ni ddylai'r stêm fod mor dwym fel ei fod yn llosgi, felly cymerwch ofal. Ond dylai fod yn ddigon twym i chi fedru ei deimlo'n goglais y croen, ac yn bwysicach, yn teithio trwy'ch trwyn. Mwynhewch anadlu'n ddwfn.

Ond beth am y llygaid? Och, mae'r llygaid yn gallu rhedeg ac mae'r temtasiwn i'w crafu'n heriol. Gellir lleddfu rhywfaint ar y boen trwy eu swilio'n aml â dŵr ffres a'u sychu gyda thowel glân. Mae gosod clwtyn gwasgu (*cold compress*) ar y llygaid am ddeg munud yn gallu cynnig seibiant rhag y pigo hefyd. Rhowch glwtyn

bach glân dan dap dŵr oer, wedyn ei wasgu nes ei fod yn ddamp. Plygwch ef yn hir a'i roi mewn bag plastig glân yn yr oergell am awr. Tynnwch y clwtyn o'r bag, a mwynhewch y teimlad hyfryd wrth ei roi ar eich llygaid. Awgrymir hefyd eich bod yn gwisgo sbectol yn lle contact lensys pan fyddwch yn dioddef gyda'ch llygaid.

Gobeithio y bydd rhai o'r awgrymiadau hyn, ynghyd â meddygyniaethau o'r fferyllfa, yn eich helpu ac yn eich galluogi i fwynhau ambell arddwest neu brynhawn yn y parc. Maen nhw'n gynghorion i helpu gyda thwymyn y gwair, ond a dweud y gwir, maen nhw'n bethau ymlaciol ynddyn nhw'u hunain, sy'n braf i'w gwneud os oes aflwydd arnoch ai peidio!

Rhiannon

MEHEFIN

Defod

HIRDDYDD HAF

Syrthia hirddydd/heuldro'r haf, neu Alban Hefin ar Fehefin 20, 21, neu 22 yn hemisffer y gogledd, gan ddibynnu ar ba un yw'r dydd hiraf (yn hemisffer y de, Rhagfyr 20, 21, neu 22 fydd y dyddiad).

Ar y diwrnod hwn mae'r haul ar ei uchaf yn yr awyr, mae'r ddaear wedi troi ar ei hechel i fod ar ei hagosaf at yr haul, ac mae'r dydd ar ei hiraf a'r nos ar ei byrraf. O hyn ymlaen, bydd y dyddiau yn araf dywyllu. Yn ein hoes ni, nid yw'r tymhorau'n effeithio arnom gymaint ag oedden nhw oherwydd gwres canolog a golau trydan. Ond mi fydden nhw'n gwneud gwahaniaeth mawr i fywydau pan oedd pobl yn byw mewn mwy o gytgord â natur, felly roedd dathlu'r meincnodau hyn yn y flwyddyn yn arwyddocaol iawn.

Allwn ni fyth fod yn sicr pa ddefodau y byddai ein cyndeidiau wedi eu cynnal na'r rhesymau tu ôl iddynt, ond ar hirddydd haf yr un peth y gallwn ni fod yn eithaf sicr amdano yw bod yr haul yn rhan fawr o'r dathlu, a bod pobl tu fas.

COELCERTH HIRDDYDD HAF

Amser dathlu! Mae ein gerddi'n ffrwydro gyda bywyd ac yn eu holl ogoniant. Teimlwn y ddaear dan ein traed. Mae persawr y blodau'n drwm yn yr awyr ac yn ein gwallt, os gwnawn ni benwisg. Bwytawn fwydydd o'n gerddi neu o'r pridd lleol. Amser cynnau coelcerth a rhyfeddu at ei golau a'i gwres a dawnsio trwy'r nos, fel byddai ein cyndeidiau wedi'i wneud.

Dywed rhai fod y ddefod o gynnau coelcerth yn ffordd o gadw ysbrydion drwg draw; dywed eraill ei bod yn adlais o'r haul. Roedd rhai'n neidio dros ben y goelcerth, a'r naid uchaf yn arwydd o ba mor dal fyddai'r ŷd yn tyfu. Ymddengys fod y rhan fwyaf o ddefodau hirddydd haf yn ffyrdd o annog y cnydau i dyfu'n llwyddiannus.

MEINI HIR

Gellir olrhain dathliadau hirddydd haf 'nôl i'r oes Neolithig a'r meini hirion. Mae hud ac ymdeimlad o ddirgelwch y mannau cysegredig hyn yn dal i ddenu llawer, yn enwedig ar Heuldro'r Haf a Heuldro'r Gaeaf.

Bydd llawer yn dathlu hirddydd haf wrth y meini hirion, lle disgleiria'r haul drwyddynt ar foment dyngedfennol yr heuldro. Rhai llefydd yng Nghymru sydd wedi eu hadeiladu i gyd-fynd â haul yr hirddydd yw Bryn Celli Ddu ym Môn a San Lythan neu Lwyneliddon ym Mro Morgannwg, lle ar yr heuldro y bydd yr haul yn codi ac yn sgleinio drwyddynt.

'Mae'r siambr gladdu 6000 oed hon ger Caerdydd yn hŷn na Chôr y Cewri a'r pyramidiau. Roedd y cerrig yn rhan o grug hir Neolithig, wedi'i alinio i'r dwyrain/gorllewin. Yn ystod y cyhydnosau mae'r haul yn codi yn union o flaen y fynedfa, a byddai wedi treiddio ar hyd y siambr...'

The Return of the Sun, St. Lythan's Burial Chambers, Croeso Cymru

Ac er bod Côr y Cewri jyst dros y ffin yn Swydd Wilton (Wiltshire), mae cerrig gleision Sir Benfro yn rhan o'r meini hyn lle mae

Paganiaid o bob cwr yn heidio i ddathlu ar yr hirddydd. Cynhelir gŵyl Glastonbury tua'r adeg yma o'r flwyddyn hefyd, nid nepell o Gôr y Cewri, ac mae'n teimlo fel gŵyl fawr gyntaf yr haf a dechrau ar lot o halibalŵ hyfryd, hirddydd hafaidd ei naws.

Ar yr heuldro, mae rhai'n cymryd y cyfle i gysgu gyda'r engyl ar ben mynydd mawreddog Carn Ingli, y mae ei enw'n golygu 'Carnedd yr Angylion'. (Roedd pwy bynnag enwodd hi'n gwybod bod y garn hon yn sbesial!) Mae creigiau Carn Ingli yn teyrnasu ar 'ley lines' gogledd Sir Benfro, ac yn gysgod i gromlech Pentre Ifan a'i cherrig sy'n mynd yn ôl i 3500 CC. Dywedir fod y rhai sy'n cysgu arnyn nhw yn cael breuddwydion dwfn a phwysig.

Priododd fy mam fedydd ar hirddydd haf ddim yn bell o Garn Ingli, gan achub dafad o'r mynydd ar ei ffordd o'r capel, a minnau'n defnyddio fy ffrog forwyn flodau i gasglu *chippings* a'r blychau casgliad i fatio posi o flodau hirddydd haf. Ta beth, soniodd hi wrtha i am y chwedl oedd yn dweud y byddech yn dychwelyd un ai'n fardd neu'n wallgo ar ôl cysgu noson ar ben Carn Ingli. Cysgodd hi yno pan oedd hi'n ifanc, ac er ei bod hi ddim yn fyw bellach i fi ofyn pa un oedd hi wedi iddi ddod i lawr – fi'n eithaf siŵr mai'r ateb yw tym' bach o'r ddau.

Mae sawl ffordd o ddathlu'r cydbwysedd tyner mewn natur rhwng golau a thywyllwch.

Dathlu'r goleuni mawr a chroesawu'r tywyllwch.

Bethan

Anifeilaidd

GWENYN MEHEFIN

Bore digyfarfod, di-blant a digynllun. Mae gen i domen o olch a didoli dirifedi i'w wneud, ond geith hwnna aros. Fi, y beic (ie, hwnna eto!) a'r Beconase sydd bore 'ma. Yn syndod mawr i mi, dydw i heb gynllunio lle'r ydw i am fynd. Fel arfer caf drafferth gadael i'r gwynt fy nghario. Mae hyd yn oed Suliau tawel getre yn cael eu hamserlennu; pobi am ddeg, amser sgrin am 11, chware am 12, ayyb. Ond gall hyn fod yn syrffedus, nid yn unig i'r teulu ond i fi hefyd. Bant â fi, yn dilyn fy nhrwyn (sydd wedi ei iro â Vaseline yn y gobaith na chaiff y paill fynediad), yn ymgyfarwyddo â fy hawl am ryddid, yn rhodio o lwybr i lwybr yn anhysbys.

Wrth i mi grwydro'r llwybr ger afon Elái, fe'u gwelaf, yn hy. Yn goesau i gyd a'u pennau llachar yn galw 'edrych arna i', yn barti powld fel y merched ar noson mas ar Wind Street. Y llygaid llo bach, y pabi coch, y meillion gwyn yn un haid, a phys y ceirw. Meddwaf ar eu lliwiau yn rhuthro'n seicadelig heibio i mi. Caf fy atgoffa o'r diwrnodau hynny, yn union cyn i mi eni fy mabis, lle teimlais fy synhwyrau'n miniogi, fy nghorff a fy enaid yn fy ngorfodi i sylwi ar y byd rhyfeddol o'n i ar fin esgor iddo.

Chwarae gêm iâr gyda fi a'r beic mae ambell wenynen. Stopiaf a sylwi ar un fach sydd, fel fi heddiw, yn gwibio o flodyn i flodyn yn ddigynllun, yn gadael i'r lliw a'r siâp nesaf ei denu. A'r llall, wel. Mae hon wedi cael un yn ormod, weden i, ma ishe i rywun fynd â hi getre. Mae'n drymlwythog o neithdar ac yn simsan. Ond all hi ddim helpu ei hunan. Un fach arall, ac eto, tan bod yr ymdrech o hedfan bron yn ormod iddi, a bron na all hi gario'i phwysau ei hunan.

Mewn cwch gwenyn,
mae'r gwenyn gweithio benywaidd yn gweithio, gweithio, gweithio ac yna'n marw! Dyna'u bywydau! Mae'n rhwydd gweld shwd allai bywyd fod fel'na i ni fodau dynol, gyda gwaith proffesiynol, gwaith ar yr aelwyd a gwaith gwirfoddol yn orchwylion sy'n ymestyn ymhell tu hwnt i'n hamser. Ymddengys nad oes terfyn i'r rhestr 'i'w wneud'. Ma angen felly sicrhau bod cyfle i ni, yn ein bywydau beunyddiol, i ymestyn ein hadenydd a chael saib o'r gwaith, a hynny heb euogrwydd.

'Nôl ar fy meic. Diolchaf am y newidiaeth. Diolchaf am liwiau'r haf. Diolchaf i'r blodau gwyllt a'r gwenyn am wneud i fi wenu. Diolchaf am y coffi a gaf ar y ffordd getre wrth ysgrifennu hwn. Af getre, i ddelio â'r domen olch, gan deimlo ychydig yn fwy sionc a lliwgar nag oeddwn i gynne.

Rhiannon

Gorffennaf

Ganllath o gopa'r mynydd, pan oedd clych
Eglwysi'r llethrau'n gwahodd tua'r llan,
Ac anhreuliedig haul Gorffennaf gwych
Yn gwahodd tua'r mynydd, – yn y fan,
Ar ddiarwybod droed a distaw duth,
Llwybreiddiodd ei ryfeddod prin o'n blaen.
Ninnau, heb ysgog a heb ynom chwyth,
Barlyswyd ennyd; megis trindod faen
Y safem, pan ar ganol diofal gam
Syfrdan y safodd yntau, ac uwchlaw
Ei untroed oediog dwy sefydlog fflam
Ei lygaid arnom. Yna, heb frys na braw,
Llithrodd ei flewyn cringoch dros y grib;
Digwyddodd, darfu, megis seren wib.

R. Williams Parry, 'Y Llwynog'.

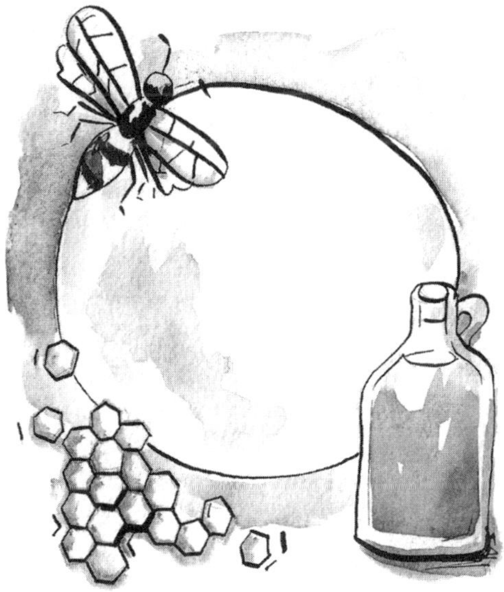

Erbyn hyn, mae byd natur yn dechrau tawelu a gorffwys rhywfaint. Rydyn ni fel bodau dynol yr un fath, ac yn ysu am (ac yn haeddu cael) hoe fach neu wyliau yr adeg yma. Ac os ydyn ni'n lwcus cawn brofi'r 'anhreuliedig haul' hwnnw, chwedl R Williams Parry yn ei soned enwog.

Enw'r mis: Or geiriau 'gorffen' + 'haf'

Y lleuad: Rhai o'r enwau a roddir arni yw'r 'Lleuad Berlysiau', 'Lleuad Fedd', 'Lleuad Fwchadanas' a 'Lleuad Hawlio'.

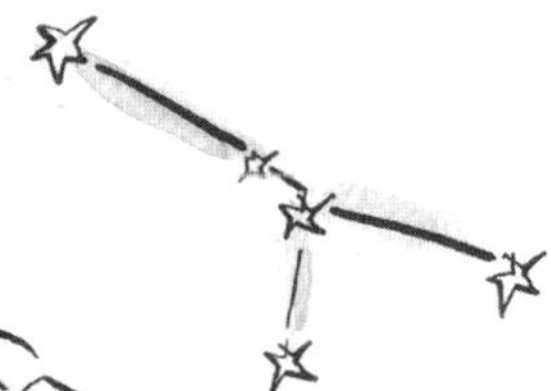

Arwydd y sidydd: Y Cranc – *Cancer* (*c.* Mehefin 21 nes newid i'r Llew *c.* Gorffennaf 23)

Wedi'i reoli gan yr elfen: Dŵr

Planed reoli: Y Lleuad

Crisial/Carreg y mis: Rhuddem

Cyngor y mis Meddygon Myddfai: 'Gwnewch ddefnydd o flodau a llysiau maethlon. Cymerwch foddion sy'n peri i chi chwydu. Ceisiwch osgoi amhuredd.'

Dyddiadur

1 Hen Ŵyl Sant Cewydd y Glaw (neu'r ail o'r mis)

2

3

4

5

6

7

8

9

10

11

12

13

14

15 Dydd Sant Swithin

16

17

18

19

20

21

22

23

24

25

26

27

28

29

30

31

Rhai dyddiadau traddodiadol (ac eraill)

Gorffennaf yr 2il a'r 15fed: Sant Cewydd *vs* Sant Swithin: Yn amlwg mae Sant Swithin, y sant Eingl-Sacsonaidd, yn fwy adnabyddus i ni na'r sant Celtaidd, Cewydd, neu 'Sant Cewydd y Glaw' fel roedd yn cael ei adnabod.

Yn ôl yr hanes, fe anwyd Cewydd yn yr Alban yn un o feibion y Brenin Caw, cyn symud i Gymru. Un o'r ffynonellau gwybodaeth amdano yw Iolo Morganwg, a theg fyddai dweud bod yr hen Iolo yn cael ei ystyried yn rhywun oedd weithiau'n ymestyn y gwir! Cywir, fodd bynnag, yw dweud bod sawl eglwys wedi'i chysegru i Cewydd yng nghanolbarth a de Cymru.

A hefyd bod ei ddydd gŵyl, sef Gorffennaf yr ail (a'r cyntaf yn ôl rhai), yn cael ei gysylltu â phroffwydo glaw neu hindda, fel y gwelir yn yr hen rigwm yma:

'Ar yr ail o Orffennaf, os
bydd glaw yn disgyn
Bydd glaw am fis cyfan
yn sicr o ddilyn.'

Y 15fed o'r mis yw Dydd Gŵyl Sant Swithin, a oedd yn Esgob yg Nghaer-wynt (Winchester). Y gred gyda dyddiau gŵyl y ddau sant yma oedd os oedd hi'n bwrw glaw ar y diwrnod hwnnw, fe fyddai glaw am y mis cyfan - neu'r 'deugain niwrnod' Beiblaidd canlynol. Diddorol nodi bod gwyliau seintiau proffwydo tywydd yn perthyn i'r cyfnod yma o'r flwyddyn mewn gwledydd eraill, fel Ffrainc ac Awstria, hefyd.

Mae'n eithaf tebygol fod proffwydo tywydd canol haf yn deillio'n wreiddiol o'r dathliadau paganaidd, a'r proffwydo oedd ynghlwm â nodi diwrnod hiraf y flwyddyn.

Diwedd Mehefin / Dechrau Gorffennaf: Wythnos y Wennol Ddu (Swift Awareness Week), i godi ymwybyddiaeth am yr adar unigryw yma, y mae eu niferoedd yn gostwng yn ddirfawr.

Ail wythnos Gorffennaf: Eisteddfod Ryngwladol Llangollen.

***c.* trydedd wythnos Gorffennaf:** Sioe Frenhinol Cymru, Llanelwedd.

Canol Gorffennaf - Dechrau Awst: Cyfrif gloÿnnod byw / ieir bach yr haf / pilipala (The Big Butterfly Count). Y nod yw helpu gwyddonwyr i ddeall yn well beth yw effaith newid hinsawdd ar ieir bach yr haf. Mae eu niferoedd wedi gostwng ryw 80% ers y 1970au. Yr unig beth sydd angen ei wneud yw dewis un diwrnod yn y cyfnod hwn a nodi faint o loÿnnod byw rydych yn eu gweld mewn 15 munud.

Ruth

Tywydd

Er ein bod heibio'r hirddydd a chanol haf, mae'r tymheredd ar gyfartaledd yn uwch yn ystod y mis hwn nag ym Mehefin. Mae mwy o siawns o stormydd o fellt a tharanau wrth i'r aer twym lifo i fyny o ardal Môr y Canoldir. Mae'r stormydd yma'n llai tebygol yn y gorllewin na'r dwyrain.

Enw'r lle	Tymheredd uchaf	Tymheredd isaf	Glawiad y mis	Oriau haul y mis
Caerdydd	20 gradd	14 gradd	13 diwrnod, tua 82 mm	202 awr
Pen-bre	19 gradd	14 gradd	13 diwrnod, tua 98 mm	202 awr
Y Drenewydd	20 gradd	11 gradd	13 diwrnod, tua 82 mm	155 awr
Caernarfon	19 gradd	13 gradd	14 diwrnod, tua 94 mm	155 awr

Cyfartaledd yw'r ffigurau ar y siart.

Gwawrio Gorffennaf y 1af: 4.56 a.m., machlud: 9.44 p.m.
Erbyn diwedd y mis, lleihad o 1 awr 9 munud o olau dydd.
Ffigurau gwawrio a machlud ar gyfer Aberystwyth.

Rhai dywediadau a chredoau am y tywydd

'Mis Gorffennaf, wybren glir,
Haul ar fryn a dyddiau hir.'

'Gwenwyn blin i'r march a'r ych
Mis Gorffennaf na fo'n sych.'

Tymor y cynhaeaf gwair
oedd yr adeg yma:

'Y mae tymestl Gorffennaf
Yn ddrwg ar les cynhaeaf;
Cyweiriwch wair a chludwch,
Rhag ofn glaw, nac oedwch.'

Fel y soniwyd eisoes, roedd
adeg Sant Cewydd y Glaw (y 1af
a'r 2il) a Sant Swithin (y 15fed)
yn cael eu hystyried yn bwysig
ar gyfer darogan y tywydd:

'Yr ail o Orffennaf os
bydd glaw yn disgyn
Bydd glaw am fis cyfan
yn sicr o ddilyn.'

'Glaw ar Sant Swithin
Ddeugain dydd i ddilyn.'

Ruth

Alaw

'GWYDDFID GORFFENNAF'

Mae'n anodd diffinio ysbryd mis Gorffennaf. Mae'n gallu bod yn dwym, yn drymaidd, yn llaith, yn ysgafn.

Wedi ei henwi ar ôl y gwyddfid gludiog, melys sy'n blodcuo ar ôl dringo i fyny pob math o bethau yr adeg yma o'r flwyddyn, gobeithio bod yr alaw newydd wreiddiol yma'n dal y dicotomi rhwng naws trwm a bodolaeth ysgafn mis Gorffennaf.

I'w chwarae'n *allegretto*, sef bach yn gyflym, ond ddim yn rhy gyflym. Ychydig fel y cyflymder y dylid cerdded yn ystod y mis hwn er mwyn joio ond peidio â gorboethi.

Mari

GORFFENNAF

Tu fas

PETRICHOR

Dynoda enw'r mis hwn fod yr haf yn dod i ben. Wel, dyw hynny ddim yn deg! Sawl gwaith y'n ni wedi edrych mas drwy'r ffenest, yn yr ysgol neu'r gwaith, ar yr awyr las ym Mai a Mehefin, yn dyheu am wyliau haf i gael bod mas yn mwynhau'r tywydd ffein? A sawl gwaith wedyn, pan ddaw'r gwyliau hwnnw, neu gyfle i gael saib fechan, mae'r tywydd yn troi, a'r profiad o fod tu fas ddim yr un yr oeddem wedi ei ddychmygu?

Un o'r ffenomenau i'w mwynhau y mis hwn yw *petrichor* (sy'n swnio ychydig fel deinosor, on'd yw?). Mae'n air Saesneg, ond daw o'r Groeg *πέτρα* (craig/carreg) a *ἰχώρ* (hylif arallfydol megis gwaed y duwiau). Mae'n cyfeirio at yr arogl yn yr awyr wedi'r glaw. Caiff y sawr priddlyd hwn ei greu wrth i ddiferion glaw orfodi bacteria yn y pridd sych i ryddhau'r cemegyn *geosmin*. Mae'n arogl siarp ond prydferth, ac mae'n trwynau ni fel bodau dynol yn ei synhwyro'n fwy nag anifeiliaid eraill. Yn wir, y gred yw bod ymateb person i *petrichor* yn fwy grymus nag ymateb siarc i waed! Os yw'n cyrff yn sensitif i'r arogl, mae'n rhaid ei fod yn bwysig i ni, ac mae 'na gred bod hyn yn rhywbeth hanesyddol oherwydd ei fod wedi ein galluogi i ganfod dŵr.

Pan weithiwch chi mas beth yw'r arogl, dwi'n siŵr y bydd yn gyfarwydd i chi, mor gyfarwydd fel nad ydym weithiau'n sylwi arno gan fod ein meddyliau'n crwydro i gannoedd o lefydd heblaw'r presennol. Felly beth am i ni ymdrechu i dalu sylw i'r arogl hynod hwn y tro nesaf? Er, yn aml ym mis Gorffennaf, na welwn yr awyr las fel yr oeddem wedi gobeithio, gallwn fyfyrio ar y ffyrdd eraill mae'r byd yn ein diddanu a mwynhau'r rheiny gyda'n synhwyrau eraill.

Rhiannon

AFONYDD

Mae Cymru'n rhwydwaith o wythiennau dyfriog sy'n bwydo'n moroedd gan gynnal pob math o wyrthiau naturiol, yn bryfed, planhigion, pysgod, amffibiaid a mamaliaid, sy'n ein gwahodd ni, *homo sapiens*, i mewn hefyd, yn enwedig yn y misoedd twymach yma.

Dywedir fod Gwragedd Annwn yn llechu yn afonydd Cymru, sef tylwyth teg sy'n gysylltiedig â Gwyn ap Nudd.

Creadur arall sydd yn ein hafonydd, ac sydd byth a beunydd yn fy syfrdanu gyda'i allu i ymddangos fel rhyw fath o hanner pysgodyn, hanner anifail, yw y dyfrgi/dwrgi.

Os ydych yn lwcus, adeg gwawr neu fachlud, ar hyd glannau afonydd, gallwch glywed teuluoedd o ddwrgwn yn chwilota ac yn chwarae. Daw cyfle i'w gweld trwy gydol y flwyddyn, gan nad oes tymor cenhedlu penodol ganddynt, ond yn yr haf mae mwy o siawns y bydd dwrgwn bach yn mentro allan am y tro cyntaf gyda'u mam, a'u gwichian yn datgan eu lleoliad. Byddwch yn debygol o'u clywed cyn eu gweld, gyda'u sblashys a'u seiniau.

Bethan

Y crochan

TOMATOS YN Y FFWRN

Rwyf wedi dod ar draws amrywiadau ar y rysáit hon sawl gwaith ar fy nhaith. Ond yr un yw'r ethos: symlder, a gadael i'r tomato, seren y sioe, serennu. Fy nghyfeillion sydd fwyaf angerddol am y cynhwysyn hwn yw ein cymdoges, Mrs Sharon, a fy ffrind coleg, Matt, felly rhyw gyfuniad o ryseitiau cwpwl o wahanol ffrindiau sydd yma.

Sdim byd fel blas tomatos o'r ardd! A sdim byd gwell na thomato amrwd pan mae ar ei orau, gyda bach o halen a phupur (a byddai Mam-gu yn ychwanegu siwgr) ac olew olewydd a basil, falle. Ond pan mae gormodedd ar unwaith neu os oes tomatos ddim cweit ar eu gorau i'w bwyta'n amrwd, mae'r rysáit hon yn ddefnyddiol iawn.

Bydd y tomatos yn meddalu a'r blasau'n ymdoddi i greu gwledd i'r synhwyrau. Yna, gallwch weini'r saws gyda phasta, ar dost neu fel dip. Mae modd eu rhewi ar gyfer y misoedd di-domato.

Amser Paratoi: 5 munud
Amser Coginio: 45 munud

CYNHWYSION

- 1 trei ffwrn o domatos bach neu rai mwy wedi'u torri yn eu hanner (tomatos unrhyw faint, unrhyw liw)
- 4–6 ewin garlleg wedi'u sleisio'n denau iawn
- Glwg mawr o olew olewydd (tua 5 llwy fwrdd)
- Perlysiau ffres o'ch dewis: fel oregano, teim a/neu fasil wedi'u torri'n arw
- 1 llwy de o halen

DULL

1 • Cymysgwch y cynhwysion gyda'i gilydd gyda phinsiaid hael iawn o halen.

2 • Twymwch y ffwrn i'w wres twymaf. Pan mae wedi cyrraedd y gwres uchaf, rhowch y trei tomatos i mewn a throi'r gwres i ganolig/isel, gan adael y tomatos i eistedd yn y gwres am ryw dri chwarter awr, tan eu bod yn feddal. Os ydych yn defnyddio oregano neu deim, ychwanegwch hwn tua hanner ffordd, ac os ydych yn defnyddio basil, ychwanegwch e ar y diwedd.

3 • Cymysgwch y cyfan yn fras â llwy a defnyddiwch y llwy i dorri'r tomatos yn ôl eich chwaeth.

4 • Gweinwch nhw gyda basil* ffres os oes peth wrth law.

*Basil: Cyfaill y tomato o ran blas ond hefyd wrth iddo dyfu, oherwydd mae'n cadw gelynion y tomato, y gleren wen ac *aphids*, draw a dywedir ei fod yn gwella'r blas.

Bethan

Corff ac enaid

GWRES GORFFENNAF

Ma ddi'n dwym. Ma ddi mor dwym. Ar ôl cyfnod o fân siarad am y tywydd a holi pryd ma'r sbel nesaf i ddod, ma fe'n cyrraedd a ma fe'n teimlo fel ein bod ni ar farbeciw. Gyda newid hinsawdd yn realiti, dyw'n hafau ddim yn mynd i oeri, yn anffodus.

Caiff y plant eu hala i'r ysgol yn y bore wedi'u hiro mewn eli haul ac yn sgleinio fel morloi gwlyb. Pysgotir y ffaniau a'r pyllau padlo o ddyfnderoedd y sied. Mae'r syniad bod unrhyw dywydd arall yn bosib yn toddi. Fi'n toddi, ac mae popeth yn teimlo fel ymdrech. Felly, beth allwn ni wneud i helpu'n hunain i gadw'n cŵl yng ngwres yr haf?

Dyma rai awgrymiadau a fydd, gobeithio, yn lleddfu rhywfaint ar deimlo fel dŵr tegell ar ferwi:

Yn ôl y Gwasanaeth Iechyd, mae rhai pethau syml iawn y medrwn eu gwneud i'n helpu i gadw'n oer. Y peth cyntaf yw cadw'r ffenestri ar gau a thynnu'r llenni. Mae'n mynd yn erbyn fy ngreddf i i agor y ffenest ar ddiwrnod braf ond, mewn gwres mawr, mae agor y ffenest yn gadael y gwres i mewn. Gwisgwch ddillad ysgafn, llac a het ac eli haul os y'ch chi'n mynd allan. Yfwch ddigon o ddŵr, hyd yn oed os nad oes ei awydd arnoch.

Mae yfed neu fwyta mintys yn gallu oeri person oherwydd presenoldeb menthol yn y planhigion. Gallwch roi dail mintys mewn te, rhoi'r dail ar salad, neu eu rhoi mewn diod oer gydag iâ a chiwcymbr. Beth am rewi dail mintys mewn ciwbiau iâ a'u hychwanegu i ddiod neu eu sugno fel ciwbiau?

Mae dŵr yn helpu, ac unwaith eto cofiwn ein braint am fod gennym fynediad at ddŵr. Ewch i nofio, neu os ydych chi getre, beth am wneud powlen o ddŵr oer a rhoi'ch traed ynddo? Gallwch wlychu clwtyn / hen grys-T mewn dŵr oer, gwasgu'r diferion mas ohono, a'i roi o amgylch eich gwddwg. Dwi wedi clywed am rai'n rhewi sanau; yn gosod sanau mewn cwdyn plastig a'u rhoi yn y rhewgell am awr, a'u gwisgo wrth fynd i'r gwely i'w helpu i deimlo'n fwy cyfforddus yn y nos.

Gallwch ddefnyddio potel fach i ysgeintio'r dŵr drosoch. Mae siopau'n gwerthu poteli bach tebyg i hyn, ond mewn gwirionedd gallwch hefyd ddefnyddio hen botel sydd gennych getre. Mae gan y rhosyn nodweddion sy'n cael eu cysylltu ag ymlacio ac oeri. Mae gan wefan 'This Rawsome Vegan Life' ganllaw hyfryd ar gyfer hylif petalau rhosod: ychwanegwch betalau rhosyn i ddŵr berwedig a gadael iddo ffrwtian am ddeg munud, wedyn ei hidlo. Gadewch i'r hylif oeri, yna rhoi'r dŵr yn yr oergell mewn potel ysgeintio.

Ceisiwch osgoi bod ar hast pan fo'r gwres yn affwysol, ac os oes angen i chi fod tu fas, cynlluniwch yn ofalus i sicrhau eich bod yn cael newid o'r haul; yn cael cysgod neu'n mynd tu fewn am ychydig. Mae rheswm pam bod y Sbaenwyr yn cael siesta; cofiaf athro Sbaeneg i mi'n Sevilla yn sôn mai dim ond twristiaid fyddai'n crwydro'r ddinas yn haul y prynhawn, a hwythau'n 'rojos como gambas', yn binc fel corgimychiaid! Ewch mas yn gynnar cyn i'r haul godi neu gyda'r hwyr, wrth gwrs.

Gwrandewch ar rythm araf y ddaear yn y tywydd twym a cheisio adlewyrchu hynny yn eich corff. Yn bersonol, fy newis le yw o dan ambarél yn yr ardd, yn darllen llyfr â 'nhraed yn y pwll padlo!

Rhiannon

Ôl-nodyn: Tra ein bod yn sôn am rinweddau dŵr, yn ôl Mam roedd ei thad-cu yn gredwr mawr yn rhinweddau dŵr â halen... bod dŵr y môr yn dda ar gyfer gwella clwyfau. Mae rhai'n credu bod garglo gyda dŵr berw, sydd wedi oeri ychydig, a phinsiaid o halen yn lleddfu poen gwddwg. Ac mae snwffian ychydig o'r dŵr hallt i fyny'r ffroen, os oes clwyfau bach yno, neu'r trwyn wedi blocio oherwydd annwyd, yn syniad arall. (Noder: meddyginiaethau dros dro yw'r rhain.)

Ruth

Defod

PŴER DŴR OER

Mae'r ddefod yma yn un hynafol, yn un reddfol. Yn un anifeilaidd.

Sdim byd tebyg i'r môr am ddod â ni'n ôl at ein corff. Yn ei rym ac yn ei oerfel. A'i halen sy'n ein dal wrth i ni arnofio ac yn purhau ein croen. Mae'n amlwg sut mae'n teimlo fel profiad ysbrydol, a pham mae sawl cred a chrefydd wedi ei gynnwys fel rhan dyngedfennol o'u defodau dros y canrifoedd.

Daw'r gair 'bedydd' yn y pen draw o'r Groeg *báptisma* sy'n golygu 'ymdrochi' ('to immerse'), a'r bedyddiwr mwyaf enwog, am wn i, yw Ioan Fedyddiwr, a fedyddiodd Iesu yn y Beibl. Ond roedd y ddefod o fedyddio yn digwydd ymhell cyn hynny ac yn perthyn i draddodiadau cynnar, gan gynnwys traddodiadau paganaidd ac Iddewig cynnar. Ond p'un a ydych chi'n dod ato o bersbectif crefyddol, ysbrydol neu gorfforol, tebyg iawn yw'r effaith yn fy marn i: purhau, iwfforia ac undod â'r corff.

Merch y môr yw fy merch i, a chymaint yw pŵer y môr drosti mae hi'n rhedeg i mewn yn ei dillad a'i sgidie, beth bynnag fo'r tywydd. Mae'r greddfau plentyndod hynny yn rhai pwysig i'w cadw wrth i ni dyfu'n hŷn. Gall bywyd ein trawsnewid ni'n greaduriaid difrifol a threfnus. Ond mae gen i gyfrinach: sdim rhaid stopio gwneud pethau greddfol, hwyliog na dwl unwaith ein bod ni'n oedolion! Ac, yn wir, mae arbenigwyr yn dweud bod cadw meddylfryd chwilfrydig, chwareus a chreadigol yn bwysig er mwyn heneiddio'n hapus ac yn iach.

'Mae chwareüsrwydd yn feddylfryd sy'n cynnwys chwilfrydedd, creadigrwydd a pharodrwydd i gymryd risgiau gyda gofal. Yn ôl arbenigwyr, gall meithrin y meddylfryd hwn gael effaith ddwys ar ein hiechyd corfforol a meddyliol wrth i ni heneiddio. Cofleidio y cyfle i fod yn chwareus yw'r allwedd i aros yn ifanc'.

Pan fi'n siarad am wneud nofio gwyllt, i fi, bach iawn o nofio sy'n digwydd. Llai o Rebecca Adlington, mwy o forlo cyffrous yn bobian rownd gyda whisgers llawn halen. Felly, llai o'r nofio, mwy o'r gwyllt. Er mor fawr yw ein gofidiau, maen nhw mor, mor fach pan mae'r môr mor fawr.

Gall y ddefod o gael cawod oer gael effaith debyg. Fi'n ffan o gawod oer. Mae rhai'n neidio yn syth i gawod neu fàth oer. I fi, gwell dechrau gyda chawod dwym a wedyn troi'r tymheredd i lawr nes ei fod yn rhewllyd. Mae'n deimlad gwefreiddiol a thrydanol. Mae'r corff yn teimlo'n wirioneddol fyw.

Mae mwy a mwy o ymchwil gwyddonol yn cael ei gyhoeddi i gefnogi'r syniad bod ymdrochi oer yn gysylltiedig â llai o straen, gwell ansawdd cwsg, ymateb imiwnedd cryfach, a mwy o egni a ffocws. Ac yn fy mhrofiad i, mae'r wefr yn hyfrydol.

Lluniais y darn hwn ar gyfer Gorffennaf gan mai'r haf yw'r amser mwyaf apelgar o'r flwyddyn i fynd am ddip tu fas. Ond os yw'n weithred yr hoffech ei chyflawni'n gyson, mae'n amser da i ddechrau ac yna ei chadw i fynd trwy'r misoedd oerach pan mae'n anoddach mentro, yr un peth ag wrth gael cawod oer.

Gyda llawer o ddyfrfannau naturiol, a'r creaduriaid a'r byd natur sy'n ddibynnol arnynt dan fygythiad o achos llygredd

a sbwriel, mae gweithredoedd elusennau fel Surfers Against Sewage yn bwysicach nag erioed wrth i ni drial cadw a charu'r mannau cysegredig ry'n ni'n ddibynnol arnynt, yn gorfforol ac yn feddyliol. Mae'r elusen hefyd yn rhannu enwau'r lleoliadau diweddaraf i gael eu llygru, er gwybodaeth i nofwyr, yn ogystal â rhannu gwybodaeth am sut i ymgyrchu. Mae gwefan Cyfoeth Naturiol Cymru hefyd yn rhoi gwybodaeth am ansawdd y dŵr cyn i chi ymdrochi.

Dyw'r ddefod o ddipio ddim i bawb, ond gall pawb elwa o fod wrth ymyl corff mawr o ddŵr.

Mae'r awyr yn llawn ïonau negyddol a phositif. Yn fyr: mae'r gronynnau anweledig yma'n dylanwadu ar ein hiechyd, ac mae ïonau negatif yn dda i ni. Ceir ïonau negatif mewn mannau naturiol: fforestydd, mynyddoedd, llynnoedd ac yn enwedig yn y môr. Dyma reswm arall i dreulio amser ger mannau dŵr cyfagos. Sdim ishe gwyddoniaeth i brofi hyn, achos mae'r weithred o ymdrochi mewn moroedd ac afonydd yn rhan annatod o'n perthynas â'r ddaear.

Mae'n hollbwysig ymchwilio sut i ymdrochi mewn dŵr oer neu ddŵr agored a hynny yn ddiogel. Fe ddylid darllen cynghorion ar sut i wneud nofio gwyllt yn ddiogel cyn mentro arni eich hun. Nid yw'n addas i bawb. Ac mae'n bwysig cael y cyngor meddygol cywir cyn mynd ati.

Mae'r môr yn wych, ac mae'r môr yn llawer, llawer mwy pwerus na ni. Yn ei faint, ei dymheredd a'i nerth.

Bethan

Anifeilaidd

Y GWYFYN

Caiff wy pitw ei ddodwy ar yr union blanhigyn sydd â'r union fwyd y bydd ei angen ar breswyliwr yr wy pan fydd yn deor fel lindysyn barus a phenderfynol. Wedi iddo fwyta'i salad yn awchus, bydd yn gwehyddu crysalis iddo'i hun, lle bydd yn swatio ac yn tyfu'n ofalus tan iddo gael ei aileni yn odidog gydag adenydd hynod, ar yr union adeg o'r flwyddyn mae ei hoff neithdar a bwydydd ar gael ac ar eu gorau. Yna, gan ddefnyddio golau'r lleuad i ddod o hyd i'r ffordd, fel y byddai pobl yn ei wneud gyda Seren y Gogledd gynt, bydd yn codi i awyr y nos i ddechrau ar ei antur fawr.

Gwyrthiol yw cylch bywyd gwyfyn.

Dan olau lloer yr haf yn ein nosweithi hir tesog, mae pobl yn dawnsio fel gwyfynod.

Gorffennaf ddaw â'i wyliau cerddorol ac alla i ddim peidio â gweld y tebygrwydd rhwng gwyfynod a phobl. Pawb ar ddangos, gyda'u hadenydd newydd-agored ysblennydd, yn dawnsio gyda'u cyd-greaduriaid, yn feddw ar neithdar, yn anelu am y lleuad. (Teimlaf fod y gwyfyn tamed bach mwy tywyll ac *emo* na'i gefndryd pilipalog – byddai'r rheiny yn Ibiza neu Marbs, falle, yn hytrach nag yng ngwyliau cerddorol tamp ein gwlad ni.)

O! Y sbri a'r gogoniant! Ond fel gwyfyn sy'n cael ei ddenu i olau'r bathrwm ar ddamwain wrth geisio dilyn golau'r lleuad, trïwn gadw ein traed ar y pridd ym mhresenoldeb uchelfannau pendroellog yr haf* wrth geisio dal yn sownd yn y foment. Ni fydd y tymor yma'n para am byth.

*ac os ydym yn ffindo'n hunen ar nenfwd stafell molchi, gobeithio y bydd llaw garedig yn ein helpu i mewn i dacsi i fynd â ni adref.

Dwi'n teimlo fel gwyfyn wrth i fi baratoi, fel cerddor, i chwarae gigs yr haf.

Yn y misoedd oerach rydw i a'r band wedi bod yn bwyta maniwsgriptiau a chordiau fel lindys pitw yn llowcio dail yn awchus. Wedyn fe awn i'n pwpa. Gwiniwn gartref gyda'n gilydd i ni dyfu'n ddiogel. Ein crysalis yw'r stafell fyw dywyll, ac ar ôl i'r plant fynd i gysgu, ac yng ngolau'r *baby monitors*, ymgasglwn i ymarfer a chynllunio ac i dyfu yng ngwres ffwr blewog y gwyfyn.

Pan ydym wedi ffurfio'n llawn, yn barod ac yn gryf, fe fyddwn yn ffrwydro o'r pwpa. Gobeithio y bydd pethe'n mynd yn hwylus, achos pan fydd rhai ohonon ni wyfynod yn teimlo dan fygythiad y *Deilephila elpenor* (Elephant Hawk-moth) mae ein cyrff yn chwyddo yn ben neidr gyda dau farc du enfawr fel llygaid mileinig ar ein cefn. A dim dyna'r steil ni'n mynd amdani heno.

Agorwn ein hadenydd crin yn sigledig. Chwythwn y llwch i ffwrdd ohonynt. Agorwn nhw led y pen a chroesawu'r byd. Sdim pawb yn mynd i'n hoffi ni, ac mae hynny'n ddigon teg, gan y bydd lleiafrif bach ohonon ni'n byta eu dillad nhw. Ond anadlwn yn ddwfn o aer mwyn a melys Gorffennaf a lan â ni i awyr y nos i chwilio am olau'r llwyfan, yn lle'r lleuad, i'n hangori ni.

Chwyrlïwn o gwmpas yn ei lewyrch, gan fwrw mewn i bethau fan hyn a fan 'co. Rhown yn anifeilig ein nerth chwe-choesog i gynulleidfa o greaduriaid, sy'n rhoi eu gwahaniaethau trychfilaidd o'r neilltu am nawr ac yn plethu trwy ei gilydd i deimlo fel un llwyth.

Ni fydd y tymor yma'n para am byth, ond am nawr, yn y foment hon, fflapiwn ein hadenydd a gadael i awel fwyn Gorffennaf, chwys y sioe a gwres yr undod ein twymo ni trwy'r nos... os na fydd ein sylw wedi'i dynnu ac yn ein harallgyfeirio at olau'r bathrwm, wrth gwrs.

Bethan

Awst

Mis teg, adeg i oedi, – Awst annwyl,
Awst a'i wenau'n poethi;
Nef y tes, llawn haf wyt ti,
Dy gymydog yw Medi.

Roger Jones, 'Awst'.

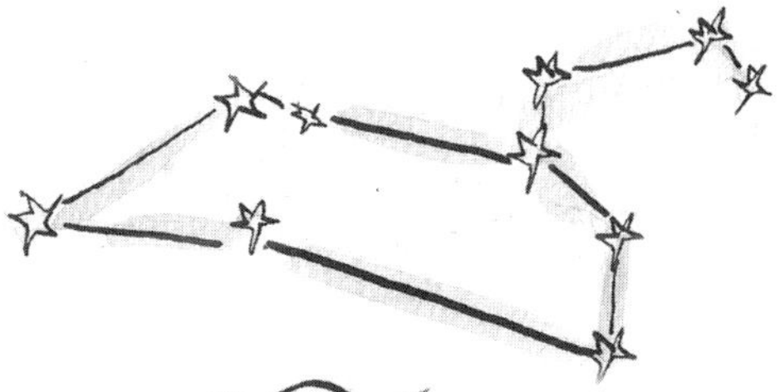

'Daw Awst, daw nos' - ydy, mae'r hen ddywediad yn eitha reit, mae'r dyddiau'n byrhau go iawn erbyn hyn. Wrth i'r mis fynd yn ei flaen, mae arwyddion y cynhaeaf yn dechrau ymddangos o'n cwmpas ym mhobman - yn fwyar, cnau a madarch, yn wenyn a gloÿnnod byw, wrth eu bodd gyda blodau hwyr yr haf. Mae'r golau min-nos yn wahanol rhywsut, ac mae byd natur - a holl dyfiant y misoedd cynt - yn arafu. Dyma'r adeg i wneud y mwyaf o ddyddiau olaf hyfryd yr haf.

Enw'r mis: Wedi'i enwi ar ôl yr Ymerawdwr Awgwstws.

Y lleuad: Rhai o'r enwau a roddir arni yw y 'Lleuad Las', 'Lleuad Cysgodion Mynydd', 'Lleuad Styrsiwn' (*sturgeon*) a 'Lleuad Anghydfod'.

Arwydd y sidydd: Y Llew - *Leo* (*c.* Gorffennaf 23 nes newid i'r Forwyn - *Virgo c.* Awst 23)

Wedi'i reoli gan yr elfen: Tân

Planed reoli: Yr Haul

Crisial/Carreg y mis: Yr Eurfaen (*Peridot*)

Cyngor y mis Meddygon Myddfai: 'Gwnewch ddefnydd o gawl(iau) a llysiau. Peidiwch ag yfed cwrw na medd. Rhowch bupur gwyn yn eich sucan (llymru, fel uwd tenau).'

Dyddiadur

1 Gŵyl Awst neu Galan Awst

2

3

4

5

6

7

8

9 Diwrnod Rhyngwladol Pobl Frodorol y Byd

10

11

12

13

14

15

16

17

18

19

20

21

22

23

24

25

26

27

28

29

30

31

Rhai dyddiadau traddodiadol (ac eraill)

Sadwrn cyntaf Awst: Dechrau wythnos Eisteddfod Genedlaethol Cymru.

Awst y 1af: Slawer dydd dathlwyd Gŵyl Awst neu Galan Awst – *Lammas* yn Saesneg, yn dod o *Loaf-Mass*, sef yr arferiad o ddod â thorth i'r eglwys. Fe'i gelwir yn *Lughnasadh* neu *Lunastal* mewn Gaeleg. Mae'r enwau yma'n adlewyrchu'r ffaith mai talu teyrnged i dduw'r haul, Lleu (*Lugh* mewn Gaeleg) oedd pwrpas yr ŵyl hon. Roedd gwaith Lleu bron â gorffen, roedd y Fam Ddaear wedi ei ffrwythloni. Roedd yr ŵyl yma'n bwysig hefyd gan ei bod hanner ffordd rhwng Calan Mai a Chalan Gaeaf.

Mae'n debyg fod y ffeiriau yn cael eu cynnal i gyd-fynd â'r dathlu. Diddorol yw'r hen arfer o gynnal cyfarfod ar y Sul cyntaf yn Awst ar lannau Llyn y Fan Fach i weld y 'dŵr yn berwi'. Does dim sôn mai ymddangosiad y forwyn oedd yn gyfrifol am y tonnau. Mae'n bosib mai haid o lysywod oedd yn dod i'r wyneb, neu mai gwynt yn chwythu'r dŵr oedd yn gyfrifol.

Roedd arferion di-ri yng Nghymru yn ymwneud â'r cynhaeaf, yn cynnwys y 'gaseg Fedi' a'r 'fedel wenith'. Roedd yn adeg i fwyta bwydydd arbennig, cynorthwyo cymdogion gyda'u cynaeafau ('cymhortha') a chael sbort a sbri. Mae'n debyg fod llawer o'r arferion yma – gan gynnwys 'rhibo' (rheibio, witsio) a rolio merched yn y gwair – yn dyddio'n ôl i gyfnodau cyntefig a defodau ffrwythlondeb.

Canol mis Awst (y dyddiad yn amrywio o flwyddyn i flwyddyn): Gŵyl y Dyn Gwyrdd, Bannau Brycheiniog.

Y dydd Llun olaf ym mis Awst: Gŵyl Banc.

Ruth

Tywydd

Mae'n wyliau haf, ac er bod arwyddion cyntaf yr hydref o'n cwmpas, yn enwedig erbyn diwedd y mis, mae'r tywydd yn gallu bod yn braf gyda thymheredd uchel. Mae hefyd yn gallu bod yn gymylog, stormus a gwlyb. Mae'r tywydd trymaidd a'r gwres yn gallu arwain at stormydd o fellt a tharanau, a hyd yn oed cesair neu genllysg.

Enw'r lle	Tymheredd uchaf	Tymheredd isaf	Glawiad y mis	Oriau haul y mis
Caerdydd	20 gradd	14 gradd	15 diwrnod, tua 98 mm	184 awr
Pen-bre	19 gradd	14 gradd	15 diwrnod, tua 98 mm	184 awr
Y Drenewydd	19 gradd	11 gradd	16 diwrnod, tua 82 mm	145 awr
Caernarfon	19 gradd	13 gradd	16 diwrnod, tua 106 mm	145 awr

Cyfartaledd yw'r ffigurau ar y siart.

Gwawrio Awst y 1af: 5.35 a.m., machlud: 9.10 p.m.
Erbyn diwedd y mis, lleihad o 1 awr 51 munud o olau dydd.
Ffigurau gwawrio a machlud ar gyfer Aberystwyth.

Rhai dywediadau a chredoau am y tywydd

'Dechrau Awst niwlog, diwedd tesog.'

Fel ym misoedd eraill y flwyddyn, roedd dywediadau'r tywydd yn aml yn gwrth-ddweud ei gilydd:

'Awst os ceir o anian sych
A wna i Gymro ganu'n wych.'

ond i'r gwrthwyneb:

'Nid yw Awst gwlyb byth
yn dwyn newyn.'

Fel y soniwyd, mae mis Awst yn gallu bod yn fis stormus. Yng ngeiriau Dic Jones:

'Fynychaf pan fo'r ŷd yn
tonni'n bendrwm
Ac o fewn dim yn barod i'r ystôr,
Fel petai'r haf a'r gaea'n
tynnu codwm,
Mae sydyn storm o wynt
yn dod o'r môr.'

Ond nid oedd y stormydd yma'n cael eu hystyried yn ddrwg i gyd. Roedd 'na gred bod 'Storm Awst' neu 'Li Awst' yn dda i setlo'r tywydd ar gyfer cynhaeaf ŷd mis Medi. Ac yn fwy na hyn, bod angen 'Tri Lli Awst' cyn i'r tywydd setlo:

'Tri llif yn yr afon,
Yna daw hinon.'

Ruth

AWST

Cân

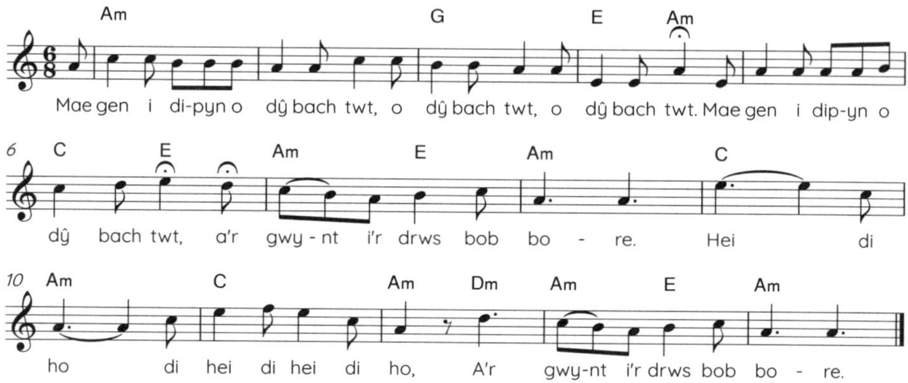

'TŶ BACH TWT'

Mae'r gân hon yn dod â darlun a theimlad i gof o awel iach yn codi ym mis Awst, ac o gymryd anadl ddofn gyda sglein yr haul yn dawnsio ar donnau'r môr.

Credaf fod y gân a'r darlun o'r bwthyn wrth ymyl y môr yn rhywbeth allwn ni i gyd ei ddwyn i gof, hyd yn oed os nad ydyn ni wedi bod yna yn gorfforol. Mae rhywbeth yng nghof ein cenedl yn ein clymu ni â'r môr a'r awel iachusol honno. Roedd yn un o'r caneuon oedd yn cael ei dysgu i blant ym mryniau Casia yn India gan y cenhadon o Gymru, yn ôl y sôn.

Mae nifer o benillion i gael ac amrywiadau ar eiriau a cherddoriaeth y gân, felly dwi'n mynd amdani i gofnodi'r geiriau syml rydyn ni fel teulu wedi'u cydganu ers cyn cof, fel arfer i gyfeiliant Dad ar y gitâr:

Mae gen i dipyn o dŷ bach twt,
O dŷ bach twt, o dŷ bach twt,
Mae gen i dipyn o dŷ bach twt,
A'r gwynt i'r drws bob bore.

Hei-di-ho-di-hei-di-hei-di-ho,
A'r gwynt i'r drws bob bore.

Agorwch dipyn o gil y drws,
O gil y drws, o gil y drws,
Agorwch dipyn o gil y drws,
Cawn weld y môr a'i donne.

Hei-di-ho-di-hei-di-hei-di-ho,
Cawn weld y môr a'i donne.

Wel dewch i mewn a 'steddwch i lawr,
Eisteddwch i lawr, eisteddwch i lawr,
Wel dewch i mewn a 'steddwch i lawr,
Cewch gysgu tan y bore.

Hei-di-ho-di-hei-di-hei-di-ho,
Cewch gysgu tan y bore.

Mari

Tu fas

CYMYLAU AWST

Mae llawer i'w ddehongli yng nghymylau diddorol mis Awst.

Wrth i wyntoedd o wahanol gyfeiriadau gyfarfod, oherwydd newidiadau ym mhwysedd yr aer, mae cymylau'n ffurfio. Yn ogystal â thywydd braf, mae'n golygu digon o ddrama a chyfnewidiaeth yn yr awyr. Dyma ddetholiad o rai cymylau y gallwn eu gweld yn yr awyr, a beth all y rhain ei ddweud wrthon ni.*

CUMULUS

O bosib, y math mwyaf nodweddiadol o gwmwl, siâp gwlân cotwm cot ddafadaidd. Dros dir, gwelir *cumulus* yn ystod y dydd, gan eu bod nhw'n cael eu ffurfio wrth i wyntoedd poeth gael eu codi o'r ddaear gan yr haul. Mae cwpwl o gymylau *cumulus* yn diogi'n yr awyr ar ddiwrnod braf yn annhebygol o arwain at law.

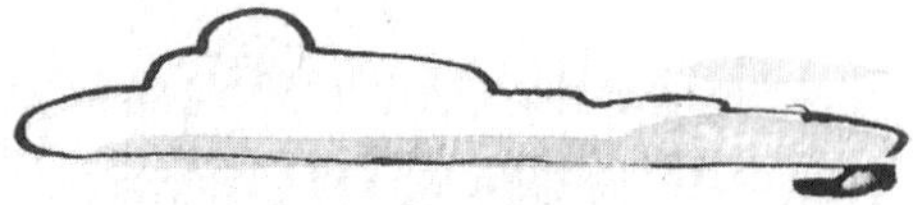

STRATOCUMULUS

Y math o gwmwl sydd i'w weld amlaf, er nad yr un mwyaf cyffrous efallai. Mae wedi ei greu o dalpau o gymylau isel, trwm yr olwg. Mae'r talpau un ai ynghlwm â'i gilydd yn gyfan gwbl, neu mae yna fylchau rhyngddynt. Ddim yn debygol o arwain at law, neu os bydd, dim ond cawod ysgafn.

ALTOSTRATUS

Cwmwl canolig, diafael sy'n taflu cysgod dros yr haul. Mae'n gallu achosi glaw mân, ond weithiau mae'n fodlon braf heb achosi llawer o drafferth. Cefnder y *stratus*, sy'n agosach i'r ddaear, fel niwl (er bod yna ffyrdd eraill o ffurfio niwl hefyd).

CUMULONIMBUS

Brenin neu'n frenhines y cymylau, dyma'r cwmwl dramatig, isel sy'n rhagflaenu cawod haf drom neu storm o fellt a tharanau neu gesair, hyd yn oed yn yr haf. O bell, gellir yn aml weld siâp nodweddiadol engan neu einion yn dod o'r cwmwl. Wrth edrych lan ar un o'r rhain, rydych yn debygol o weld patrymau afreolaidd a chwmwl mawr tywyll... a gwybod bod yn well i chi redeg i ôl eich cot.

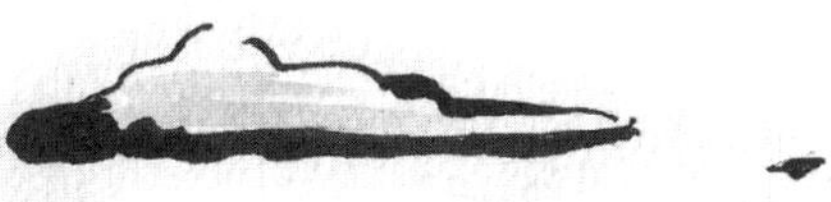

NIMBOSTRATUS

Fydd y cwmwl hwn ddim yn codi calon o'i weld ym mis Awst, yn enwedig os ydych wedi trefnu gweithgaredd tu allan. Mae fel arfer yn bwrw glaw yn barod erbyn i chi weld y cwmwl llwyd, trwchus yma (math arall o gwmwl isel, mwy pytiog, sef *altostratus*, yn tewychu sydd fel arfer yn arwain at *nimbostratus*), ac eto, fel arfer, bydd y glaw yn para am hir. Mae'n ddrwg gen i fod mor ddigalon, efallai bydd hi'n heulog fory!

ALTOCUMULUS

Patrymau gwyn neu lwyd o gymylau bychain, canolig o ran uchder. Maen nhw fel arfer tua lled tri bys, o ddal y bysedd i fyny o flaen y cwmwl. Maen nhw'n gallu creu patrymau ysblennydd. Mae cefnder yr *altocumulus*, sef *cirrocumulus*, yn debyg ond yn uwch yn yr awyr ac, fel arfer, yn debycach i led un bys o'i fesur.

CIRRUS

Cwmwl nefolaidd yr olwg, a'r uchaf yn yr awyr. Mae'n dangos bod lleithder yn dechrau ffurfio yn uchel yn yr awyr, sy'n gallu golygu glaw mewn diwrnod neu ddau. Ond peidiwch â phoeni am hynny am y tro.

*Er gwybodaeth, mae'r cymylau sy'n cario glaw i gyd yn gallu cario eira yn y gaeaf hefyd.

Mari

Y crochan

PASTAI MWYAR

Wedi ei ynganu fel 'paste mwyar' gennym ni. A dwi wedi cael sawl trafodaeth danllyd gyda rhai sy'n galw hwn yn 'bei', hyd yn oed. Mae'n bastai sy'n arbennig i ni ac mae'r rysáit yn eiddo i Mama, ein mam/ein mam-gu. Roedd mesuriadau Mama'n cael eu gwneud gyda'i dwylo a'i llygaid profiadol, felly ymgais yn unig i fesur y cynhwysion sydd yma – addaswch yn ôl eich greddf chi.

Amser Paratoi: hanner awr + tua hanner awr i goginio

CYNHWYSION

- 120g o fflŵr (blawd/can)
- 60g o farjarîn neu fenyn
- 2 lwy bwdin o siwgr
- Ychydig o ddŵr
- Tua 300g o fwyar wedi'u golchi a'u sychu, neu gyfuniad o fwyar ac afalau wedi eu plicio a'u torri'n ddarnau
- Ychydig o laeth

DULL

1 • Cymysgwch y fflŵr, y marjarîn neu'r menyn ac 1 llwy bwdin o siwgr gyda'i gilydd gan ddefnyddio cyllell nes bod y gymysgedd o'r un ansawdd â briwsion bara.

2 • Ychwanegwch ychydig o ddŵr, llwy de ar y tro, i ddod â'r gymysgedd at ei gilydd yn ysgafn gyda blaenau'r bysedd (a fforc fawr os oes gennych un).

3 • Torrwch ychydig llai na hanner i ffwrdd a'i gadw i'r naill ochr.

4 • Rholiwch allan y darn mawr o does sydd ar ôl gyda phìn rholio a'i roi ar blât neu mewn dysgl bastai tua 23cm. Torrwch unrhyw does sy'n dod dros yr ochrau i ffwrdd.

5 • Rhowch y ffrwythau i mewn tan eu bod tua 1 fodfedd yn uwch na'r plât. Rhowch 1 llwy bwdin o siwgr dros y ffrwythau ac ochr y toes sy'n dangos.

6 • Rhowch ychydig bach o ddŵr rownd ochr y pastai i'w selio.

7 • Rholiwch weddill y toes allan a'i roi dros y top.

8 • Gwasgwch eich bys (neu fforc) yn ysgafn rownd yr ochr i'w selio ac i wneud patrwm. Torrwch unrhyw does ychwanegol i ffwrdd.

9 • Torrwch 2 linell fach trwy'r toes yng nghanol y pastai gyda chyllell (i adael i'r stêm anweddu mas).

10 • Brwsiwch y pastai gyda llaeth.

11 • Coginiwch ef ar 190°C /Ffan 170°C am hanner awr neu nes bod y top yn euraidd ac yn flasus.

Gallwch fwyta'r pastai ar ôl iddo oeri ychydig (neu ei ailgynhesu yn y microdon os ydych am ei fwyta'n nes mlaen) gyda hufen, hufen iâ, neu ychydig o laeth ar yr ochr, neu ar ei ben ei hun.

Mari

AWST

Corff ac enaid

MWYARA

Mae mwyara'n rhywbeth fi'n ei ystyried yn weithgaredd hydrefol bron, ond mewn gwirionedd – sylwch chi – mae'r cloddie mwyar duon wedi eu llwytho'n drwm â'r gemau porffor sgleiniog erbyn diwedd Awst. Yr hyn sy'n wych am y cloddie yw eu bod yn niferus ac ym mhobman; wrth balmentydd mewn dinasoedd neu mewn caeau yn y wlad. Cofnod byr yw hwn, gan ein bod ni oll, gobeithio, yn gyfarwydd â'r gweithgaredd o fwyara. Os na, plis ewch eleni! Nid dim ond stopio ar eich ffordd 'nôl o'r gwaith, neu bigo'n sydyn wrth basio; gwnewch achlysur ohono! Mae mwyara'n un o'r pleserau lle y teimlaf fy mod yn y foment, ac yn cael hwyl plentyn o ymgymryd â'r dasg. Dyma gynghorion gen i fydd, gobeithio, yn eich galluogi i wneud y mwyaf o'r mwyara(!):

Gallwn ystyried diffodd y ffôn, oherwydd heb y pwysau o dynnu llunie addas i Insta, mae'r mwynhad a'r ymgolli'n wahanol.

Ma rhaid i ni gofio mynd â photyn, nid bag (mae'r mwyar, pŵr dabs, yn tueddu i stwnsio ar waelod hwnnw). Newn nhw ddim para'n hir yn y llaw chwaith cyn eich paentio â'u sudd porffor.

Ma 'na dri pheth i fod yn wyliadwrus ohonynt. Yn gyntaf, ma'r cloddie'n bigog, ac mae'n debyg y bydd ambell i bigad bach wrth gasglu. Ond gwaeth na phigad y cloddie mwyar yw pigad y danadl poethion, sy'n aml yn tyfu'n agos neu drwy'r clawdd mwyar. Felly ma rhaid i ni fod yn ofalus ble'r y'n ni'n rhoi'n llaw wrth gasglu. Yn ail, nid ni fodau dynol yw'r unig rai sy'n mwynhau mwyara. Mae sawl mwydyn pitw bach, yn ogystal ag ambell gleren, yn eu mwynhau hefyd. Mae'n werth cymryd pip ar y fwyaren cyn ei gosod yn y potyn, rhag ofn bod ffrind bach wrthi'n bwyta. Yn drydydd, ma rhaid i ni osgoi'r rhai sydd yn is na lefel pen-glin, yn enwedig yn y ddinas. Cofier fod cŵn a chreaduriaid eraill weithiau'n pi-pi yn y clawdd, felly annoeth fyddai bwyta'r rheiny! Rhaid eu golchi cyn eu bwyta wrth gwrs.

Yn olaf, cofiwn taw hanner y pleser yw mwynhau'r mwyara yn y fan a'r lle. Bydd ein dwylo'n borffor, a'n gwefusau hefyd, oherwydd fe ddylai ein potiau fod yn *hanner* llawn wrth ddychwelyd.

Rhiannon

Defod

CARNIFAL

Yng ngwres mis Awst rwy'n ysu i adael fy nghartref yn y ddinas a dianc tua'r arfordir. Yn aml, fodd bynnag, caiff llawer o fy nghyd-ddinasyddion yr un ysfa, ac o ganlyniad mae'r traethau cyfagos yn orlawn, ac mae'r ddihangfa'n fwy o botsh prysur na hafan ymlaciedig. Ond mae sawl rhinwedd i haf yn y ddinas sydd yn ei wneud yn foddhaol iawn: ymlacio dan gysgod braf coeden mewn parc a gwylio'r byd yn mynd heibio, eistedd tu fas i gaffi a mwynhau coffi a hufen iâ. Ond i mi, yr hyn sy'n crisialu bywyd dinesig hafaidd ein prifddinas yw Carnifal Trebiwt.

Dathliad o hunaniaeth, cymdogaeth a bywyd yw carnifal. Mae'r carnifal yn cael ei gynnal ar raddfa eang mewn dinasoedd ledled y byd megis Rio de Janeiro, Fenis a'r Mardi Gras yn New Orleans, ond gall carnifal hefyd ddigwydd yn lleol mewn pentrefi a threfi drwy Gymru. Maent yn gyfle i ddathlu, i ddatgan rhyddid, i loddesta, ac yn y bôn, i gael parti.

O ystyried natur ambell garnifal, anodd yw credu bod gan y traddodiad wreiddiau Cristnogol. Mewn rhannau helaeth o'r byd, mae'r carnifal yn digwydd cyn y Grawys. Gall y Grawys fod yn gyfnod llwm o ran ymwrthod â rhai bwydydd a diodydd, a chredir fod yr enw'n dod o'r Lladin *carne vale* sy'n golygu 'hwyl fawr, gig'! Felly'n hanesyddol byddai'r carnifal yn gyfle olaf am ychydig o rialtwch. Mae'r carnifal yn fyd-eang yn cynnwys pob math o berfformiadau, ac yn para sawl diwrnod, gyda gwahanol elfennau'n cael eu hychwanegu wrth i'r amser fynd rhagddo. Yn aml, cynhelir gorymdaith ar y diwrnod olaf yn benllanw i'r carnifal.

Mae fersiwn pob gwlad o'r carnifal yn adlewyrchu hunaniaeth a gwerthoedd y genedl. Er enghraifft, yng ngharnifal y Junkanoo ar ynysoedd y Caribî, fe welwch chi wisgoedd (yn enwedig penwisgoedd) sy'n efelychu ffigurau mewn awdurdod:

brenhinoedd, yr heddlu, perchnogion planigfeydd, gan ddefnyddio rhyddid y carnifal i chwyldroi rolau cymdeithasol. Mae'r masgiau, ynghyd â gofod niwtral, yn galluogi pob dosbarth cymdeithasol i fod yn gydradd dros dro. Caiff yr hinsawdd oerach ei ddathlu yng ngharnifal gaeaf Quebec, gyda'r dyn eira mawr, Bonhomme, yn arwain y parêd.

Yn gyffredinol, yn y wlad hon, cynhelir y carnifal yn ystod misoedd yr haf. Mae'n bosib fod gan hyn rywbeth i'w wneud â'r tywydd; mae'n haws bod mas pan dyw hi ddim yn oer. Yng Nghymru wledig hefyd mae'r carnifal a'r dathliadau cymunedol yn aml yn ymdebygu i'r sioeau amaethyddol, neu'n uno â'r sioeau hynny.

Mae Carnifal Notting Hill yn Llundain, yr ail garnifal mwyaf yn y byd, yn cael ei gynnal ym mis Awst oherwydd iddo gael ei greu mewn ymateb i derfysgoedd hil oedd yn digwydd yn yr ardal yn Awst 1958.

O ran Carnifal Trebiwt, dywed Keith Murrell, un o hoelion wyth y carnifal, iddo gael ei greu'n fwriadol i gyd-daro â Notting Hill. Aeth criw o ieuenctid Trebiwt i Garnifal Notting Hill yn 1976, gan nad oedd Carnifal Trebiwt yn ffynnu. Yn anffodus, cafodd y criw eu dal mewn terfysgoedd difrifol ac felly fe benderfynodd hynafiaid cymuned Trebiwt y dylid atgyfnerthu'r traddodiad o gynnal carnifal grymus yn eu cymuned, fel na fyddai'n rhaid iddynt deithio i Notting Hill. Mae ardal Trebiwt yn gyfoeth o wahanol bobloedd a diwylliannau oedd wedi symud i'r ardal oherwydd ymchwydd y dociau yn ystod y Chwyldro Diwydiannol. Mae dylanwad y Caribî yn gryf yn yr ardal ac ar y carnifal: y bobl, y rhythmau, y bwyd, y lliw a'r gwisgoedd. Fel y dywed Murrell, gall carnifal fod yn bopeth i bawb. Cewch wisgo lan a bod yn rhan o'r parêd neu fod yn chi eich hun, yng nghanol y miri neu ar yr ymylon – mae croeso i bawb.

Dyma fi heddiw, felly, yn gwneud y mwyaf o ryddid yr haf wrth iddo ddod i'w derfyn, yn gwisgo fy siorts sgleiniog, yn dawnsio lawr i strydoedd Trebiwt i ddathlu bod yn fyw.

Rhiannon

Anifeilaidd

YSTLUMOD

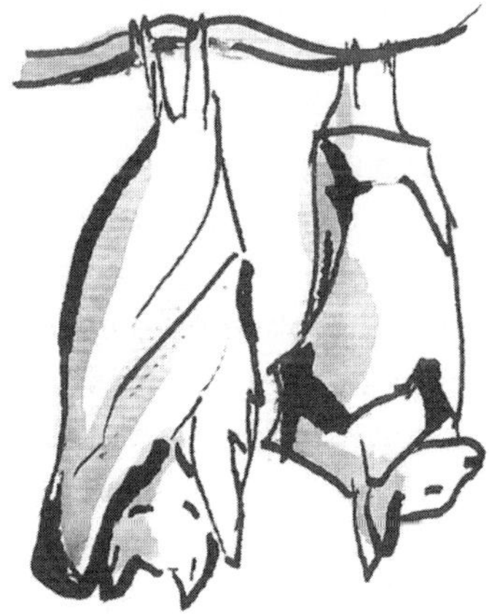

Yn groes i'r hyn mae'r mwyafrif yn ei feddwl, dydy ystlumod ddim yn ddall. Ydyn, ma'n nhw'n eco-leoli i ffindo eu bwyd a'u ffordd o gwmpas, ond mae hyn yn ogystal â defnyddio eu llygaid. Gall eu clustiau anhygoel glywed buwch goch gota yn cerdded ar ddeilen. Maent yn ein hatgoffa cyn lleied o'n synhwyrau a'n hymennydd ry'n ni bobl yn eu defnyddio. Fuodd ystlum erioed yn eich tŷ? Cymharwch hynny ag aderyn yn y tŷ. Dyw'r ystlum, er ei fod yn hedfan yn glou ac yn bwrpasol, ddim yn dueddol o fwrw mewn i bethau. Mae'r aderyn, ar y llaw arall, fel Syr Wynff neu Plwmsan, yn bwrw mewn i bopeth wrth drial dianc, yn cnocio ei hunan mas ac yn dechre eto, gan fynd i bobman heblaw trwy'r drws neu'r ffenest sy led y pen ar agor. Sai'n trial bychanu ein hadar hynod – sy'n anhygoel mewn cyment o ffyrdd – ond ddaw neb yn agos i ddeall gofod fel yr ystlum.

Da'th ystlum i mewn i stafell Tanwen, fy merch, dim sbel ar ôl i ni symud o'r ddinas. Wel, o'n i **wedi** bod yn maniffesto am fywyd mwy gwyllt yn y wlad, felly dyna fe – y rhodd. Gwelais gysgod yn chwyrlïo rownd y lamp ar y nenfwd, fel golau car yn pasio tu fas ac yn gwneud i'r cysgod ddawnsio. Wedi sylweddoli beth o'dd e, fe wnes i, mewn eiliad, lunio gwisg: het *boater* o'r bocs gwisg ffansi a rhwyd dros ei phen. (Ro'n i'n dal i gredu'r hen stori godi bwganod yna bod ystlumod yn gallu tanglo yn eich gwallt. A ta beth, o'dd hi'n hwyr, o'dd fy ngŵr bant, o'n i ddim moyn cymryd y risg.)

O'n i'n mynd i drial dal yr ystlum mewn towel ond gadawais iddo fe orffen ei lapiau mesmereiddiol, fel angel tywyll yn dawnsio swynion yn hud y nos. Ymhen hir a hwyr a'th e am *disco nap* mewn darn o rwyd dros ben y gwely. *Pipistrelle* o'dd e; yr ystlum ry'ch chi'n fwya tebygol o'i weld yng Nghymru, a'r un lleiaf. Anodd credu bod y swynwr oedd yn cylchdroi ar adenydd mawr gosgeiddig nawr mor bitw a bregus, â'i wyneb crychlyd, annwyl a'i gorff bach yn pwyso yr un faint â darn ugain ceiniog. Codais ef yn ofalus yn ei wely rhwyd ac allan â fe neu hi i awyr y nos.

Sai'n cofio pryd ddechreuodd fy nghariad at ystlumod. Falle'i fod e'n cyd-fynd gyda fy nghariad at Galan Gaeaf, a fi'n falch bod rhai o fy ffrindiau'n dal i fy ngalw i'n Batboy (yn anffodus, dim achos fy mrwdfrydedd tuag at y creaduriaid bach yma, ond achos bod athro o'dd gyda ni pan o'n ni yng Ngwlad Thai wedi camynganu Bethan fel 'Batboy'). Ond fi dal wedi fy swyno gyda'u deuoliaeth hynod: sut all rhywbeth fod mor sbŵci ac mor ciwt ar yr un pryd? Ac edrychwch ar ei adenydd – o'ch chi'n gwybod taw braich a bysedd hir gweog yw'r adenydd? Edrychwch eto!

Sdim teimlad gwell nag eistedd tu allan wedi'r machlud a gweld dawns yr ystlumod o gwmpas y tŷ. Mae fel gwylio sêr gwib. Ma'n nhw'n dewis nosweithi braf gan ei bod hi'n anodd iddyn nhw hedfan pan ma'n nhw'n wlyb. Felly fi'n eu cysylltu nhw gyda machlud clir a nosweithi perlewygus.

Mae fy mheiriant ffindo ystlum (peiriant sy'n gallu pigo lan eu clics eco-leoli) fel arfer yn dweud mai *pipistrelle* sydd yma. Ond un nos daeth neges gan y cymdogion i ddweud bod ystlum pedol mwyaf wedi cael ei glywed yn yr ardal. Roedd hyn yn destun cyffro mawr gan fod hwn yn frid sydd dan fygythiad yng Nghymru – oherwydd gorffermio gydag *antibiotics* a chwynladdwyr sy'n lladd eu prif fwydydd fel chwilod y dom (*dung-beetles*) blasus – a doedd dim cofnod o'r math hwn yn yr ardal yma, tan y noson honno.

Er mawr siom ac wedi ymdrech fawr, ni lwyddais i ffindo ystlum pedol mwyaf ar y tonfeddi. A hithau'n amser gwely, jyst rhag ofn, cadwais y peiriant ar sìl y ffenest ar donfedd yr ystlum hwn (80kHz os chi ishe gwbod).

AWST

Mae'n gyffredin iawn i fi suo fy hun i gysgu yn ddamweiniol wrth suo Tanwen a Mabon i gysgu, ac roedd hon yn un o'r nosweithi hynny. Ond wrth ganu hwiangerdd yn y tywyllwch, fe glywon ni'r sŵn mwya rhyfeddol ac arallfydol, yn hollol wahanol i unrhyw ystlum arall a gylwais i erioed, yn wahanol i unrhyw beth a dweud y gwir. Dalion ni'n sownd i'n gilydd. Yn hytrach na'r clicio arferol, fe glywon ni sŵn tebyg i greadur o blaned bell: wylo, fel aderyn ac fel ysbryd, fel cân iasol, dlws. Teimlais ewfforia llwyr! O'dd e mor swynol, yn syfrdanu ac yn brawychu ar yr un pryd! Yna diflannodd i'r nos.

Gobeithio mai diflannu i glwydo gerllaw wnaeth e. Mae'n neis cael cymdogion neis. Croeso i'r ardal, ystlum pedol mwyaf, a plis galwa eto'n fuan.

Gyda dy sŵn tlws, arallfydol. Sŵn natur yn gorchfygu yn erbyn yr ods. Sŵn gobaith.

Bethan

SIART TONFEDDI
108 kHz Ystlum pedol lleiaf
80 kHz Ystlum pedol mwyaf
45–55 kHz Ystlum lleiaf (*pipistrelle*)
20–25 kHz Ystlum mawr (*noctule*)
45 kHz Ystlum y dŵr (*daubenton's*)
27 kHz Ystlum adain-lydan (*serotine*)
50 kHz Ystlum *natterer*
45–50 kHz Ystlum hirglust

Medi

Uchel yw pren y bydoedd
A Medi ydyw'r mis
Y plyg yr haul mawr aeddfed
Ei ystwyth gainc yn is.

A than ei thrymlwyth hithau
Mae cainc o'r pren sy'n hŷn
Yn gŵyro trwy'r llonyddwch
I lawr at galon dyn.

A rhwng tymhorau daear
Ymrithia amgen wedd.
Ynghanol oesol ryfel
Mihangel y mae hedd.

Waldo Williams, 'Medi'.
Dail Pren, Gwasg Gomer

Adeg y Cynhaeaf a Diolchgarwch. Heulwen euraidd a boreau oerach wrth i'r haul ddisgyn yn yr awyr. Cyfle i fwynhau rhai dyddiau heulog, gan fyfyrio ar bleserau'r haf sy'n dirwyn i ben.

Enw'r mis: Daw o'r gair 'medi', sef cynaeafu cynnyrch byd natur yr adeg yma o'r flwyddyn.

Arwydd y sidydd: Y Forwyn – *Virgo*: (*c.* Awst 23 nes newid i *Libra c.* Medi 23)

Wedi'i reoli gan yr elfen: Daear

Planed reoli: Mercher

Y lleuad: Rhai enwau ar leuad y mis yma ydy 'Lleuad Fedi' (*Harvest Moon*), 'Lleuad y Cynhaeaf', 'Lleuad Mihangel', 'Lleuad Ganu', 'Lleuad Haidd' a 'Lleuad Gynnull'.

Enw arall ar y lleuad lawn gyntaf wedi'r gyhydnos yw 'Lleuad y Naw Nos Olau'. A bod yn fanwl gywir, cyfnod y Naw Nos Olau yw'r pedair noson cyn y lleuad lawn a'r pedair olynol, sy'n rhoi cyfanswm o 9 noson. Oherwydd bod y lleuad yma'n codi wrth i'r haul fachlud, roedd yn bwysig iawn i ffermwyr gan roi digon o olau iddynt adeg y cynhaeaf.

Crisial/Carreg y mis: Saffir (*Sapphire*)

Cyngor y mis Meddygon Myddfai: 'Yfed tri dracht o laeth y peth cyntaf yn y bore. Wedi hyn, cymerwch a fynnwch [i'w fwyta] oherwydd mae llysiau a ffrwythau'n aeddfed, ac mae bara yn dueddol o fod â llwydni.'

Dyddiadur

1	Dechrau tymor yr hydref – meteorolegol
2	
3	
4	
5	
6	
7	
8	
9	
10	
11	
12	
13	
14	
15	
16	Dydd Owain Glyndŵr
17	
18	
19	
20	
21	Diwrnod Rhyngwladol Heddwch
22	Dechrau tymor yr hydref – seryddol. Cyhydnos yr hydref; Alban Mabon
23	
24	
25	
26	
27	
28	
29	Dydd San Mihangel
30	

MEDI

Rhai dyddiadau traddodiadol (ac eraill)

Medi'r 1af: Dechrau tymor yr hydref meteorolegol (Medi'r 1af – Tachwedd y 30ain). Mae yna ddau ddyddiad sy'n cael eu nodi fel dechrau tymor yr hydref. Caiff Medi'r 1af ei ddefnyddio yn y byd meteorolegol er mwyn bod hyd y tymhorau i gyd yn gyson. Ar y llaw arall, Medi'r 22ain yw dyddiad dechrau tymor yr hydref o ran taith a safle'r ddaear o gwmpas yr haul, wrth i hemisffer y gogledd ddechrau gwyro i ffwrdd o'r haul.

Medi'r 16eg: Dydd Owain Glyndŵr. Ar y diwrnod yma ym 1400 y cafodd Owain Glyndŵr ei gyhoeddi'n Dywysog Cymru. Bu degawd o wrthryfel yng Nghymru yn dilyn hyn o dan ei faner ef. Chafodd e erioed ei ddal na'i fradychu.

Medi'r 22ain: Dechrau tymor yr hydref (seryddol).

Medi'r 22ain: Cyhydnos yr hydref. Dyma'r adeg pan mae oriau golau dydd (12 awr) yr un hyd ag oriau'r nos, ac mae'r haul yn union uwchben y cyhydedd (*equator*). Mae'r gair yn dod o'r Lladin *aequi* (*equal*) a *nox* (*nos*). Mae'r gyhydnos yn digwydd ddwywaith y flwyddyn, sef ar Fawrth yr 22ain a Medi'r 22ain, neu yn ôl yr hen ddywediad:

'Hanner Mowrth a hanner Medi
Dydd a nos [y]r un hyd â'i gily[dd].'

Adeg y gyhydnos y cynhaliwyd y chweched o wyth gŵyl fawr flynyddol Cymru gan ein cyndeidiau (a'n neiniau) paganaidd. Y tebygrwydd yw ei bod yn cael ei nodi trwy gynnau coelcerthi a chynnal defodau. Roedd yn gyfle i bobl ddod at ei gilydd er mwyn nodi'r symudiad tuag at dywyllwch y gaeaf (gw. Defod Medi). Mae'n debygol fod yr Eglwys Gristnogol wedi ceisio disodli'r hen ddathliadau gyda gwyliau eglwysig, megis Gŵyl y Grog (*Holy Cross Day*) ar Fedi'r 14eg* a Gŵyl Fathew ar y gyhydnos.

(*Gŵyl y Grog: Y gred oedd y dylech chi grogi eich pladur yn yr ysgubor a gorffen torri'r gwair rhos erbyn y dyddiad yma.)

Medi'r 29ain: Gŵyl San Mihangel. Gobaith mawr pawb – yn enwedig os nad ydym wedi cael haf da – yw ein bod yn cael cyfnod braf ym mis Medi. Yn ddi-ffael fe'i gelwir yn Haf Bach Mihangel, er na ddaw Dydd San Mihangel tan ddiwedd y mis.

Roedd yna gred na ddylech gasglu mwyar wedi hyn oherwydd bod y diafol wedi poeri arnyn nhw. Diddorol nodi mai ar Hydref y 10fed roedd yr hen Ŵyl Fihangel, felly efallai fod rhai dyddiau ychwanegol ar gael er mwyn casglu'r hen fwyar 'na.

Rhwng Medi'r 14eg a Hydref y 14eg (yn ddibynnol ar y lleuad): Adeg Rosh Hashanah, Blwyddyn Newydd y ffydd Iddewig, a Yom Kippur 10 diwrnod yn ddiweddarach.

Ruth

Tywydd

Yn aml mae'r tywydd hafaidd yn aros gyda ni am ychydig yn ystod y mis yma – dyw hi ddim yn anghyffredin i'r tymheredd ar gyfartaledd fod yr un mor uchel â mis Mehefin. Fel y soniwyd eisoes, pan fydd y tywydd yn braf yn ystod Medi fe'i gelwir yn Haf Bach Mihangel – er nad yw Gŵyl Fihangel ei hun tan Fedi'r 29ain (a'r Hen Ŵyl Fihangel ar Hydref y 10fed). Wrth i'r nosweithiau ymestyn, sylwn ar niwl neu darth yn ffurfio ar nosweithiau tawel, clir. Mae tuedd, fodd bynnag, i'r tywydd droi yn fwy stormus a gwyntog yn ystod ail hanner y mis. Yn ogystal, disgwylid 'Drycin y Gyhydnos' o gwmpas yr 21ain (*equinoctial gales* yn Saesneg). Gelwid glaw trwm yr adeg hon – ac ar Ŵyl y Grog ar y 14eg – yn 'sgrympiau'. Beth tybed yw tarddiad y gair difyr hwn? Gan ei bod hi'n adeg cynhaeaf afalau, efallai fod i 'sgrympiau' yr un ystyr â'r gair Saesneg 'scrump', sef casglu neu ddwyn afalau bach o goeden neu o'r llawr. Gelwir ambell seidr yn 'scrumpy'.

Enw'r lle	Tymheredd uchaf	Tymheredd isaf	Glawiad y mis	Oriau haul y mis
Caerdydd	18 gradd	12 gradd	16 diwrnod, tua 90 mm	149 awr
Pen-bre	18 gradd	13 gradd	16 diwrnod, tua 110 mm	149 awr
Y Drenewydd	17 gradd	9 gradd	16 diwrnod, tua 75 mm	111 awr
Caernarfon	18 gradd	11 gradd	17 diwrnod, tua 109 mm	111 awr

Cyfartaledd yw'r ffigurau ar y siart.

Gwawrio Medi'r 1af: 6.26.a.m., machlud: 8.06 p.m.
Erbyn diwedd y mis, lleihad o 1 awr 56 munud o olau dydd.
Ffigurau gwawrio a machlud ar gyfer Aberystwyth.

Rhai dywediadau a chredoau am y tywydd

'Hanner Medi sych a wna
Seler lawn o gwrw da.'

Roedd yna gred os nad oedd hi'n bwrw glaw ar y dydd cyntaf o Fedi, yna y byddai'n debygol o fod yn sych drwy adeg y cynhaeaf.

Ceir dywediadau sy'n gwrth-ddweud ei gilydd am y niwl hwnnw sy'n ffurfio ar nosweithiau tawel yr adeg yma o'r flwyddyn:

'Tarth mis Medi – mwg tywydd braf.'

Ond hefyd dywedid fod:

'Niwl Medi yn was da i'r glaw.'

Rhoddwyd sylw mawr i ba gyfeiriad roedd y gwynt yn chwythu ar Fedi'r 21ain, sef adeg y gyhydnos. Y gred oedd mai o'r cyfeiriad hwnnw y byddai'n chwythu am y tri mis nesaf.

Roedd yna gred ei fod yn beth da i gael glaw ar Ŵyl Fihangel:

'Glaw Gŵyl Mihangel, gaeaf tawel.'

Ruth

Cân

'BUWCH GOCH GOTA'

Efallai eich bod chi wedi sylwi bod y fuwch goch gota i'w gweld ym mhobman yr adeg yma o'r flwyddyn. Wrth i'r nosweithi ddechrau oeri, mae'r creaduriaid bach smotiog yn dod allan o'u cuddfannau yn fwy aml yn ystod y dydd i fwynhau gwres yr haul. Cyn hir, erbyn diwedd mis Hydref, mi fyddan nhw wedi mynd i swatio am eu trwmgwsg gaeafol.

Dwi ddim yn siŵr beth yw tarddiad y gân, ond diolch i Anti Carol am ei dysgu hi i ni.

Buwch Goch Gota
Smotiau ar ei chefn
Un, dau, tri, pedwar
Smotyn bychan du.

Buwch Goch Gota
Smotiau ar ei chefn
Un, dau, tri
Ac i ffwrdd â hi.

Dyma gân fach hwyliog i blant, i'w chanu'n llon i chi eich hun, neu gyda phlantos bach.

Mari

Tu fas

Fel y dywedir yn y cyflwyniad i'r mis, ystyr 'Medi' yw casglu'r bwyd sydd wedi tyfu, ac mae hynny'n gwneud synnwyr achos mae'n teimlo fel petai'r ddaear yn rhoi llawer ohoni ei hun i ni yn ystod y mis hwn. Mae tomatos a dail letys yr haf yn dal i dyfu, llysiau cinio dydd Sul blasus fel cidnabêns a bresych, yn ogystal â sgwosh hydrefol. Joiwch, bois bach!

Nid ein boliau'n unig sy'n gwledda. Mae fel petai ein planed yn newid yn sydyn, gan gynnig gwledd i'r synhwyrau i gyd. Mae'r tymheredd yn gostwng, a gall fod yn hafaidd ar ddechrau'r mis, ond erbyn ei ddiwedd mae'n risg i fynd mas heb got. Nid y tymheredd yn unig sy'n newid, ond mae un o sioeau godidocaf ein tirlun yma yn nhiroedd gwyrddion y gogledd byd-eang ar fin dechrau. Ar ddechrau'r mis mae ambell ddeilen yn rhyddhau ei hun ac yn cwympo'n osgeiddig i'r ddaear, gan adael ei ffrindiau'n syfrdan ar y gangen. Wedyn erbyn y diwedd, bydd mwy yn dilyn a'r llawr yn lle tra gwahanol (er mai ym misoedd Hydref a Thachwedd y gwelir y carped o ddail go iawn). Mae lliwiau cynnes y tymor yn goglais ein synhwyrau drwy'r awel: coch, melyn, gwyrdd a brown y dail.

Mae'n destun cywilydd i mi 'mod i'n adnabod dail y coed yn well pan oeddwn i'n blentyn nag ydw i nawr. Falle fod hynny oherwydd fy mod yn berson fu'n byw ym mhrysurdeb dinas am gyfnod helaeth. Ond, nid bai'r ddinas yw hynny, roeddwn yn byw tafliad carreg o Grange Gardens a'i goed gosgeiddig. Mae'n fwy tebygol bod fy mhen yn plygu am i lawr at fy sgrin yn hytrach na sylwi ar yr hyn sy'n digwydd o'm hamgylch.

Felly dyma her i fi, ac i chithau, i gasglu deilen neu ddwy y tro nesaf y byddwn ni'n mynd i'r parc. Gallwn fyfyrio ar ei maint, siâp, gwead, gwythiennau, ac ymgolli am ennyd. Dyma rai o'r dail o goed collddail sydd i'w gweld mewn parciau ac ar gloddiau yng Nghymru.

Mae yma bum math o goeden, fel y pum bys ar ein dail o ddwylo gwythiennog. Fi am drial eu hadnabod erbyn diwedd y mis hwn. Hoffech chi ymuno â fi?

Rhiannon

Y Dderwen Ddigoes
(Quercus petraea)

Bedwen Arian
(Betula pendula)

Collen
(Corylus avellana)

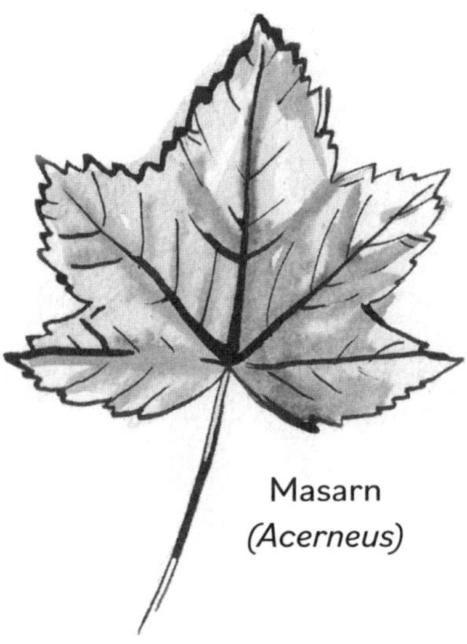

Masarn
(Acerneus)

Coeden Afalau
(Malus domestica)

Y crochan

JAM *CHIA*

Mae hadau *chia* yn llawn ffeibr a phrotein yn ogystal â bod yn ffynhonnell Omega 3. Trwy eu paru nhw gydag aeron, a'u holl rinweddau gwrthocsidiol, mae'r rysáit fach yma yn ffordd dda o gael tipyn o faeth ar ddechrau'r hydref. Jam bach blasus i'w roi mewn uwd, ar ben tost, neu i'w fwyta yn syth oddi ar y llwy.

Gallwch ddefnyddio mafon, mwyar duon, llus, eirin ysgaw, ayyb, neu gyfuniad o ffrwythau. Dwi'n hoff o ddefnyddio aeron cymysg wedi'u rhewi o'r archfarchnad fel opsiwn rhatach.

Amser Paratoi: tua 15 munud + amser oeri

I wneud 1 jar tua 370g

CYNHWYSION

- 180g o aeron ffres neu wedi'u rhewi (gweler y dewis o ffrwythau ar y dudalen flaenorol)
- 1½ llwy fwrdd o hadau *chia*
- 1 llwy fwrdd o fêl (gallwch hepgor hwn os ydych yn defnyddio ffrwythau mwy melys, e.e. mefus)
- Sudd hanner lemwn

DULL

1 • Rhowch yr holl gynhwysion mewn sosban *non-stick* ar wres isel, gyda chlawr os oes modd, gan droi'n aml gyda llwy bren.

2 • Wrth i'r cynhwysion goginio, stwnsiwch y ffrwythau'n ysgafn gyda stwnsiwr os oes angen (gan ddibynnu ar ba ffrwythau ry'ch chi'n eu defnyddio).

3 • Pan mae'r gymysgedd wedi coginio, rhowch y cyfan mewn jar wedi'i sterileiddio neu mewn bowlen. Gallwch fwyta'r jam yn syth, ond peidiwch â phoeni os nad yw wedi tewhau eto. Mae'n gallu cymryd hanner diwrnod i wneud hynny, neu gadewch iddo dewhau dros nos.

4 • Gadewch i'r gymysgedd oeri cyn ei rhoi yn yr oergell. Gellir cadw'r jam am hyd at wythnos yn yr oergell.

Mari

Corff ac enaid

Medi – adeg dychwelyd i'r ysgol a'r gwaith. Hyd yn oed os ydych chi wedi ymddeol neu ddim yn mynychu mannau addysgol neu fannau gwaith swyddogol, mae 'na deimlad o ailddechrau yn yr aer. Cyffro, ynghyd â bod ychydig yn betrusgar ynglŷn â sut aiff hi. Mae'n adeg dychwelyd at ein gwaith a'n gorchwylion arferol, i gael bach o rwtîn yn ôl yn ein bywyd. Gyda thamaid o lwc, byddwn yn teimlo'n weddol ffres ac yn barod i daclo'r tymor newydd sbon sydd o'n blaen.

YMARFER

Beth am i ni efelychu'r plant sy'n ailddechrau'r tymor ysgol drwy brynu llyfr ysgrifennu newydd a chadw dyddiadur? Gallai fod yn fodd i nodi'n profiadau a thrwy hyn i ystyried beth sydd angen newid – neu ddim angen newid. Gallai hefyd ein helpu ni i ystyried beth yw'n hamcanion ar gyfer y dyfodol. Dechrau'r flwyddyn yw'r adeg draddodiadol i ddechrau cadw dyddiadur, wrth gwrs, fel y soniwyd 'nôl ym mis Ionawr, ond mae'n bosib y gallai Medi fod yn adeg well o'r flwyddyn. Ceisiwch gadw'r amcanion yma'n rhai bach, misol... sut y'n ni eisiau i'n mis ni edrych a theimlo?

Mae'n werth hefyd cofio'r dywediad cyfarwydd yma yr adeg hon o'r flwyddyn, pan mae llawer ohonom yn meddwl am ailddechrau gwaith neu orchwylion eraill wedi'r haf: 'Deuparth gwaith yw ei ddechrau'. Yn llythrennol, dechau'r dasg yw dau draean ohoni... neu, y cam mwyaf anodd yw dechrau, felly unwaith i chi ddechrau fe ddaw y dasg yn haws.

Ynghyd â chadw dyddiadur, dyma rai o'r pethau eraill mae arbenigwyr yn y maes iechyd meddwl a chorfforol yn eu hargymell i'n helpu ni drwy fywyd:

- Angerdd a phwrpas: drwy ein gwaith a/neu drwy wneud pethau rydym yn teimlo'n angerddol amdanynt.

- Bod yn garedig: dyma oedd ateb fy mam pan ofynnais iddi, sawl blwyddyn yn ôl, beth fyddai ei chyngor i fyw bywyd da. Edrych am ffyrdd i roi ac i lonni bywyd rhywun arall a thrwy hynny i deimlo'n well eich hunan (*helper's high*). Beth am ystyried gwirfoddoli efallai?
- Annog ein hunain: siarad yn bositif â ni'n hunain pan fydd angen i ni gwblhau tasg neu rywbeth sy'n anodd (*positive self-talk*).
- Cymdeithasu a chymysgu gydag eraill: yr adeg yma o'r flwyddyn gallwn ailddechrau dosbarthiadau ac ailymuno â chymdeithasau. Cadw mewn cysylltiad gyda ffrindiau a pheidio â dal dig.
- Ymlacio a/neu fyfyrio (a thrwy hyn, anadlu'n ddwfn).
- Cydnabod a theimlo teimladau o anhapusrwydd ond wedyn gadael iddyn nhw fynd a cheisio gwneud rhywbeth sy'n helpu, e.e. myfyrio, mynd am dro, siarad â ffrind.

- Wynebu'r pethau sy'n achosi tensiwn i ni.
- Ceisio peidio â gorymateb i bethau, boed yn ddigwyddiadau da neu ddrwg.
- Mynd allan i gerdded / gwneud ymarfer corff sy'n eich siwtio chi.
- Cadw'n ystwyth.
- Cadw llygad ar ein hiechyd corfforol.
- Bwyta'n iach, gan gynnwys bwyta llai o siwgr.
- Dim gormod o amser sgrin.
- Dim gormod o gymharu ein hunain ag eraill ar y cyfryngau cymdeithasol.
- Digon o gwsg.
- Digon o wenu, chwerthin a sbri.
- Cynllunio amser i ffwrdd – petai ond am ddiwrnod.
- Ymarfer diolchgarwch (gw. Defod Medi).
- Ymlacio trwy ddarllen.

Dwi'n siŵr bod mwy o bethau y gellid eu hychwanegu at y rhestr hirfaith hon. A dwi'n siŵr na fydd ddim pawb yn cytuno gyda phopeth sydd ar y rhestr. Ond mae'r cynghorion yma dwi wedi'u clywed ar hyd y blynyddoedd wedi taro tant a bod yn gymorth i fi ar ambell adeg yn fy mywyd.

Ruth

Defod

GŴYL MABON

Cyfuniad o ddau ddathliad yw Mabon, a'r ddau yn ymwneud â ffenomenau naturiol y byd hwn. Dethlir yr alban hydrefol, y foment sy'n trawsnewid y golau yn dywyllwch, a hefyd ogoniant rhoddion byd natur.

Mae llawnder a digonedd ffrwythau a llysiau'r tir yn sicr yn rhywbeth i'w drysori a myfyrio arno ym mis Medi. Mae lliwiau'r cynnyrch yn rhyfeddod ac anodd yw peidio â synnu at y wyrth, os y'ch chi'n ddigon ffodus i dystio i offrwm y Fam Ddaear yn ystod y cyfnod hwn.

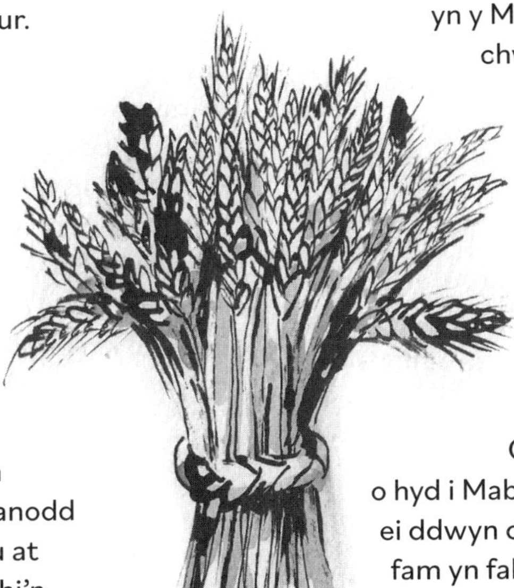

Dim ond yn gymharol ddiweddar, yn y 1970au, yr aeth Aidan Kelly ati i bennu teitlau i'r adegau o'r flwyddyn ar yr Olwyn Geltaidd ac yn aml, fel sy'n digwydd wrth enwi pethau, mae anghydweld ymysg cylchoedd paganaidd ynglŷn ag addasrwydd yr enw.

Mae Mabon ap Modron yn ffigwr sy'n ymddangos yn wreiddiol yn y Mabinogion, yn chwedl Culhwch ac Olwen. Un o bedwar deg o dasgau sy'n cael eu gosod i Culhwch – a fydd, o'u cwblhau, yn cael priodi Olwen – yw dod o hyd i Mabon, a gafodd ei ddwyn oddi wrth ei fam yn faban. Gelwir Mabon yn 'blentyn y golau', felly mae'n addas bod ei enw'n gysylltiedig â'r alban hwn, sef yr ail o ddau bwynt yn y flwyddyn lle mae'r nos a'r dydd yr un hyd. Mae modd darogan yr union bwynt hwn ar y calendr blynyddol. Yn llonyddwch y foment honno, mae goleuni'r byd yn gytbwys. Mae mantoli egni'n gallu bod yn ystyriaeth wrth ddathlu Mabon: dydd a nos, goleuni a thywyllwch, oer a phoeth.

Mae hyn yn clymu'n dwt gyda'r syniad o ddiolchgarwch, sef rhywbeth a wnaed mewn sefydliadau crefyddol a seciwlar fel ei gilydd. Mae gennyf gof plentyn o fwynhau gweld torth fawr hir a fflat o fara, wedi ei phlethu'n ddestlus i greu siâp tas wair, yn cymryd ei lle yn sêt fawr y capel, ynghyd â rhoddion y praidd, yn duniau ac yn bacedi bwyd. Mae'r gelfyddyd yma mewn perthynas â bwyd yn dangos parch a diolch i'r tir, ac mae'n deyrnged sy'n perthyn i gyfnod pan oedd bywyd yn llawer mwy dibynnol ar rythmau'r tymhorau. Symbol o lawnder a ffrwythlondeb a welir yr adeg yma o'r flwyddyn yw corn yr afr (*cornucopia*), symbol sy'n cynrychioli'n gytbwys y dyn (siâp ffalig) a'r fenyw (siâp cafn). Eto, mae hyn yn cyfeirio at gydbwyso egni sy'n dod wrth fantoli dydd a nos.

Mae gan y sawl sy'n arddel y calendr Celtaidd, neu sy'n baganiaid, ddathliadau penodol i nodi'r trobwynt hwn yn y flwyddyn, yn ogystal â diolch am holl gynnyrch byd natur sydd o'n hamgylch. Gellir ymuno yn y dathliadau hyn neu geisio cynnal fersiynau sy'n driw i'ch bywydau chi. Er enghraifft, gellir creu defod bersonol o ddiolch am yr hyn sydd wedi bod yn ystod y chwe mis diwethaf, a gadael rhai pethau neu deimladau i fynd, cyn penderfynu sut i symud mlaen am y chwe mis nesaf, a meddwl am y pethau allai eich helpu yn ystod misoedd tawel a thywyll y flwyddyn. Gellir hefyd roi diolch am y cyfoeth sydd gyda ni, cofio ein breintiau a gwneud pwynt o gyfrannu i fanc bwyd.

Rhiannon

Anifeilaidd

CŴN MIS MEDI

Wedi haf o fodloni'n hunain yn hapus, o beidio ag ufuddhau i'r larwm nac i batrwm beunyddiol penodol, mae'n cyrraedd. Caiff y mis hwn ei dderbyn yn ein tŷ ni gyda chymysgedd o ryddhad, cyffro a siomedigaeth. Y rhyddhad o ddychwelyd i drefn, ond siomedigaeth bod dyddiau hir di-hid yr haf wedi dod i ben. Gyda'r plant wedi esgyn i ddosbarthiadau newydd, a minnau ar fin dechrau gwahanol brosiectau gyda chyd-weithwyr amrywiol, mae'r teimlad o fod yn gymdeithasol hunangynhaliol yn diflannu.

Llyncaf fy mhoer wrth feddwl bod angen i fi siarad gyda phobl mewn sawl cywair, nid yn y modd llaw-fer ymlaciedig yr oeddwn yn ei wneud gyda theulu a ffrindiau agos dros yr haf. Sut ydw i'n siarad gyda grŵp newydd o bobl? Ydw i'n cofio sut i gymdeithasu wrth giatiau'r ysgol? Ydw i'n parablu gormod? Oes eisiau i mi barablu mwy? Mae'r plant, fel finnau, yn teimlo'n gyffrous ond yn nerfus am yr ailgydio cymdeithasol a ddaw ar ddechrau'r tymor newydd. 'Beth fi fod i weud pan fi'n eistedd ar y mat yn y dosbarth newydd?' gofynna un, fel petai'r cof am ymddygiad safonol wedi diflannu gyda hufen iâ'r haf.

Sut dwi'n ei hateb hi, meddyliaf, wrth i fi fynd am dro i barc dinesig, gwerddon o wyrddni yng nghanol prysurdeb y tai a'r strydoedd cyfagos. Mae'r gwyrdd yn dal i fod yn llachar, ond wedi colli ychydig o ysblander aruthrol yr haf. Mae pennau rhai o'r blodau'n troi am i lawr, fel tasen nhw'n gwybod eu bod ar ddechrau'r diwedd. Gwelir ambell chwistrelliad o frown a choch tywyll yn y gwyrddni; rhai dail crin ar lawr ac ambell glawdd yn offrymu ei aeron i ninnau a'r adar.

Mae cŵn ym mhobman. Mawr, bach, crwn, main a chaf fy synnu unwaith eto bod yr hen ystrydeb bod pobl yn edrych yn debyg i'w cŵn yn wir. Sylwaf ar rai ohonynt yn prancio'n hapus ar y gwair, yn mwynhau darganfod ambell ddeilen grenshlyd oddi tanynt, tra bod rhai yn rhoncio o ochr i ochr, ddim yn siŵr iawn sut i ddelio â'r newid o'u hamgylch. Yr hyn a edmygaf am gŵn yw eu brwdfrydedd i gymdeithasu, neu beidio, â'i gilydd. Mae e mor syml! 'Helô, gad i fi arogli dy ben-ôl, wedyn ar ôl i fi weld beth mae'r cemegion sy'n cael eu rhyddhau yn dweud wrtha i, gewn ni weld os ydw i awydd chwarae neu beidio!' Mae'n digwydd dro ar ôl tro. Maent yn partneru, yn rhedeg cylchoedd bach twt, weithie'n esgus ymladd, a wedyn fel arfer yn symud ymlaen. Mae awydd y cŵn i gydchwarae yn ysbrydoli eu pobl i gymdeithasu â'i gilydd yn ogystal!

'Gwynta ben-ôl pawb,' dywedais wrthi! 'Ych, Mami!' atebodd. Dyma ni'n dwy'n sgwrsio am y cŵn. Falle nad oes eisiau cynllunio beth i'w ddweud, na sut i ymddwyn. Daethom i'r casgliad falle y gallwn ni fod yn garedig, ar y pryd, wrthon ni'n hunain ac wrth y plant eraill. Wrth gyrraedd giât yr ysgol ar y diwrnod cyntaf 'nôl, mae dau bâr o lygaid crwn fel y lleuad yn edrych i grombil fy rhai i am rywbeth. Cysur munud olaf. Alla i ddim meddwl am eiriau, ond dysgais wers wrth gŵn Parc Thompson nad oes angen cymhlethu pethau. Rhoddaf wên wirioneddol dwymgalon iddynt, ac fel drych daw dwy wên yn ôl cyn eu bod wedi troi a mynd.

Rhiannon

MEDI

Hydref

Mae'r dail yn dechra troi
gwyrddni'n gwrido
yn atgof o ddoe
sydd fel gwreiddiau
yn dal i roi

Meleri Davies, 'Hydref'.

Mis Calan Gaeaf a'r bwci-bo. Mae golau dydd yn prinhau ac yn troi'n fwy euraidd fyth, gan amlygu lliwiau cyfoethog y dail a'r aeron.

Enw'r mis: Un esboniad yw ei fod yn tarddu o 'Hydd-fref', sef bref neu sŵn yr hydd neu'r ceirw gwyllt wrth iddynt ymladd neu gael eu hymlid yn ystod yr adeg yma.

Ymysg yr hen enwau eraill am y mis ceir Mis y Mêl, Mis y Melwr a Mis y Gwin.

Arwydd y sidydd: Y Fantol – *Libra* (c. Medi 23 nes newid i'r Sgorpion c. Hydref 23)

Wedi'i reoli gan yr elfen: Aer

Planed reoli: Fenws

Y lleuad: Dau enw ar leuad y mis yma yw 'Lleuad yr Heliwr' a 'Lleuad y Dail yn Cwympo'.

Crisial/Carreg y mis: Twrmalîn/Trydanfaen (*Tourmaline*); hefyd Opal

Cyngor y mis Meddygon Myddfai: 'Ym mis Hydref, bwytewch bilcots*. Boed i'ch bwyd gynnwys cig ffres a llysiau buddiol.'

(*Pilcots: pysgod pitw bach. Mae sawl gair amdanynt yn y Gymraeg gan gynnwys 'pilcots' a 'silidón'; *minnows* yn Saesneg.)

Dyddiadur

1 Mis Hanes Pobl Ddu

2

3

4

5

6

7

8

9

10

11 Diwrnod T Llew Jones

12

13

14

15 Diwrnod Shwmae Su'mae

16

17

18

19

20

21 Cofio Trychineb Aberfan 1966

22

23

24

25

26

27

28

29

30

31 Calan Gaeaf

Rhai dyddiadau traddodiadol (ac eraill)

Hydref yr 31ain: Calan Gaeaf. Cyfnod *Samhain* o ran y calendr Celtaidd hynafol, tua hanner ffordd rhwng cyhydnos yr hydref ddiwedd Medi a diwrnod byrraf y flwyddyn. Roedd yn nodi diwedd y flwyddyn amaethyddol a'r tywyllwch cynyddol. Mae'n un o dair 'gŵyl ysbrydnos' (Calan Mai a Gŵyl Ifan oedd y lleill). Y gred oedd bod ysbrydion yn gallu mynd a dod rhwng y ddau fyd gan fod y drysau rhwng y ddau fyd ar agor.

(Gweler mwy am yr 'amser tenau' o dan 'Corff ac enaid' y mis hwn.)

'Mae heno'n nos Calan Gaea,
Â bwci ar bob camfa,
Mae Jac y Lantern ar yr heol –
Rhaid mynd neu gael fy nala.'

(Tradd.)

Fel adegau eraill yn y calendr Celtaidd, ceisiwyd ei hawlio a'i ddofi gan yr Eglwys Gristnogol: symudwyd Gŵyl yr Holl Saint ganddynt i'r 1af o Dachwedd, a phenodwyd yr 2il o Dachwedd fel Gŵyl yr Holl Eneidiau. Er gwaetha ymdrechion yr Eglwys Gristnogol, roedd yr hen gredoau a'r ofergoelion yn rhemp yr adeg yma o'r flwyddyn, gan gynnwys neidio dros weddillion coelcerthi ac adrodd straeon arswyd am bethau fel yr Hwch Ddu Gota a'r Ladi Wen. Dyma bennill sy'n gyfarwydd i ni Ferched Morgan... y gred yw mai'r Ladi Wen oedd y Dywysoges Gwenllian – a gafodd ei lladd gan y Normaniaid – a bod ei hysbryd yn dal i grwydro o gwmpas Cydweli a'r cyffiniau:

'Ladi Wen ar ben y pren
yn fishi'n potsho tato.
Mae'n un o'r gloch
Mae'n ddau o'r gloch
Mae'n bryd i'r moch gael cinio.'

Mae sawl arferiad ofergoelus am ddarogan cariad adeg Calan Gaeaf yn cael ei gofnodi gan y Parch. D G Williams yn ei lyfr *Casgliad o Lên Gwerin Sir Gaerfyrddin*, gan gynnwys hanes am ferched yn mynd allan i'r ardd, codi cenhinen o'r pridd gyda'u dannedd a'i gosod o dan y gobennydd.

Yna, fe fydden nhw'n disgwyl i'w cariad ymweld â nhw yn eu cwsg. Gan fod yr awdur yn sôn bod 'caru'n y gwely' yn dderbyniol o hyd mewn rhai ardaloedd, roedd yr ymweliad yn fwy na thebygol o ddigwydd!

Erbyn hyn, caiff Calan Gaeaf ei ddathlu yn bennaf trwy wisgo i fyny fel ysbrydion neu gymeriadau dychrynllyd, chwarae triciau (*Trick or Treat*) a cherfio pwmpenni. Daw'r arferiad olaf o'r gwledydd Celtaidd, mwy na thebyg, ble y cerfiwyd erfinen (rwdan/swejen) yr adeg yma a gosod cannwyll ynddi.

Mis Hydref: Mis Hanes Pobl Ddu. Ers 1987 mae digwyddiadau'n cael eu cynnal yn ystod y mis hwn i godi ymwybyddiaeth o brofiadau pobl Ddu. Mae'n gallu golygu nifer o bethau – o werthfawrogi eu cyfraniad i'n cymdeithas a'n diwylliant i edrych ar hanes a'r heriau maen nhw wedi eu hwynebu, ac yn dal i'w hwynebu.

Ruth

Tywydd

Dyma'r mis sy'n gorwedd rhwng mis Medi – lle mae'r tywydd yn gallu teimlo fel parhad o'r haf – a Thachwedd, sy'n dywyll ac oeraidd. Weithiau cawn atgof o'r haf wrth i awel fwyn chwythu o'r de. Ond pan gawn ddiwrnodau gwyntog a hyd yn oed rhew, mae 'na deimlad bod y gaeaf ar ei ffordd go iawn.

Enw'r lle	Tymheredd uchaf	Tymheredd isaf	Glawiad y mis	Oriau haul y mis
Caerdydd	15 gradd	10 gradd	18 diwrnod, tua 119 mm	102 awr
Pen-bre	15 gradd	10 gradd	19 diwrnod, tua 156 mm	102 awr
Y Drenewydd	14 gradd	7 gradd	19 diwrnod, tua 92 mm	83 awr
Caernarfon	15 gradd	9 gradd	20 diwrnod, tua 133 mm	83 awr

Cyfartaledd yw'r ffigurau ar y siart.

Gwawrio Hydref y 1af: 7.16.a.m., machlud: 6.55 p.m.
Erbyn diwedd y mis, lleihad o 1 awr 57 munud o olau dydd.
Ffigurau gwawrio a machlud ar gyfer Aberystwyth.

Rhai dywediadau a chredoau am y tywydd

'Mae'n oeri ddeupen y dydd
erbyn diwedd Hydref.'

Roedd ambell ddywediad yn rhybuddio yn erbyn cael tywydd da yn ystod y mis yma:

'Hydref hir a glas –
Blwyddyn newydd oerllyd gas.'

Doedd dim ennill gyda'r dywediad yma:

'Hydref gwlyb – gaeaf caled.'

Na'r darogan yma:

'Hydref teg wna wanwyn gwyntog.'

Rhoddwyd sylw slawer dydd i gyfeiriad y gwynt ar noson Galan Gaeaf (gw. mwy am hyn yn 'Tywydd Tachwedd'):

'Lle chwyth y gwynt ar
noson olaf Hydref
Yno erys am chwarter y gaeaf.'

Roedd 'na gred ddiddorol na fyddai eira am weddill y gaeaf os byddai'n dod yn rhy gynnar, ac y byddai:

'Eira cyn Calangaea yn
erthylu'r (byrhau'r) gaeaf.'

Diddorol hefyd yw'r gred:

'Niwl C'langaeaf, gwas yr eira.'

Ruth

HYDREF

Alaw

'DAWNS Y GŴR MARW'

Do, mae Calan Gaeaf wedi cael ei Americaneiddio, a phlantos fel arfer yn cerfio pwmpen yn hytrach nag erfinen (swejen!) neu feipen. Ond beth am fanteisio ar boblogrwydd yr ŵyl i suddo i naws tywyll yr hydref wrth i'r mis fynd yn ei flaen?

Dyma'r alaw berffaith i wneud hynny, yn dod o lyfr alawon y Cymro John Thomas, y ffidlwr o'r ddeunawfed ganrif, felly, cydiwch yn eich siwt bwci-bo orau a'i chwarae'n llon.

... fe welwch chi fod yr alaw yma yn mynd rownd a rownd, felly croeso i chi ychwanegu nodyn D ar y diwedd i ddod â hi i glo.

Mari

Tu fas

CLOCIAU HYDREF

Ar ddwy adeg o'r flwyddyn, rydym oll yn teimlo dryswch. Yn gyferbyniol i'r teimlad o gydbwysedd a ddaw o alban, mae hwn yn teimlo fel petai mat bach wedi cael ei dynnu oddi tanom am ennyd. Am beth dwi'n sôn? Wel, y cyfnod hwnnw pan fo clociau'n mynd ymlaen neu'n ôl; sef dydd Sul olaf misoedd Mawrth a Hydref. Er ein bod ni'n gwybod ei fod yn dod, mae'r bendro fach a ddaw o godi awr yn gynharach, neu'r awr ychwanegol sy'n llusgo cyn swper, yn syndod, ac yn chwarae gyda'n synnwyr ni o amser a gofod. Mae'n rhoi syniad pitw bach i ni o beth fyddai bod yn Marty McFly, neu fod ar fws 'tocyn diwrnod', yn teithio trwy amser!

Oherwydd bod llawer o'n hamser-geidwaid bellach yn ddigidol, mae'r tebygolrwydd o anghofio newid yr amser â llaw ar gloc neu oriawr wedi lleihau, ac efallai fod llai o gamgymeriadau'n digwydd, megis cyrraedd y gwaith neu'r ysgol awr yn hwyr. Cofiwn un ohonon ni chwiorydd (heb enwi enwau!) yn cau siop yng Nghaerfyrddin awr yn gynnar ar ddamwain am nad oedd hi wedi cofio newid ei horiawr!

Mae'r dywediad 'troi'r cloc yn ôl' yn ddiddorol felly, oherwydd er cymaint yr hoffem fedru troi'r cloc yn ôl ar sawl digwyddiad yn ein bywyd, i'w hail-fyw neu i wneud penderfyniadau gwahanol, ni allwn. Ond ar Sul dwetha'r mis, mae gofyn i ni wneud hynny. O ganlyniad i droi'r cloc 'nôl ym mis Hydref, mae'r nos yn cau amdanom ychydig ynghynt, gan weddu i naws Calan Gaeaf, a phlannu'r syniad o 'gwato mewn' gyda'r hwyr. Dyma'r teimlad hydrefol sy'n gwneud i fis Medi deimlo'n dila.

Ar yr 21ain o Hydref, rydyn ninnau yng Nghymru'n cofio'r rheiny a fu farw yn nhrychineb Aberfan yn 1966. Wedi tridie o law trwm, syrthiodd tomen o wastraff i lawr o'r pwll glo ar y pentref, gan ddinistrio cartrefi ac ysgol gynradd leol Pantglas. Bu farw 116 o blant a 28 oedolyn, ac mae'r bai am hynny ar esgeulustod y Bwrdd Glo am adael i'r fath wastraff gronni mewn man peryglus.

Yn Amgueddfa Werin Cymru Sain Ffagan, gallwch weld cloc a ganfyddwyd wedi ei gladdu ymysg gweddillion y drychineb. Stopiodd y cloc am 09.13 ar y diwrnod hwnnw, sef union amser llithriad y sbwriel. Mae'n dynodi diwedd amser i'r rheiny a gollodd eu bywydau.

Yn ddyddiol, mae 'na gyfnodau lle rydym yn dymuno i amser fynd ynghynt (wrth edrych ar y cloc a disgwyl am goffi 11 a saib o'r gwaith), ac mae amserau eraill pan hoffen ni petai amser yn arafu (wrth wylio'r plant a sylweddoli eu bod nhw'n tyfu lan yn rhy sydyn). Ond o leiaf mae gennym ni fraint amser. Rydyn ni yma, yn byw mewn amser a gofod yn ei holl ogoniant a'i gymhlethdod.

Roedd plantos Ysgol Pantglas newydd fod yn canu 'All things bright and beautiful' yn y gwasanaeth pan ddigwyddodd y gyflafan. Mae lliwiau gemaidd y mis hwn yn erfyn arnom i sylwi ar y pethau hardd o'n cwmpas. Ry'ch chi, ddarllenydd, yn gwybod beth ydw i am ei ddweud nawr, yn dydych chi? Beth am i ni rewi amser am funud i werthfawrogi, a diolch ein bod ni'n gallu gwneud hynny?

Rhiannon

Y crochan

CAWL PWMPEN GYDA HADAU SOI WEDI'U RHOSTIO

Gan uno pwmpen Calan Gaeaf gyda blasau cyrri nodweddiadol Diwali (gweler Defod Tachwedd am fwy am Diwali), mae'r cawl tymhorol yma yn llawn maeth ar adeg pan mae angen hwb bach ar y corff, ac mae'n cynrychioli lliwiau dathliad y Golau. Mae yma hefyd opsiwn sy'n cynnwys sbeisys cynnes hydrefol, rhag ofn ei bod yn fwy at eich dant.

I fi, y gorffeniad sy'n gwneud cawl yn sbesial, a fi wedi cynnwys digon o syniadau os y'ch chi ishe.

Amser Paratoi: 10 munud
Amser Coginio: 40 munud
Digon i 4 person

CYNHWYSION

- Pwmpen* wedi'i thorri'n sgwariau tua 2cm o faint
- 1 neu 2 bupur coch wedi'u torri'n ddarnau tua modfedd o faint
- 1 winwnsyn mawr gwyn wedi'i dorri'n chwarteri
- Olew i rostio'r llysiau ac i ffrio'r sbeisys
- 1 fodfedd o sinsir wedi'i dorri'n fân
- 1 ewin mawr o arlleg, wedi'i dorri'n fân
- Halen a phupur

Opsiwn 1 - cyrri

- 2 lwy de o dyrmerig
- 3 llwy de o gwmin
- 2 lwy de o Garam Masala
- 1 llwy de o bowdwr coriander
- 400ml o stoc llysiau
- 1 tun 400ml o laeth cnau coco

Opsiwn 2 - sbeis cynnes hydrefol

- ½ llwy de o sinamon
- 1 llwy de o nytmeg
- ½ llwy de o deim sych
- ½ llwy de o dyrmerig
- 3 deilen saets
- 800ml o stoc llysiau

Hadau Soi

- Hadau 1 neu 2 bwmpen
- 2 lwy fwrdd o saws soi
- 1 llwy fwrdd o olew

DULL

1 · Rhostiwch y bwmpen, y pupur a'r winwnsyn mewn olew am 30 munud, tan eu bod nhw'n feddal ac yn dechrau brownio.

Ar yr un pryd, rhostiwch yr hadau pwmpen mewn saws soi ac olew am ryw 15-20 munud, tan eu bod nhw'n brownio ac yn grensiog.

2 · Ar ôl rhostio'r llysiau, ffrïwch y sinsir a'r garlleg mewn olew am ychydig funudau mewn sosban, a chyn eu bod nhw'n brownio ychwanegwch y bwmpen, y pupur a'r winwnsyn (ac unrhyw lysiau eraill chi ffansi) a chymysgu'r cyfan gyda'i gilydd.

3 · Ychwanegwch y sbeisys o opsiwn 1 **neu** opsiwn 2 a'u troi yn y llysiau.

4 · Ychwanegwch y stoc / llaeth cnau coco a halen a phupur i flasu.

5 · Gadewch i'r cawl ffrwtian yn ysgafn am tua 10 munud. Yna, ar ôl iddo oeri ychydig, defnyddiwch brosesydd bwyd i'w gymysgu nes ei fod yn llyfn.

Gweinwch y cawl gyda hadau pwmpen, pupur du a chwyrlïad o olew olewydd. Fel opsiwn: persli, tsili ffres neu *flakes*, a llwyaid o *sauerkraut* os oes jar wrth law!

*Dwi ddim yn mynd i ddweud yn gwmws sawl pwmpen fydd ei hangen arnoch, achos mae gweddillion pwmpen pawb yn wahanol. Defnyddiais i tua 5 llwy goginio / lletwad o bwmpen. Os nad ydych yn teimlo bod gennych chi ddigon, ychwanegwch datws, moron neu bwmpen cnau menyn (*butternut squash*).

Bethan

Corff ac enaid

YR AMSER TENAU

Hydref yw'r amser pan mae'r corff a'r enaid yn dod 'nôl at ei gilydd ar ôl haf o wasgaru'n hunain fel hadau ar draws y wlad.

Mae Calan Gaeaf yn gyfle i ni wneud hyn. Yn gyfle i ddod yn ôl at ein coed, yn llythrennol, yn ogystal ag yn drosiadol, wrth i ni ddychwelyd adre. I'n cartrefi ac i'n hunain.

Nid y Calan Gaeaf gwaedlyd y gallwch ei brynu o'r archfarchnad rwy'n sôn amdano, ond yr un sy'n dathlu'r tymor, y pethau tu hwnt i'r hyn ry'n ni'n eu gweld, y tywyllwch, a'r golau a geir mewn tywyllwch.

Yn hanesyddol, dyma'r 'amser tenau' lle dywedid fod y ffin rhwng y bydoedd yn denau. Amser uno â'r byd hud a lledrith a rhannu straeon tylwyth teg ac ysbrydion – a chadw golwg am yr Hwch Ddu Gwta a'r Ladi Wen a'u ffrindiau yng Nghymru! Yn yr amser tenau yma, neu'r 'Ysbrydnos', fel y'i gelwir yn Olwyn y Flwyddyn, ry'n ni'n dathlu agosrwydd at y rhai a droediodd y ddaear o'n blaen. Mae yna sawl enw am hyn mewn traddodiadau ar draws y byd, ond yr un mwyaf enwog, o bosib, yw'r *Dia de los Muertos*, yr ŵyl enwog ym Mecsico. Yno, byddant yn dathlu bod ysbrydion y meirwon yn agosáu, yn creu

HYDREF

'ofrenda', sef 'offering' – allor o luniau, danteithion, bwydydd, gwrthrychau, penglogau, canhwyllau ac aroglau ffein i ddenu'r eneidiau yn ôl, yn ogystal â llwythi o flodyn traddodiadol Mecsico, Melyn Mair. Dyma'r amser i anrhydeddu'r meirw ac i gofio. Dydyn ni yn y wlad hon ddim yn siarad am feidroldeb na'n cyndeidiau cymaint â diwylliannau eraill. Ond teimlaf fod gwneud hyn yn ein helpu ni i werthfawrogi ein hamser gwerthfawr ar y ddaear ochr yn ochr â chofio ein hynafiaid.

MYFYRIO

- Ffeindiwch ofod tawel heb lawer o olau.
- Cynnwch gannwyll. I anrhydeddu'r rhai sydd wedi bod o'n blaenau, ac i'n hanrhydeddu ni'n hunain.
- Eisteddwch yn y tawelwch a myfyrio ar olau'r gannwyll.
- Meddyliwch am y rhannau ohonon ni'n hunain ry'n ni wedi'u hesgeuluso dros yr haf.

Opsiynol: meddyliwch am eich cyndeidiau. Y rhai roeddech chi wedi cwrdd â nhw, neu'r rhai a fu farw cyn eich amser. Ceisiwch greu llun clir ohonynt yn eich pen. Wrth feddwl am eich hynafiaid, beth fydden nhw yn ei ddweud wrthoch chi ar yr adeg yma? Gallwch anfon cariad neu ddiolch atyn nhw, os yw hynny'n teimlo'n briodol i chi.

- Rhowch eich dwylo ar ganol eich brest dros y *solar plexus*. Symudwch eich ffocws o'r pen ac i'r galon a dychmygwch olau llachar yno sy'n treiddio trwy'r corff.
- Dewch 'nôl i chi'ch hunain a galw ar y darnau coll – fel jig-so, y darnau coll yw'r rhannau hynny ohonon ni'n hunain dy'n ni heb roi digon o sylw iddynt, neu unrhyw alwadau i'r enaid ry'n ni wedi bod yn eu hanwybyddu. Mae'n amser meddwl am gamau allwn ni eu cymryd i wneud i ni deimlo'n gyflawn a llawn maeth, yn gorfforol ac yn eneidiol.

Cofiwch am y golau mewnol sydd gyda ni yn y tywyllwch.

Bethan

Defod

CREU CADWYN DDAIL

Mae'r arfer o ddod â phlanhigion i mewn i'r tŷ pan fydd y dyddiau'n byrhau yn mynd yn ôl i oes y Celtiaid. P'un a ydych chi'n hoff o Galan Gaeaf neu beidio, mae addurno'r tŷ yn yr hydref yn siŵr o ddod â theimlad cysurus.

Meddyliwch am leoliad yn lleol ble mae'r dail hydrefol yn dangos eu lliwiau llachar ar hyn o bryd: parc, gardd, llwybr, coeden ar y stryd, coedwig...

Pennwch amser byr neu hir yn ystod y diwrnodau nesaf i fynd yno am dro. Gwell fyth os yw'r haul yn disgleirio y diwrnod hwnnw, fel mae'n tueddu i'w wneud ym mis Hydref.

Chwiliwch am o leiaf 5 deilen o liw gwahanol ar y tro.

Nawr mae'n amser i gasglu'r dail sy'n edrych fwyaf hyfryd, yn eich barn chi – mi allan nhw fod yn ddail derwen sych, crensiog, brown, neu'n fflamau tenau o ddail criafolen, neu'n siâp pigog nodweddiadol dail y fasarnen fechan.

Wedi casglu'r dail, mae'n amser i fynd adref i greu eich cadwyn.

CADWYN DDAIL

Bydd angen:

- Dail – 12 neu fwy, gorau po fwyaf
- Cordyn – tua 1 medr o hyd
- Rhywbeth i wneud twll
  – tyllwr neu siswrn

1 • Gwnewch dwll yn agos i ochr coesyn pob deilen.

2 • Rhowch y dail ar y cordyn a'u rhannu ar hyd y llinyn yn gymesur.

3 • Clymwch ddolen fach (*loop*) bob pen i gordyn y gadwyn.

4 • Hongiwch y gadwyn ar draws ffenest, llun neu ddrych, neu i lawr ochr seld neu gwpwrdd.

5 • Bydd y dail yn crino wrth i amser fynd yn ei flaen, felly beth am werthfawrogi'r newid yn y dail?

Cofiwch atal plantos (ac oedolion!) rhag bwyta'r aeron wrth i chi gasglu'r dail! Er bod rhai aeron yn iawn i'w bwyta, heblaw eich bod chi'n brofiadol iawn, mae'n well bod yn saff.

Mari

Anifeilaidd

RHYBUDD: sôn am ffrindiau 8 coes

Ddeufis yn ôl buoch chi'n breuddwydio am wyntoedd cryfion yn gyrru'r dail oddi ar eu canghennau, eu naws oer yn taro'n hwynebau. Nawr mae'r awr wedi dod, ac yn y gwyll sy'n prysur agosáu, rydych yn dewis swatio yn eich stafelloedd byw gyda'r nos, yn ceisio cadw'r corff yn gynnes o dan flanced am gyn hired â phosib cyn ildio i'r gwres canolog, gan wybod bod dyddiau oerach i ddod.

Ond mae eich cartrefi'n gynhesach na'r tu allan, ac mi rydw i, fel corryn (neu bry cop) benywaidd yn gwybod yn iawn mai tu fewn yr ydw i eisiau bod i ddodwy fy wyau a dod â'r rhai bach i'r byd. Felly i mewn â fi – trwy ddrws cilagored, twll bach yn y wal neu beipen lithrig? Na, dwi'n gweld esgid law yn sychu ar y stepen drws, ga i lifft yn honno!

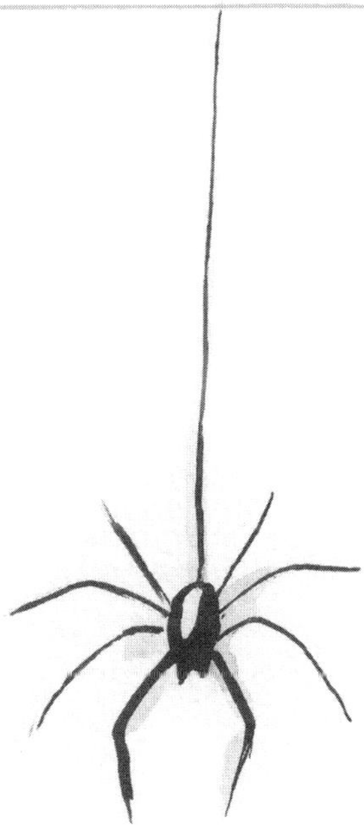

Fi'r bod bach coesfain,
Yn ofni'r sgrech o 'mlaen,
Â'm llygaid yn pefrio
Yn y stafell blastig heno.

Mae'r golau yn fy nallu
Ond fy ngreddf yn fy niwallu,
Byddaf ddewr a dof o hyd
I'm nefoedd ar y byd.

Yn y tymor hwn, bydd gwrywod fy rhywogaeth yn fy nilyn i'r tŷ; ac yn wir, ry'n ni'n dda i chi, ydyn! Yn bwyta pryfed a chadw'r tŷ yn lân.

Ydych chi'n un o'r rhai sy'n ofni corynnod? Dy'ch chi ddim ar eich pen eich hunan. Yn ôl YouGov, mae o gwmpas 21% o bobl Prydain ag arachnoffobia, ac mae mwy na hynny o bobl sydd ddim yn ein hoffi ni. Mae hynny'n iawn, dwi'n eich ofni chi hefyd.

... o, a pheidiwch â chredu'r rhai dwl 'na sy'n dweud ein bod ni'n mynd i mewn i'ch cegau chi pan y'ch chi'n cysgu. Alla i ddim meddwl am unrhyw le gwaeth, ych a fi!

Mari

Tachwedd

Rhwng cwsg ac effro
ni'n sipian
cwrw
mewn bar
yn Sbaen
ac wedyn
mewn eiliad
yn swatio rhag oerfel mawr Llanfairfechan.

Esyllt Angharad Lewis, 'Tachwedd'.

Mis y tywydd mwll a'r dyddiau byrion. Wrth i'r hydref droi'n aeaf, mae'n bryd cofleidio'r tywyllwch a chynnau'r goleuadau bach.

Enw'r mis: Un esboniad yw 'Tawch-wedd': ystyr y gair 'tawch' ydy niwl neu gaddug, sy'n nodwedd o'r adeg yma o'r flwyddyn.

Yn ein teulu ni, roedd 'tawch' yn golygu blas ych-a-fi ar fwyd, yn enwedig os oedd ar fin mynd yn ddrwg, e.e. 'Mae bach o dawch ar hwnna.' Mae'r ddau ystyr i'r gair 'tawch' yn cyfleu diflastod yr adeg yma o'r flwyddyn. Esboniad arall yw ei fod yn arfer golygu 'lladdfa' neu 'gyflafan', boed ar faes y gad neu fel arall. Byddai rhai anifeiliaid yn cael eu lladd tua'r adeg yma er mwyn sicrhau porthiant i'r teulu dros fisoedd y gaeaf. Esboniad arall eto yw 'tynnu tua'r diwedd', h.y. diwedd y flwyddyn.

Arwydd y sidydd: Y Sgorpion – *Scorpio* (*c.* Hydref 23 nes newid i'r Saethydd *c.* Tachwedd 22)

Wedi'i reoli gan yr elfen: Dŵr

Planed reoli: Plwton (*Pluto*)

Y lleuad: Rhai enwau ar leuad y mis yma yw 'Lleuad y Rhew', 'Lleuad y Dyfnderoedd Tywyllaf', 'Lleuad yr Afanc' a'r diddorol 'Lleuad Gwŷr Iâl'.

Crisial/Carreg y mis: Topaz

Cyngor y mis Meddygon Myddfai: 'Peidiwch â bwyta ymenyn, oherwydd yr adeg yma o'r flwyddyn mae tueddiad gan y gwaed i geulo, sydd yn beth peryglus. Mae angen osgoi [bwyta] pennau anifeiliaid a phob llysieuyn, oherwydd eu bod yn beryglus.'

Dyddiadur

1 Gŵyl yr Holl Saint (Eglwysig)	**17**
2 Gŵyl yr Holl Eneidiau (Eglwysig)	**18**
3	**19**
4	**20**
5 Noson Tân Gwyllt	**21**
6 Ganwyd Betty Campbell yn 1934.	**22**
7	**23**
8	**24**
9	**25**
10	**26**
11 Dydd y Cofio (Y Sul agosaf i'r 11eg: Sul y Cofio)	**27**
12	**28**
13 Yr Hen Galan Gaeaf	**29**
14	**30** Dydd San Andreas (St. Andrew), nawddsant yr Alban
15	**31**
16	

Rhai dyddiadau traddodiadol (ac eraill)

Tachwedd y 1af: Gŵyl yr Holl Saint.

Tachwedd yr 2il: Gŵyl yr Holl Eneidiau.

Tachwedd y 5ed: Noson Tân Gwyllt – cynnau coelcerthi a thân gwyllt er mwyn nodi bod y Pabydd Guto Ffowc wedi cael ei ddal yn ceisio ffrwydro Tŷ'r Cyffredin yn yr ail ganrif ar bymtheg.

Ymhell cyn hyn roedd cynnau coelcerthi yn draddodiad hynod bwysig ar Noswyl yr Holl Saint – adeg Calan Gaeaf – gyda phob math o arferion/ofergoelion yn gysylltiedig ag ef, e.e. taflu cerrig wedi'u marcio i'r tân a cheisio dod o hyd iddynt y bore wedyn er mwyn cael lwc dda. Hefyd, rhedeg o gwmpas y tân yn codi gwreichion – y person oedd yn mentro agosaf i'r tân fyddai'n cael y lwc orau.

Diddorol yn y fan yma yw nodi ystyr y gair 'coelcerth': 'arwydd' neu 'argoel' (coel) a 'sicr' (certh). Mae'n debyg fod ofergoelion yn rhan annatod o'r hen goelcerthi erioed, felly.

***c.* ail benwythnos Tachwedd:** Gŵyl Cerdd Dant Cymru.

Hydref neu Dachwedd (yn ddibynnol ar y lleuad): Diwali, Gŵyl y Golau, sy'n cael ei dathlu gan Hindŵiaid, Siciaid, rhai Bwdistiaid a Jainiaid.

Ruth

TACHWEDD

Tywydd

Does dim rhaid dweud wrth unrhyw un sy'n byw ar yr ynysoedd yma bod y mis tywyll hwn fynychaf yn oer ac yn wlyb. Fel arfer, mae'r rhannau gogleddol a gorllewinol yn cael y gwaethaf o unrhyw wasgedd isel sy'n dod o Fôr Iwerydd.

Enw'r lle	Tymheredd uchaf	Tymheredd isaf	Glawiad y mis	Oriau haul y mis
Caerdydd	12 gradd	7 gradd	19 diwrnod, tua 117 mm	66 awr
Pen-bre	12 gradd	8 gradd	20 diwrnod, tua 155 mm	66 awr
Y Drenewydd	10 gradd	4 gradd	20 diwrnod, tua 93 mm	42 awr
Caernarfon	12 gradd	7 gradd	21 diwrnod, tua 144 mm	42 awr

Cyfartaledd yw'r ffigurau ar y siart.

Gwawrio Tachwedd y 1af: 7.11 a.m., machlud: 4.48 p.m.
Erbyn diwedd y mis, lleihad o 1 awr 28 munud o olau dydd.
Ffigurau gwawrio a machlud ar gyfer Aberystwyth.

Rhai dywediadau a chredoau am y tywydd

'Tachwedd a'i laid a'i niwl o hyd
Sy'n gwneud i ni anniddan fyd.'

'Tachwedd ddwg y gwynt a'r glaw,
Chwyth y crinddail yma a thraw.'

Yn ôl Twm Elias yn ei lyfr arbennig *Tro Drwy'r Tymhorau*:

'Am fod y dathliadau G'langaeaf yn cychwyn yr hen flwyddyn Geltaidd a hefyd yn un o'r tair Ysbrydnos, roedd yn bosib gweld a dylanwadu ar y dyfodol. Dyma pam, mae'n debyg, fod hanner cyntaf Tachwedd yn amser da i ddarogan y tywydd ar gyfer gweddill y gaeaf.'

Er enghraifft:

'Niwl Gŵyl Fartin
(Tachwedd yr 11eg),
Tywydd tyner i ganlyn.'

Mae sawl dywediad am gyfeiriad y gwynt, yn cynnwys y dywediad yma o ardal Dolwyddelan:

'I ble bynnag y troeai'r gwynt ar Dachwedd y 13eg, i'r cyfeiriad hwnnw y chwythai am weddill y gaeaf.'*

Tachwedd y 10fed, nid y 13eg, oedd y dyddiad i nodi cyfeiriad y gwynt yn ardal Aberteifi, fodd bynnag.

Roedd tamaid mwy o gymhlethdod na hyn yn y gred yn ardal Llŷn sy'n nodi cyfeiriad y gwynt ar Ddydd Gŵyl y Meirw, sef Tachwedd y 1af, ac yna'n ei gymharu â'r cyfeiriad ymhen tri mis. Os digwyddai'r gwynt ddod o'r un cyfeiriad ar y ddau ddyddiad, yna dyna lle byddai am y tri mis oedd i ddod.

Roedd 'na gred ynglŷn ag eira:

'Eira cyn G'langaea yn dynodi eira pob mis tan fis Mai.'*

Ond i'r gwrthwyneb ceir y dywediad yma:

'Eira Tachwedd yn erthylu'r gaeaf'

h.y. ceir gaeaf mwyn fel canlyniad i eira cynnar.

Ar drywydd tebyg:

'Os t'ranith ryw dro rhwng
y 1af a'r 15fed o Dachwedd,
fe erthylith y gaeaf.'

*(N.B. Tachwedd y 13eg oedd yr hen Galan Gaeaf, felly fe allai'r dywediadau am y tywydd o gwmpas 'C'langaea' gyfeirio at Dachwedd y 13eg neu Hydref yr 31ain.)

Dyma sut y gwelai Dafydd ap Gwilym (yng Nghymraeg heddiw) dywydd ac awyrgylch y mis yma:

Annhebyg [yw Mai] i'r mis du cas
sy'n gwahardd pawb rhag caru,
sy'n peri glaw trist a dyddiau byrion
a gwynt i ddinoethi'r coed,
a llesgedd, gwendid dychrynllyd,
a chlogyn llaes a chenllysg,
a chymell llifogydd ac oerfel,
a llifeiriant brown mewn nentydd,
a chadw sŵn mewn afonydd,
a golau dydd yn cochi ac yn tywyllu,
ac awyr drymaidd oerllyd
a'i lliw yn gorchuddio'r lleuad.
Deued iddo (rhyw fygwth hawdd)
ddau anffawd am ei anghwrteisi.

Ruth

TACHWEDD

Pennill bach

Wiwer, wiwer, wiwer fach,
Beth sydd gen ti yn dy sach?
Cnau a mes a phys a ffa
I ti gael bwyd nes dêl yr ha'.

Pennill bach yw hwn (heb alaw) i'w adrodd yn rhythmig ar bob cyfle'r mis yma. Diolch, Mami/Ruth amdano.

Mari

Pa rai ohonom welith wiwer y Tachwedd yma? A fydd hi'n un chwedlonol goch, fel y bydd os y'n ni'n ddigon ffodus i fyw ar bwys Pont Menai? Neu a fydd hi, fel y rhan helaeth y dyddiau 'ma, yn un israddol lwyd? Wiwer, wiwer, wiwer lwyd, wyt ti'n haeddu sgrap o fwyd? Wyt, yn fy nhyb i. Nid dy fai di yw e bod dy enynnau wedi gorchfygu rhai y wiwer goch – mae dal gyda ti hawl i'n swyno gyda dy gwmni drygionus.

Tu fas

Yr adeg yma o'r flwyddyn, gan ddibynnu ar ein harferion personol, mae'n eithaf tebygol y bydd yn dywyll wrth i ni ddihuno yn y boreau. Yn fwy na hynny, gall deimlo'n dywyll, gan ein bod yn ymwybodol y byddwn yn disgyn i bydew tywyllwch du y dyddiau byrion.

O ran golau, gall Tachwedd fod yn fis cyferbyniol. Mae'n dywyll ac yn tywyllu ar un llaw, ond weithiau gall y cyfuniad o olau, a golau'n taro a fframio'r dail ar y coed, fod yn ardderchog. Ar yr adegau hynny pan mae'r tywydd yn sych ac yn llonydd, yn aml mae hi'n niwlog hefyd. Gall hwn fod yn brofiad positif, yn llawn awyrgylch, fel petai atsain coelcerth Noson Tân Gwyllt (neu 'ffagal' (ffagl) fel rydyn ni'n ei galw ffordd hyn) yn parhau am yn hir. Ar ddyddiau gwlyb, fodd bynnag, mae'n gallu bod yn dywyll ac yn ddiflas iawn.

Mae'r ardd yn dawelach nawr. Serch hyn, ar ddiwrnodau heulog, gallwch ddal i weld ambell bilipala neu wenynen. Wrth i'r tywydd oeri, mae'r adar yn heidio'n ôl i fwyta'r cnau a'r hadau ar fwydwyr mewn gerddi. Mae rhai planhigion – megis y trilliw ar ddeg (*hydrangea*) a'r ffiwsia – yn dal eu lliw drwy'r mis hwn. Mae 'na aeron coch ac, yn ôl yr hen ddywediad, mae llawer o'r rhain yn arwydd o aeaf caled i ddod. Y tebygrwydd, fodd bynnag, yw ei fod yn arwydd o ba mor llwyddiannus oedd blodau'r gwanwyn wrth gael eu ffrwythloni. Sylwn ar y lliwiau llachar hyfryd wrth i'r coed golli eu dail… dail oren a choch y goeden geirios yn loyw fel cols coelcerth Guto Ffowc – ma'n nhw rhywsut fel crisial yn gwyro golau gwan y boreau i greu rhith llachar. Yn aml o fewn diwrnodau, mae'r olaf o'r dail yma'n syrthio. Peidiwch â thaflu'r dail, ond yn hytrach rhowch nhw mewn bagiau bin du gyda thyllau ar y gwaelod, eu dyfrhau a'u gadael i bydru am flwyddyn neu ddwy. Gallwch hefyd adael ambell bentwr o ddail yng nghorneli'r ardd ar gyfer bywyd gwyllt.

A sôn am olau - neu ddiffyg golau - diddorol yw'r ymadrodd 'golau gwidw'. Arferai fy mam ddweud hyn os oedd y golau'n wan, hynny yw, os nad oedd digon o olau mewn rhyw fan yn y tŷ. Mae'n siŵr bod hyn yn dod o'r dyddiau pan nad oedd menywod gweddw yn medru fforddio talu am bethau sylfaenol, gan gynnwys goleuo'r tŷ'n ddigonol.

Wrth i oerfel a thywyllwch Tachwedd frathu o ddifrif, yn lle rhoi'r ystyr traddodiadol i'r dywediad 'O na fyddai'n haf o hyd', beth am bwysleisio'r 'na'? Yn hytrach na chwennych tywydd braf diddiwedd a dyddiau o esmwythder cyfforddus, mae rhai'n awgrymu bod gweithred(oedd) beunyddiol, sy'n ein tynnu ni o'n *comfort zone*, yn ein bywiogi ac yn peri i ni werthfawrogi adegau golau ac esmwyth yn fwy.

Rhiannon a Ruth

TACHWEDD

Y crochan

CAWL MADARCH

Cawl tywyll, cyfoethog â blas y pridd... y cawl delfrydol ar gyfer yr adeg yma o'r flwyddyn. Mae'r hydref - tan ddiwedd Tachwedd - yn cael ei ystyried yn dymor y madarch, gyda mwy o amrywiaeth yn tyfu nag ar adegau eraill o'r flwyddyn. Rydym yn clywed fwyfwy am fuddion madarch a hefyd am eu bywyd diddorol, cymhleth. Petawn ond yn gwybod ble i ddod o hyd iddyn nhw a pha rai sy'n ddiogel i'w bwyta! Dwi erioed wedi casglu madarch, ond dwi'n cofio fy nhad yn dod adref â rhai yr oedd wedi'u casglu unwaith - neu 'shrwmps' fel o'n ni'n eu galw nhw. O beth dwi'n gofio, doedd Mam ddim yn ecstatig, ond aeth ati i'w ffrio iddo fe.

Mae'r penillion yma'n dod o'r gerdd 'Madarch' gan 'Y Goblyn Bach a'r Pwca Drwg' ac yn cynnwys enwau diddorol rhai o'n madarch:

A blas! Y siantrel melyn,
oes eu gwell? Neu'r wystrys gwyn
â'r draenogyn melyn mâl
yn saws, a hwnnw'n sisial
wedi'i roi ar blât yn drwch
digywilydd. Ond gwyliwch...

rhag ofn cael pryd o'r rhai gwig
â'u delwi seicedelig...
rhag blysio'r capiau corrach,
mwynhau rhith menyn y wrach;
a'ch dwyn i wlad ofnadwy
gan gaws llyffant plant y plwy!

***Inc yr Awen a'r Cread* (2022)**

CYNHWYSION

Peidiwch â phoeni, gallwch ddefnyddio madarch cyffredin o'r siop leol ar gyfer y rysáit hon!

Glanhewch a thorri'r llysiau i gyd yn weddol fach, gan gynnwys y cnau castan (*chestnuts*) os ydych yn eu defnyddio.

- 1 winwnsyn mawr
- 1–2 ewin garlleg
- Peth olew a/neu menyn i ffrio
- Tua 500g o fadarch
- 1 genhinen (opsiynol)
- 1–2 ddarn o seleri (opsiynol)
- 1–2 daten wedi'u pilo
- Tua 1 litr o stoc madarch neu lysiau
- Sblash o sieri neu win gwyn (opsiynol)
- Halen a phupur (pupur gwyn sy'n well gyda fi ar gyfer y rysáit hon)
- Ychydig bach o laeth neu hufen
- Persli i addurno (opsiynol)

Os dymunir: ychwanegwch becyn o gnau castan (*vacuum packed*) ar ôl dod â'r cawl i'r berw. Mae'r math yma wedi'u coginio eisoes. Mae ychwanegu'r rhain i'r rysáit adeg Nadolig yn ei wneud yn gawl arbennig ar gyfer yr Ŵyl.

DULL

1 • Ffrïwch y winwnsyn a'r garlleg yn yr olew am 5–10 munud nes eu bod yn feddal.

2 • Ychwanegwch y madarch, y genhinen a'r seleri a'u ffrio am rai munudau, ac yna'r tato.

3 • Ychwanegwch litr neu litr a hanner o stoc a joch o sieri, neu win os dymunir.

4 • Ychwanegwch ychydig o halen a phupur.

5 • Dewch â'r cwbl i'r berw.

6 • Berwch y cawl am ryw hanner awr, nes bod y llysiau wedi meddalu.

7 • Chwalwch (*blitz*) y cawl gyda throellwr llaw neu brosesydd bwyd.

8 • Cyn ei weini, ychwanegwch sblash o laeth i'r gymysgedd yn y sosban, neu gylchoedd o hufen ar ôl rhoi'r cawl yn y powlenni.

9 • Os dymunir, gellir ychwanegu bach o bersli wedi'i dorri'n fân hefyd.

Ruth

Corff ac enaid

DILYN Y LLOER

Tachwedd y 1af yw dydd cyntaf y flwyddyn newydd, yn ôl hen galendr tymhorol Olwyn y Flwyddyn. Er, nid yw'n teimlo fel blwyddyn newydd gonfensiynol, gyda'r nosweithi'n prysur rasio at eu tywylla, y planhigion yn marw'n ôl a'r anifeiliaid ar drothwy gaeafgysgu.

Felly er ei bod hi'n flwyddyn newydd hen, pan ddaw ein blwyddyn newydd arferol yn nhywyllwch Ionawr, mae'n gyfle i gwestiynu syniadau marchnata am flwyddyn newydd ffres a sionc. Mae yna ysfa yndda i, a chi falle, i adael fynd nawr. Gollwng gafael ar bopeth does dim ei angen arnom rhagor, yn feddyliol nac yn gorfforol. Yna, i feddwl yn ofalus beth y'n ni moyn ei wahodd i mewn i'n bywydau.

Gyda'r Nadolig ar droed, daw cyfle i benderfynu pa fath o ŵyl y'n ni moyn, cyn i ni gael ein cario ar don o dinsel. Pa draddodiadau, defodau ac eitemau y'ch chi moyn eu croesawu a pha rai sy'n gallu mynd? Mae'n gyfle i ailfeddwl am sut i wneud pethe ar ddechrau'r flwyddyn newydd anghonfensiynol yma. Fel y brigau brau tu fas, gallwn adael y dail i fynd.

Er hyn, mae'n gallu bod yn anodd ymgysylltu â natur a'i thymhorau pan mae bywyd mor gyflym, gyda golau glas yn treiddio i'n llygaid ddydd a nos. Nid yw'n gyfrinach ein bod wedi colli'r sgìl i gysgu a thiwnio mewn i natur fel ein cyd-greaduriaid. A'r prif beth yn ein hoes sy'n ein datgysylltu ni oddi wrth ein rhythmau circadaidd (patrwm a chloc mewnol y corff) yw technoleg.

Dychmygwch ddisgwyl i wiwer aeafgysgu yn braf pe bai hi wedi bod yn gwylio a chymharu ei hun gyda wiwerod eraill ar sgrin, ac yn clywed newyddion o bob cwr o'r goedwig, neu'n chwarae gemau cyffrous ar ffôn annaturiol o lachar eiliadau cyn mynd i gysgu. Bydde fe'n lot iddi, ac mae'n lot i ni.

Daw technoleg â llawer o bethau gwych yn ei sgil, ac mae'n rhywbeth na allwn ei osgoi, ond gallwn feithrin perthynas iachach a llai dibynnol ag e, gan gylchdroi gyda golau naturiol a golau'r lleuad yn ogystal.

Trof at y lleuad. Rydym yn agosach ati nag ydym yn ei sylweddoli. Mae'r lleuad yn llenwi ac yn lleihau dros 28 diwrnod, yn rheoli'r moroedd – a llawer o'n hemosiynau, yn ôl sawl un. Mae'r lleuad yn rhan bwysig o sut mae adar yn ymfudo ac yn ffindo eu ffordd. Mae hyn yn wir hefyd am sawl creadur arall, er enghraifft creaduriaid y môr. Bydd llawer o gwrel, mwydod gwrychog, draenogod y môr, molysgiaid, pysgod a chrancod yn silio (*spawn*) o amgylch lleuad lawn.

Fel y sylwyd eisoes, mae llawer yn credu bod cysylltiad rhwng y lleuad yn cylchdroi o gwmpas y ddaear mewn 28 diwrnod a chylch atgynhyrchiol menyw. Mae'r lloer yn arwain llanw'r moroedd, ac oherwydd bod 60% o'r corff dynol yn ddŵr, byddai'n rhyfedd petai symudiadau'r lloer ddim yn cael

effaith arnom. Allwch chi feddwl am enghreifftiau o'r lleuad lawn yn effeithio ar bobl neu arnoch chi eich hunain? Cyfieithiad gweiadur.net o'r gair 'lloerig' ydy 'irrational, nuts', ond hoffwn balu'n ddyfnach na'r ystrydeb hon a chynnig bod y lleuad lawn yn sgleinio ei llewyrch arnom i ddod â phethau cuddiedig i'r wyneb. A falle mai nid colli ein hunain ydyn ni o dan y lloer, ond camu'n ôl mewn i'n hunain. Bydd y lleuad yn bythol newid a symud, a gallwn gael boddhad mawr o'r cyfleoedd i adael fynd ac i groesawu'r hyn a ddaw wrth i ni weithio gyda'r cylch hwn. Daw dau brif gyfle yng nghylchred y lleuad i diwnio mewn a gweithio gyda hi, sef y lleuad newydd a'r lleuad lawn. Mae gweithio gyda'r lleuad ychydig fel plannu gyda'r lleuad, fel y soniodd Ruth ym mis Mai. Y ffordd syml o feddwl am hyn yw i adael i bethau fynd wrth i'r lleuad leihau, a chroesawu pethau wrth i'r lleuad lenwi.

Dywedir fod pŵer y lleuad yn newid gyda'r misoedd, a byddwn yn eich annog i ddarllen mwy am hyn (gw. cyfres *Lunar Living* Kirsty Gallagher). Dyma rai gweithredoedd syml i'w cyflawni bob mis. Defodau i'n denu o'r golau glas i loeren lesol y lleuad.

YMARFERION

CYSGU HEDDYCHLON

Ymgysylltwch â thywyllwch a goleuni natur trwy weld a allwch chi leihau'r amser rydych yn ei dreulio o flaen golau glas y sgrin. Cadwch y llenni ar agor ac edrych beth sy'n digwydd yn yr awyr. Gall hyn ein daearu a'n helpu ni i gysylltu â'n patrymau circadaidd mewnol.

Oes modd ailfeddwl am sut ry'n ni'n defnyddio'r ffôn, fel ei fod e ddim y peth olaf ry'n ni'n edrych arno yn y nos na'r peth cynta yn y bore?

Yn bersonol, dwi'n argymell gadael y ffôn lawr llawr neu mewn stafell arall. Cadwch y *chargers* lawr llawr neu'n bell o'r stafell wely i osgoi'r temtasiwn i gymryd pip.

Defnyddiwch gloc larwm analog.

EDRYCH AR Y LLEUAD

Ffeindiwch fan tawel a chynnau cannwyll. Yna, gan ddibynnu ble mae'r lleuad...

LLEUAD NEWYDD

- Penderfynu ar eich nod am y bythefnos nesa, tan bod y lleuad yn llawn a thu hwnt.
- Meddwl beth y'ch chi moyn ei groesawu i'ch bywyd. Gall fod yn beth, yn berson neu'n deimlad.
- Eu hysgrifennu nhw ar bapur ac un ai ei losgi (yn ofalus) yng ngolau'r gannwyll, neu ei gadw i'ch atgoffa chi o'ch bwriad.

LLEUAD LAWN

- Diolch am y pethau sydd gyda chi, eu dathlu a diolch amdanyn nhw.
- Beth allwch chi ei adael i fynd? Gall fod yn beth, yn berson neu'n deimlad.
- Eu hysgrifennu nhw ar ddarn o bapur a'i losgi (yn ofalus) yng ngolau'r gannwyll.

CRISIALAU

Mae rhai'n gweithio gyda chrisialau i atgyfnerthu'r weithred o gydweithio â'r lleuad:

- Dewis crisial sy'n dal eich sylw a'i gadw gyda chi trwy weddill cyfnod y lleuad.
- Darganfod beth yw rhinweddau'r garreg hon ac a ydyn nhw'n berthnasol i chi. Cadw'r garreg gyda chi neu ei dal wrth fyfyrio.
- Dywed rhai fod rhoi crisialau yng ngolau lleuad lawn yn eu hatgyfnerthu, ac mae eu rhoi nhw mewn afon neu fôr yn eu glanhau a chael gwared o'r hen egni ohonyn nhw.

Bethan

TACHWEDD

Defod

Y FFLAM

Tanio matsien a chynnau cannwyll. Gweithred mor syml, sydd nid yn unig yn gallu newid ystafell, ond newid yr hwyl a'r ysbryd hefyd. Y mis hwn trafodir dwy ddefod sy'n ymwneud â'r fflam, a symboliaeth ehangach y fflam honno.

Yn dynn wrth sodlau Calan Gaeaf daw Noson Guto Ffowc, neu Noson Tân Gwyllt. Noson i gynnau coelcerth, gwylio'r tân gwyllt ac ysgrifennu'ch enw gyda sbarcler. Cofiaf ag anwyldeb ein traddodiad o ddathlu'r achlysur gyda theulu yng ngardd Mama (Mam-gu), a'r tato pob llawn menyn mewn pecyn ffoil, a oedd nid yn unig yn blasu'n felys a hallt, ond yn cadw'r d'ylo bach yn dwym!

Yn yr ysgol gynradd cawsom ein dysgu bod Guto Ffowc yn ddyn drwg. Mor ddrwg ein fel bod yn llosgi delwau ohono ar hyd a lled y wlad yn flynyddol. Roedd Guto yn un o grŵp o Gatholigion Rhufeinig oedd eisiau cael gwared ar y llywodraeth Brotestannaidd ar ddechrau'r ail ganrif ar bymtheg. Ond cafodd eu cynllwyn i ffrwydro Tŷ'r Cyffredin yn Llundain ei atal pan gafodd powdwr gwn oedd wedi ei guddio yn y seler ei ddarganfod. Cafodd Guto Ffowc ei arteithio, yna'i ddienyddio, a bellach mae e wedi ei anfarwoli.

Yn blentyn yn yr wythdegau dwi'n cofio plantos yn gwneud delw 'Guto' o wellt a hen ddillad eu tadau, ac yna'n mynd ag e o amgylch tai lleol i'w arddangos ac i ofyn am geiniog neu ddwy: 'Ceiniog i Guto! *A penny for the Guy!*'

Dathliad arall yr adeg hon o'r flwyddyn yw Diwali. Er i mi ddweud 'yr adeg hon', gall ddigwydd yn ystod misoedd Hydref neu Dachwedd, gan ei fod yn ddathliad lloerol.

Mae Diwali, neu Ŵyl y Golau, yn ddathliad Hindŵaidd. Mae gwahanol chwedlau am sut y dechreuodd Diwali, ond un o'r rhai mwyaf poblogaidd yw stori'r cariadon Rama a Sita. Caiff Sita ei herwgipio gan y brenin-ddiafol Ravana, ond mae Rama yn ei hachub, gyda help Hanuman, brenin y mwncïod. Stori am y da yn trechu'r drwg yw hon, goleuni ym mhob tywyllwch. Cynnir lampau bach, *divas*, i helpu i ddod â Rama a Sita adref.

Gall cynnau cannwyll neu lamp fod yn ddefod i gofio anwyliaid. Gall hefyd fod yn ddefod i'n helpu i ymlacio; dwi'n hoffi cynnau cannwyll bob nos tra 'mod i'n darllen yn y gwely. Dyw hi ddim yn weithred fawr; mewn tŷ prysur, arwyddocâd cynnau cannwyll yw dynodi amser i mi, beth bynnag fo'r llanast a'r rhestr orchwylion. Beth yw arwyddocâd y gannwyll, fflam, neu lamp i chi, tybed?

Felly beth amdani? Taniwch fatsien a chynnau cannwyll.

Rhiannon

Anifeilaidd

DRAENOG TACHWEDD

Synhwyraf fod Tachwedd yn fis o newid; newid naturiol ar un llaw a newid masnachol ar y llaw arall. Gadewch i mi esbonio. Erbyn canol y mis, mae'n sicr yn teimlo'n oerach ac mae'r plant, oedd yn ddigon hapus i fod mas yn eu siwmperi, yn estyn o'u gwirfodd am eu cotiau a'u hetiau. Mae'r nosweithiau'n cau mewn, ac mae'r boeler yn cloncian ac yn pwrian wrth iddo weithio gwres ei ben-ôl am y tro cyntaf ers dechrau'r gwanwyn. Ydy, mae'r hydref yn sicr yn ei hwyrnos, ond eto i gyd, mae'r dail yn dal i fod ar ein coeden geirios, ac yn gyffredinol, dyw'r coed ddim yn borcyn o bell ffordd.

Mae'n dal i fod yn hydref, ond dwi'n cael fy narbwyllo gan y siopau bod y Nadolig bron iawn ar ein pennau. Yn wir, eleni mi oeddwn i'n digwydd bod mewn archfarchnad a hithau'n ddiwrnod Calan Gaeaf pan oedd y staff wrthi'n brysur yn tynnu'r addurniadau a'r gwisgoedd pwmpenni oren a bwci-bos lawr, ac yn hyrddio pob math o addurniadau, bwydach, diod ac anrhegion Nadolig, coch ac aur, ar y silffoedd. Mae fy nghyfrifon cyfryngau cymdeithasol yn tasgu hysbysebion am y *Black Friday* melltigedig, gan wneud i mi feddwl fy mod i angen pwrcasu popeth am eu bod nhw'n gymaint o fargeinion (ond cofiwn, dyw e ddim yn fargen oes nad oes ei angen!).

Erbyn canol/diwedd Tachwedd, mae meddwl am yr holl orchwylion, yr holl bethau i'w prynu cyn y Nadolig, yn fy llethu. Lle dwi'n dechrau rhoi trefn ar bethau er mwyn cael profiad gwirioneddol Nadoligaidd? Cofiaf wylio *Kirstie's Handmade Christmas* rai blynyddoedd yn ôl, rhaglen am sut i greu addurniadau dosbarth canol llawn sinamon a sbarcls, a llefen wrth feddwl na fydden i byth â'r amser na'r gofod meddyliol a domestig i gynnal Nadolig perffaith. Ar y pwynt hwn, yn lle meddwl bod angen i mi gwblhau a gwneud popeth, a bod y Nadolig yn fy nhrechu cyn i ni gyrraedd Rhagfyr, trof at y draenog.

Mae'r draenog yn un o'r creaduriaid bach annwyl sy'n gaeafgysgu. Mae eu cyrff yn cyrraedd cyfnod o syrthni, wrth i'w tymheredd ostwng i fod yr un peth â'r byd o'u hamgylch. Bydd ganddynt ddigon o egni i gysgu, ond bydd cario mlaen â'u gorchwylion eraill bron yn amhosib iddynt. Byddant wedi treulio'r hydref yn bwyta fel bod digon o fraster ar eu cyrff i'w cynnal drwy'r syrthni. Er, os yw'r tywydd yn fwyn, byddant ar adegau'n symud nyth neu'n chwilio am ambell beth bach i'w fyta.

Yn ei llyfr bendigedig *Wintering*, mae Katherine May am i ni weld dyfodiad y gaeaf fel cyfnod o orffwys, o fewnblygrwydd ac adfer. Mae hyn yn gwbl groes i'r gorffwylledd y cawn ein hannog i'w arddel yr adeg hon o'r flwyddyn. Felly, yn hytrach na meddwl am godi gêr wrth gyrraedd diwedd Tachwedd a cheisio prynu, prynu, gwneud, gwneud a mynd, mynd, mae'n iawn i gwtsio i mewn. Mae'n iawn i greu nyth, sicrhau bod digon o fraster o'n hamgylch ac encilio. Mae'n iawn i gofio taw Tachwedd yw hi, mis ynddo'i hun, rhan o'r hydref, ac y bydd y Nadolig yn digwydd yn ei dro. Mae gennym hawl i'n hannibyniaeth dymhorol.

Ac os oes pwysau yn dod wrth bobl, siopau a'r cyfryngau i gyrraedd perffeithrwydd, i baratoi am y Nadolig, trowch eich cefn arnynt, roliwch lan yn bêl; fe gewn nhw bigad os ddown nhw'n rhy agos!

Rhiannon

TACHWEDD

Rhagfyr

Ganol gaeaf noethlwm
cwynai'r rhewynt oer,
ffridd a ffrwd mewn cloeon
llonydd dan y lloer...

Christina Rossetti, cyf. Simon B Jones

Dyddiau tywylla'r flwyddyn. Ond gwelir goleuadau lliwgar a chanhwyllau wrth i lawer ddathlu'r Nadolig. Mae llawer o'r coed wedi colli eu dail, ond mae'r coed bythwyrdd wedi eu cadw, ac yn ôl y traddodiad Nadoligaidd, yn cael eu haddurno. Bydd y rhai ffodus yn gwledda ar ddanteithion amrywiol. Yng 'nghanol gaeaf noethlwm' mae hefyd yn adeg cofio am yr unig a'r difreintiedig, a diolch i natur am flwyddyn arall wyrthiol wrth iddi gysgu.

Enw'r mis: 'rhag' + 'byr'. Ystyr y ferf 'rhagfyrhau' yw 'gwneud yn fyrrach'. Mae'n cyfeirio felly at y ffaith ei bod yn amlwg erbyn mis Rhagfyr bod y dyddiau'n byrhau.

Arwydd y sidydd: Y Saethydd - *Sagittarius*: (*c.* Tachwedd 22 nes newid i'r Afr *c.* Rhagfyr 22)

Wedi'i reoli gan yr elfen: Tân

Planed reoli: Iau (*Jupiter*)

Y lleuad: Rhai enwau a roddir ar y lleuad y mis yma yw'r 'Lleuad Oer', 'Lleuad y Blaidd', 'Lleuad y Dderwen' a 'Lleuad y Noson Hir'.

Crisial/Carreg y mis: Twrcas (*Turquoise*)

Cyngor y mis Meddygon Myddfai: 'Peidiwch ag yfed cawl, na rhoi bresych coch yn y cawl, na thraed defaid, a theneuwch eich gwaed.'

Dyddiadur

1 Dechrau tymor y gaeaf – meteorolegol

2

3

4

5

6

7

8

9

10

11

12

13

14

15

16

17

18

19

20

21 Tymor y gaeaf – seryddol. Y diwrnod byrraf; Heuldro'r Gaeaf; Alban Arthan.

22

23

24

25 Dydd Nadolig (Gŵyl Banc)

26 Dydd San Steffan (Gŵyl Banc)

27

28

29

30

31 Nos Galan

Rhai dyddiadau traddodiadol (ac eraill)

'Dydd Sul du bach': Yr enw a roddir ar y Sul byrraf ym mis Rhagfyr.

Rhagfyr yr 21ain neu'r 22ain: Heuldro'r Gaeaf; Troad y Rhod. Alban Arthan, yn ôl y calendr Celtaidd, adeg *Yule* yn Saesneg. Gŵyl y Nadolig. Does dim amheuaeth bod yr adeg o gwmpas y diwrnod byrraf yn adeg bwysig o'r flwyddyn i drigolion yr ynysoedd yma – yn wir, trwy hemisffer y gogledd – ers miloedd o flynyddoedd. Yn ôl pob sôn, cynnwyd coelcerthi i ddathlu bod y byd yn troi yn ôl at yr haul. Rydym yn gwybod bod gŵyl *Saturnalia*

yn cael ei dathlu gan y Rhufeiniaid am sawl diwrnod bob ochr i'r diwrnod byrraf, lle roedd llawer o hwyl a sbri a phan oedd 'arglwydd anhrefn' yn troi trefn arferol cymdeithas wyneb i waered.

Nid yw'n gyd-ddigwyddiad bod y Nadolig Cristnogol wedi cymryd lle hen ddathliadau Heuldro'r Gaeaf, gan droi o addoli'r haul (*the sun*) i addoli mab Duw (*the son*), yn ôl y geiriau a briodolwyd i Sant Awgwstin. Ond fe wnaeth y werin bobl barhau i ddathlu'r 'gwyliau' mewn pob math o ffyrdd yn ystod 12 diwrnod Gŵyl San Steffan hyd Ionawr y 6ed, gyda'r Calan - y Flwyddyn Newydd - yn y canol (ac yn uchafbwynt). Roedd y dathliadau yma'n cynnwys gwneud cyflaith, hela wiwerod, chwarae math o bêl-droed a chanu Plygain (gw. 'Defod' y mis hwn am yr hanes). Yn ogystal, crwydrai'r Fari Lwyd o gwmpas dros adeg y gwyliau (gw. mis Ionawr).

Yn fwy diweddar daeth Siôn Corn yn bwysig, sef addasiad o Sant Nicolas, y cymeriad hael. Dyma gymysgedd diddorol o ddefodau ac arferion sy'n perthyn i'n hanes ni'r Cymry wrth nodi ac ymdopi gydag adeg dywylla'r flwyddyn.

Rhywbryd o ddiwedd Tachwedd i ddiwedd Rhagfyr (yn ddibynnol ar y lleuad):
Gŵyl 8 diwrnod Iddewig *Hanukkah*, sef dathliad y golau.

Peidier ag anghofio'r dywediad yma yr adeg hon o'r flwyddyn:

'Na ddywed ddrwg am y flwyddyn
Nes dyfod at ei therfyn.'

Ruth

Tywydd

Os cawn dywydd sych, oer a rhewllyd, mae'n gallu bod yn un o'r misoedd mwyaf cofiadwy a hudol. Mae'r nosweithiau hir yn rhoi digon o gyfle i'r tymheredd ostwng fel bod rhew yn ffurfio, yn enwedig mewn mannau sy'n bellach i ffwrdd oddi wrth ddylanwad y môr. Ar y llaw arall, gall fod yn un o fisoedd gwaetha'r flwyddyn o ran y tywydd: yn llaith, yn llwyd, yn wlyb ac yn oer.
Y cwestiwn ar wefusau pawb yw: 'A fydd yn Nadolig gwyn?' Y gwir yw bod eira'n fwy cyffredin adeg y Pasg nag adeg y Nadolig yn y rhan fwyaf o ynysoedd Prydain.

Enw'r lle	Tymheredd uchaf	Tymheredd isaf	Glawiad y mis	Oriau haul y mis
Caerdydd	10 gradd	5 gradd	19 diwrnod, tua 119 mm	49 awr
Pen-bre	10 gradd	6 gradd	20 diwrnod, tua 153 mm	49 awr
Y Drenewydd	8 gradd	2 radd	20 diwrnod, tua 101 mm	26 awr
Caernarfon	10 gradd	5 gradd	21 diwrnod, tua 144 mm	26 awr

Cyfartaledd yw'r ffigurau ar y siart.

Gwawrio Rhagfyr y 1af: 8.02 a.m., machlud: 4.08 p.m.
Erbyn diwedd y mis, lleihad o 16 munud o olau dydd.
Ffigurau gwawrio a machlud ar gyfer Aberystwyth.

Rhai dywediadau a chredoau am y tywydd

'Cawn wlaw ac oer farrug –
Daw Plygain Nadolig.'

Mae'r cwpled yma'n optimistaidd iawn, bron yn fwy fel bendith na dywediad:

'Rhagfyr tawel, mwyn a thirion,
Blwyddyn dda yn llawn bendithion.'

A dyma'r gred arferol bod rhaid talu'r pris am gael tywydd da:

'Haf tan Nadolig,
Gaeaf hyd Ŵyl Ifan.'

a

'Nadolig glas, Mai cas.'

Hefyd:

'Nadolig gwyrdd, Pasg gwyn.'

Ond os oedd yn oer cyn y Nadolig, yna ni fyddai'n oer ar ôl hynny:

'Os rhewith ddigon i ddal clagwydd, rewith hi ddim digon i ddal robin goch wedyn.'

Roedd ambell goel am glywed taranau yn ystod Rhagfyr:

'Taranau mis du,
Angladd o bob tŷ.'

Ond yn ysgafnach:

'Taranau yn Rhagfyr
arwyddant dywydd teg.'

Roedd adeg y dydd byrraf, sef troad y rhod, yn bwysig o ran argoeli'r tywydd, yn union yr un fath â'r coelion tywydd o gwmpas adegau pwysig eraill o'r flwyddyn, fel Heuldro'r Haf a Chalan Gaeaf:

'Lle bo'r gwynt am hanner dydd ddiwrnod troad y rhod (Rhagfyr yr 21ain), yno bydd am 6 wythnos.'

Ac am ddydd Nadolig ei hun:

'Dydd Nadolig gwyntog,
Haf hirfelyn tesog.'

Roedd 'na gred ddiddorol bod y tywydd yn ystod y 12 diwrnod ar ôl y Nadolig yn argoeli'r tywydd am y misoedd oedd i ddod. Er enghraifft, roedd y tywydd ar Ragfyr y 26ain yn argoeli tywydd Ionawr, tywydd y 27ain yn rhagfynegi Chwefror, ayyb.

'Y dyddiau duon bach': hen ddywediad addas am y dyddiau o gwmpas y diwrnod byrraf.

Ruth

Alaw

'DAETH NADOLIG'

Gwerthfawrogir yn llwyr nad yw pawb yng Nghymru nac yn unman arall yn dathlu'r Nadolig, ond gobeithio y bydd y rhan fwyaf yn gallu mwynhau'r gân Blygain yma am ei rhinweddau, sef ei bod hi'n gân gartrefol a chynnes.

Dwi wrth fy modd gyda'r byrdwn 'Daeth Nadolig fel arferol', sy'n ffordd hyfryd o'n gwahodd i mewn i'r dathlu twymgalon, a'n hatgoffa ni os yw pethau'n anodd mai dim ond un curiad yn rhythm y flwyddyn yw hwn, a bod bywyd yn ei holl amrywiaeth yn mynd yn ei flaen.

Mae'r geiriau hyn, gan John Jones Llangollen, yn cael eu canu ar alaw draddodiadol 'Deio Bach'. Dwi'n cynnwys geiriau'r pennill cyntaf yn unig, gan fy mod wrth fy modd gyda'r disgrifiadau o natur, ond mi allwch chi ddod o hyd i dri phennill arall yn y llyfr *Hen Garolau Cymru* (Cwmni Cyhoeddi Gwynn, 2006).

Daeth Nadolig fel arferol,
Daeth fel yn y dyddiau gynt,
Gyda'i eira, gyda'i oerni,
Gyda'i rew a'i ruol wynt.
Yn lle dail i drwsio'r goedwig,
Gwisgir hi â hugan gwyn,
Ac mae miwsig pob aderyn
Wedi darfod yn y glyn.

Dwi wedi cynnwys prif alaw'r gân, er ei bod yn aml yn cael ei chlywed mewn tri llais gyda'r alaw yn y canol rhwng y lleisiau uchaf a'r isaf, fel sy'n arferol yn y traddodiad Plygain. Dwi hefyd wedi ychwanegu cwpwl o ddaliannau (*suspensions*), seibiau, i ddangos rhai nodau ble bydd cantorion yn aml yn gorffwys ar y nodyn hwnnw er mwyn creu naws agos atoch.

Mari

Tu fas

Beth sydd gan y tu fas i'w ddangos i ni ym mis Rhagfyr? Gellir dadlau mai hwn yw'r mis pan fyddwn yn treulio fwyaf o amser 'tu mewn' ohonynt oll. Mis y golau, mis y dathlu, mis y rhoi, mis y derbyn, mis yr 'O, pam lai' i'r mins pei, mis y rhaglenni a'r sioeau, mis y dathlu gyda phobl arbennig.

I rai, mae hwn yn fis anodd. Mis y poeni a'r gorfwyta, mis unigrwydd, mis bod yn rhy brysur, mis gweld eisiau pobl arbennig, dechrau 'go iawn' ar oerfel y gaeaf, mis poeni am arian.

I'r rhan fwyaf, mae'n ychydig o'r ddau, gyda'r gobaith bod y mwyafrif ohonom yn gallu mwynhau o leiaf gronyn o brofiadau gwahanol i'r arfer.

Os ydych chi'n ddigon lwcus i gael munud fach dawel wrth gerdded o un lle i'r llall, neu i fynd am wâc, beth am ystyried sut mae'r synhwyrau'n teimlo ar hyn o bryd?

Gwrando – ar y tawelwch a'r holl synau tawel sy'n cyfeilio i'r tawelwch. Fe'u ceir yn agos neu'n bell i ffwrdd, yn gwibio fel cymylau, pobl yn hymian siarad, y tywydd yn cyrraedd ein clustiau.

Gwynto – oerfel y tywydd, ogleuon melys a sawrus yn yr aer wrth gerdded heibio siop neu dŷ.

Blasu – beth oedd y peth diwethaf i gyffwrdd eich ceg?

RHAGFYR

Teimlo - dillad meddal neu gwrs, oerfel ar eich bochau neu gynhesrwydd o dan eich het neu'ch sgarff.

Gweld - goleuadau anhygoel o dlws yn dod o adeiladau ac ar strydoedd.

Mae Heuldro'r Gaeaf yn digwydd ar yr 21ain o'r mis yma; a chred y Celtiaid oedd bod yr haul yn aros yn llonydd am 12 diwrnod yn ystod y cyfnod hwn. Dyma'r adeg y byddent yn cynnau'r boncyff *yule*, yn wreiddiol yn goeden gyfan oedd yn cael ei llosgi un rhan ar y tro, i geisio gwahodd yr haul yn ôl.

Trwy wyrthiau trydan a thechnoleg, rydyn ni'n dal yn yr un sefyllfa ac yn dathlu golau yn y tywyllwch. Fe awn am dro er nad yw'r haul bob tro yna i'n cyfarch ni.

Efallai y byddwn yn ddigon lwcus i ddal dawns chwyrlïog drudwyod. Yn ôl ambell ddamcaniaeth, maen nhw'n chwyrlïo er mwyn cadw'n saff rhag anifeiliaid ysglyfaethus neu ddim ond i gadw'n gynnes - dim mor wahanol i ni felly, yn ymgymryd â miri mis Rhagfyr er mwyn cadw ein meddyliau'n llon ac yn saff, a dod at ein gilydd mewn grwpiau i greu cynhesrwydd yn ein cyrff a'n heneidiau.

Math arall o adar sy'n dod at ei gilydd mewn heidiau bach yn y gaeaf yw cochion y berllan, a gellir eu gweld yn ein cloddiau y mis yma. Mae'n rhyfeddol meddwl bod y symudiadau bach cymdeithasol yma'n digwydd o'n cwmpas ni yn dawel bach (neu yn swnllyd, ond yn bersain, os ydych yn goch y berllan).

Un peth mae 'nheulu bach i wrth eu boddau ag ef yw trio gweld y lleuad a'r sêr yn gynnar yn y bore, neu ar noson neu brynhawn clir. Mae'r lleuad yr un mor llachar yn y dydd ag yw yn y nos, dim ond bod cymaint gan ein llygaid i'w weld yn y dydd fel mai prin eu bod yn chwilio am ein lloeren annwyl bryd hynny. Ond ar ddiwrnod oerllyd gydag awyr las, mae gweld gewin neu gylch cyfan o leuad fel diemwnt o gyffro.

Mae digon o olau i'w gael yn y mis tywyllaf.

Mari

Y crochan

FFLAPJAC NADOLIG

Efallai eich bod yn hoffi gwneud Y Gacen bob Nadolig. Efallai eich bod yn gwneud y pwdin a'r mins peis, heb sôn am y treiffl a'r *yule log*. Os felly, dwi'n eich edmygu'n fawr. Yn bersonol, dwi'n mwynhau coginio bwyd sawrus ond ddim wedi bod yn un i bobi rhyw lawer. Fy mam druan sydd wedi cael y bai am hyn dros y blynyddoedd, achos roedd hi mor dda yn pobi ac yn ei wneud mor rhwydd a chyflym! 'Nôl yn y chwedegau cynnar, pan o'n i'n ferch fach, doedd dim llawer o'r bwydydd hyn ar gael mewn siopau. Roedd cenhedlaeth Mam wedi arfer coginio popeth. Adeg y Nadolig, cofiaf helpu i addurno top y gacen gan anesmwytho'r eisin a gosod y ffigurau bach plastig arno. Y prif beth dwi'n ei gofio am y pwdin yw

Mam yn ei gario i mewn o'r gegin, gyda fflamau o'i gwmpas, ac yna pawb yn ceisio dod o hyd i 'bishyn chwech' (darn bach o hen arian chwe cheiniog) yn eu pwdin nhw.

Os ydych yn chwilio am rywbeth melys i'w roi at ei gilydd yn glou, heb y ffwdan o wneud toes neu gacen, ac am rywbeth sydd dwtsh yn iachach, efallai, gydag ychydig o flas yr Ŵyl, hon yw'r rysáit i chi.

CYNHWYSION

- 225g o fenyn
- 100g o siwgr, brown os oes modd
- 2–3 llwy fwrdd o surop
- 350g o geirch, organig os oes modd
- 150g o friwgig (*mincemeat*) (y gorau allwch chi ddod o hyd iddo, neu gallwch ei wneud eich hun)
- 1 llwy de o sbeis cymysg neu sinamon
- Croen (*zest*) un oren (neu *clementine*)
- Dyrnaid o geirios *glacé*, os dymunir

(Gallwch amrywio'r siwgr a'r surop at eich dant chi.)

DULL

1 · Toddwch y menyn mewn sosban. Ychwanegwch y siwgr a'r surop a throi nes iddyn nhw doddi ac i'r cyfan gyfuno.

2 · Ychwanegwch y ceirch, y briwgig, y sbeis, croen yr oren, a'r ceirios, os ydych yn eu defnyddio.

3 · Rhowch y cwbl mewn tun coginio sydd wedi ei iro.

4 · Coginiwch am tua 25 munud ar wres 350°F, Nwy Marc 4.

Ruth

Corff ac enaid

Teimlaf fod dau fath o dynfa yn ystod y mis hwn. Ar un llaw, mae'r dynfa at yr hyn mae cyfalafiaeth am i mi gredu yw'r Nadolig, sef yr angen i brynu popeth ac i wneud popeth er mwyn cyrraedd rhyw fath o stad berffaith erbyn dydd Nadolig. Ar y llaw arall, mae tynfa wahanol, un fwy mewnol efallai, i arafu ac i ymdawelu er mwyn gwerthfawrogi'r hud a'r elfen ysbrydol dymhorol. Mae'r ddwy dynfa fel dau ddarn anghywir o fagnet, ddim yn eistedd yn gartrefol gyda'r llall. Ond mae lle i'r ddwy: y cymdeithasu a'r ynysu, y prysurdeb a'r tawelwch. Yr hyn sydd angen ei gofio yw taw chi sy'n berchen ar eich profiad chi o Ragfyr a'r Nadolig.

Rwy'n ysgrifennu'r cofnod hwn ar Ragfyr y 13eg. Bythefnos yn ôl, roedd meddwl am y Nadolig wedi fy ngorlwytho i'n llwyr, ac roedd y mis oedd i ddod yn teimlo fel ras i'w rhedeg yn hytrach na chyfnod o fwynhad. Fel mam i blant ifanc, mae'r llwyth anweledig o bethau sydd i'w gwneud hyd yn oed yn fwy yr adeg yma o'r flwyddyn; er fy mod yn gwybod hefyd bod y prysurdeb hwn yn fraint. Ond erbyn nawr, heddiw, dwi wedi cymryd camau er mwyn adennill fy hawl dros ddathlu'r Nadolig mewn modd sy'n briodol i mi, gan edrych ymlaen at ddydd Nadolig a cheisio mwynhau teimlad y mis. Gall y Nadolig fod yn anodd am resymau teuluol, neu'n adeg lle mae galar yn amlygu'i hun yn fwy nag arfer. Gall deimlo fel amser hesb ac ynysig. Mae fel petai gwyn yr eira'n amlygu materion emosiynol; y drwg a'r da. Dyma rannu rhai o'r cynghorion hynny sydd wedi gweithio i mi, yn y gobaith y byddant o gymorth i chi os ydych yn teimlo'n orlwythog neu'n unig. Daeth sawl un o'r rhain ar ôl gwrando ar 'The Calm Christmas Podcast' gan Beth Kempton, felly diolch iddi hi am y syniadau. Fel pob un o'r cynghorion yn y gyfrol hon, nid oes rhaid eu dilyn, gwnewch y pethau sy'n gweithio i chi.

1) Cymdeithasu. Dyma'r cyngor mwyaf radical, ond yr un a wellodd fi eleni. Yn wir, teimlais fy anadlu'n newid a fy mydolwg yn goleuo wedi i mi ei ddilyn. Mae'n helpu os yw Rhagfyr yn teimlo fel marathon. Edrychwch ar eich dyddiadur ar gyfer y mis. Rhowch groes trwy ddigwyddiad cymdeithasol. Gwnewch yr un peth eto. Cysylltwch â'r bobl sydd ynghlwm â'r digwyddiadau i esbonio nad ydych yn gallu dod. *Et voilà*! Os yw'r bobl hyn yn ffrindiau go iawn, yna mi fyddan nhw'n deall yn iawn pam eich bod yn canslo. Nid oes rhaid i chi weld pawb chi'n adnabod cyn y Nadolig. Yn wir, onid yw'n syniad i gadw ambell i ddigwyddiad neu drip at Ionawr neu Chwefror? Efallai y byddwch yn eu gwerthfawrogi'n fwy bryd hynny. Dwi ddim yn dweud bod angen i chi fod megis Scrooge, y Grinch neu Mordecai, mae'n hyfryd cael ambell beth cymdeithasol yn y dyddiadur. Ond nid oes rhaid i chi wneud pob peth os ydynt yn peri pryder.

Yn yr un modd, os ydy'ch dyddiadur yn edrych yn rhyfeddol o wag, a'ch bod yn teimlo yr hoffech chi fynd allan, mae'n iawn i gysylltu â theulu/ffrindiau i holi a fydden nhw'n hoffi cymdeithasu. Mae'n berffaith iawn i fynd i weld sioe neu wasanaeth carolau ar eich pen eich hun. Neu beth am roi cynnig ar wirfoddoli? Os nad ydych chi eisiau gadael y tŷ ond eich bod eisiau gwneud rhywbeth arbennig i chi'ch hun, beth am goginio neu archebu eich hoff bryd o fwyd, mwynhau bath hyfryd neu bobi rhywbeth llawn sawr Nadoligaidd? Rhyw fflapjac efallai? Neu eisteddwch o flaen y teledu gyda bocsed o siocled, does dim rheolau!

2) Anrhegion. Yn y Deyrnas Unedig, rydym yn gwaredu gwerth £42 miliwn o anrhegion Nadolig diangen yn flynyddol, gyda'r rhan fwyaf ohonynt yn diweddu mewn tomenni sbwriel. Am frawychus! Am wastraff arian, ac yn waeth fyth, am gywilyddus o safbwynt y blaned. Felly beth am brynu'n wahanol eleni? Rydw i, yn y gorffennol, wedi prynu anrhegion gan ddweud y canlynol wrthyf fy hun: 'gwneith hwn y tro i...' Wel, mae 'na siawns go lew os taw 'gwneud y tro' mae anrheg nad yw werth ei rhoi na'i derbyn. Beth am drefnu amser i fynd am dro fel anrheg? Neu gwrdd am goffi? (Ydw, fi'n lico cwrdd am goffi.) Neu roi arian i elusen yn lle hynny? Mae e lan i chi, wrth gwrs, ond mae yna fyd yn bodoli lle nad oes rhaid prynu popeth i bawb, a ble gallwch chi feddwl ychydig yn wahanol. Mae'n bosib bod sawl un o'ch teulu neu ffrindiau'n teimlo'r un peth am anrhegion, felly beth am gael sgwrs gyda nhw am brynu'n feddylgar? Er enghraifft, gwneud rheol prynu ail-law, neu oddi wrth fusnesau bach lleol, neu drefnu 'Siôn Corn Cudd' ble mae pawb yn prynu un anrheg i un person yn y grŵp.

3) Glôb eira. Maen nhw'n hyfryd, on'd y'n nhw? Yn ein hatgoffa o'n hieuenctid, ac mae rhywun yn teimlo'n llonydd ac yn dymhorol wrth edrych ar yr eira mân yn araf ddisgyn ynddyn nhw. Os y'ch chi mewn ciw hir yn yr archfarchnad, neu mewn ffair Nadolig brysur, ac eisiau hoe fach, neu os y'ch chi'n teimlo'n ddiflas ar eich pen eich hun, gwnewch yr un peth â Beth Kempton a dychmygu eich bod y tu fewn i glôb eira. Mae 'na wydr bach rhyngoch chi a'r byd, y plu yn disgyn arnoch mor feddal â chusanau. Arafwch eich anadlu'n bwrpasol wrth ddychmygu'r olygfa aeafol o'ch amgylch; beth allwch chi ei weld, ei arogli, ei glywed a'i deimlo yn eich glôb fach chi?

Dyna dair anrheg i chi yn fan'na, megis rhai'r doethion, ond bach yn fwy ymarferol. Beth bynnag fyddwch chi'n ei wneud y Rhagfyr hwn, a sut bynnag yr ydych yn dathlu'r Nadolig, cofiwch fod gennych yr hawl i benderfynu yr hyn sy'n iawn i chi. Cyfarchion y tymor a ding-a-ling-a-ling.

Rhiannon

Defod

PLYGAIN

Mewn crochan, cymysgwch gwpaned o Gristnogaeth, ychydig o oerfel Rhagfyr a chynhwysyn hynod, sef *dance-off* neu frwydr rap, a beth gewch chi? Y Plygain wrth gwrs.

Mae hwn yn draddodiad Cymreig ar ffurf gwasanaeth arbennig mewn capeli neu eglwysi sy'n digwydd unrhyw bryd yn Rhagfyr neu Ionawr, ac sy'n ddigwyddiad sy'n dod â'r gymdogaeth at ei gilydd i ganu. Mae yna enghreifftiau o'r traddodiad mor bell yn ôl â'r drydedd ganrif ar ddeg, ac er ei fod yn rhywbeth oedd yn digwydd ar draws Cymru, ar un adeg doedd ond i'w weld yn Sir Drefaldwyn.

Credir mai un rheswm ei fod wedi goroesi yn Nhrefaldwyn yw oherwydd iddynt newid yr amser. Yn wir, yn hanesyddol, cynhaliwyd y gwasanaeth yn y bore bach ar ddydd Nadolig. Ac wrth 'bore bach', dwi'n golygu bore bach; mae enghreifftiau o Blygain yn dechrau am 5yb, a hyd yn oed am 3yb! Dywed Hugh Hughes yn *Yr Hynafion Cymreig* (1823): ***'Defod arall, yr hon sydd yn awr wedi ei gosod heibio mewn llawer o fannau, yw Plygain, neu wasanaeth yn yr eglwys, tua thri o'r gloch borau dydd Nadolig; pryd y mae yr holl blwyfogion yn ymgynnull yn yr eglwys, ac ar ôl y gweddïau a'r bregeth, yn parhau i ganu psalmau a hymnau hyd y dydd...'***

Golygai hyn, weithiau, na fyddai rhai'n mynd i gysgu cyn y gwasanaeth; y rhai pybyr yn aros lan i ymarfer y caneuon, ac eraill yn mynd i'r hwyl ac yn mwynhau ambell ddiod cyn mynd i'r capel neu'r eglwys.

Erbyn hyn, mae yna ailgydio yn yr arfer, a gwelir sawl Plygain yn cael ei gynnal dros Gymru ym misoedd oer y gaeaf; nid ar ddydd Nadolig, ac fel arfer gyda'r hwyr.

Mae'r Plygain yn wahanol i wasanaethau arferol mewn addoldai Cristnogol, ac yn meddu ar set unigryw o reolau na welir mewn gwasanaethau na digwyddiadau eraill yn ystod y flwyddyn. Y syniad yw bod grwpiau bach, yn ffrindiau neu'n deuluoedd o fewn y gynulleidfa, neu hyd yn oed unawdwyr, deuawdau neu driawdau, yn ymarfer rhychwant o ganeuon. Nid yw'r rhain yn garolau arferol o ran y tonau - mae rhywbeth caletach am y sain ac mae'r harmonïau'n llai disgwyliedig. Mae'r canu oll yn ddigyfeiliant. I mi, mae'r sain yn foel ac yn syml, ac yn llwyddo i greu awyrgylch hynafol sy'n dymhorol ac yn arbennig. I Gristnogion, efallai ei fod yn adlewyrchu prydferthwch syml y llety llwm ym Methlehem, sy'n gyferbyniad mawr i rialtwch cyfalafol y Nadolig.

Mewn Plygain, wedi gwasanaeth byr, nid oes amserlen. Mae pawb yn cymryd eu tro i ganu, ond nid oes trefn benodol. Yr unig reol yw nad yw grŵp yn cael canu cân

sydd eisoes wedi cael ei chanu (wele bwysigrwydd *repertoire* o ganeuon!). Yn draddodiadol, nid oedd cymeradwyo rhwng y caneuon, er efallai fod hyn wedi newid mewn gwasanaethau heddiw. Pan fyddai'r dynion yn dod ymlaen i ganu 'Carol y Swper', golygai fod y Plygain yn dod i ben a bod pawb yn symud mlaen i swpera. Gobeithio heddiw bod merched yn cael canu 'Carol y Swper' ac yn cael eu bwydo hefyd! Os ewch ar wefan www.plygain.org cewch lawer mwy o wybodaeth am y Plygain, ynghyd â chyfle i glywed lleisiau pobl yn cofio Plygeiniau yr oes a fu.

Mae'r amser cyn y Nadolig yn medru bod yn firi lliwgar a ffwslyd sy'n sbri mawr yn ei dro. Ond gellir hefyd ganfod digwyddiadau nad ydynt ynglŷn â'r tinsel, ond yn ddathliadau mwy cyntefig, ac mae'r Plygain yn enghraifft o hynny.

Rhiannon

Anifeilaidd

CEIRW MIS RHAGFYR

Fe welwn ni nhw ym mhobman yr amser yma o'r flwyddyn: mewn storïau a ffilmiau, ar ffurf siocledi a theganau sy'n canu, ar ffurf goleuadau (helô, tŷ ni), mewn gwisg ffansi (helô eto, ni, ar *float* yn y carnifal wythnos dwetha), ac ar eich to ac yn yr awyr ar noswyl Nadolig, os y'ch chi'n lwcus.

Ond nid am geirw Llychlyn, sef *reindeer*, fi'n mynd i sôn, ond am rai mwy hudol na hynny, hyd yn oed. Tu hwnt i firi'r Nadolig, maen nhw yna – yn y gwyllt, yma yng Nghymru. Yn goroesi yn y tywydd mwyaf garw, gan ddal i sefyll yn fawreddog ac yn hynaws. Yn nhywyllwch Rhagfyr, yn nhrwch y niwl, yn y tawelwch rhwng y twrw, maen nhw yna os tawelwn ni ddigon. Gyda llawer o anifeiliaid gwyllt nawr yn eu trwmgwsg, mae cyfarfyddiad gydag unrhyw greadur tu fas yn beth mwy breintiedig fyth. Ond yn enwedig un o'r rhain.

Ceirw, â'u cyrn cadarn fel y coed esgyrnog sydd o'n cwmpas drwy'r gaeaf. Yr un mor gyffrous â gweld un ohonyn nhw yw'r aros a'r gwrando a'r gobeithio bod rhai yna. Sut all creadur mor fawr droedio mor dawel a bod mor anweledig?

Gyda'r darlun o'r ceirw Nadolig, daw y freuddwyd o eira. Roedd addewid o ffluwch fach o eira ar ragolygon y tywydd bore 'ma. Wrth ollwng fy merch yn yr ysgol, chwyrlïodd ambell bluen o'n cwmpas. Roedd y ddwy o'n ni wedi cyffroi. Wrth ffarwelio wrth y gât, ei bag ysgol wedi'i anghofio yn y cyffro, edrychais lan a gweld, yn ffenest ystafell ddosbarth fy ewig fach, ei ffrindiau yn gwasgu eu hwynebau ar hyd y gwydr, yn bobio i fyny ac i lawr fel mirgathod. Yn chwil ar gyffro'r plu a'r siawns am fwy. Ni ddaeth mwy. Ni'n byw ar yr arfordir deheuol lle gwna'r heli gwymp eira yn llai tebygol fyth. Derbyniodd pawb yn hapus mai ffluwch oedd ei hyd a'i led, a'n calonnau'n dwym a bodlon gyda'r cyfarfyddiad cwta pluog yna.

Fel sy'n nodweddiadol o'r byd ry'n ni'n byw ynddo, ry'n ni'n meddwl y gallwn ni brynu unrhyw beth sy ddim gyda ni, ac mae peiriannau creu eira wedi ymddangos yn ystod y blynyddoedd diweddar. Mewn ambell ddigwyddiad Nadolig, mae pobl yn ailbwrpasu *foam machines* o glybiau'r nawdegau, a Maes B ambell Eisteddfod (helô, Dinbych 2001), i boeri'r trochion allan yn 'eira' ac mae'r plant wrth eu bodd. Ocê, a fi tamed bach wrth fy modd hefyd.

Dydyn nhw ddim wedi meddwl am ailddefnyddio peiriannau *dry ice* Calan Gaeaf i greu niwl eto, gan fod niwl ddim yn rhan o'r cerdyn post Nadolig, er ei fod yn gefndir llawer mwy addas yn ein hinsawdd presennol.

Dywed rhai yn ein hardal ni mai ysbryd y Ladi Wen yw'r niwl ar hyd afonydd y Gwendraeth Fawr a'r Gwendraeth Fach, sy'n gwneud i fi feddwl bod ein cyndeidiau wedi gweld yr hud sydd mewn niwl. Mae gan y niwl yr un tawelwch ag eira, ac mae'r addewid o drysorau cudd a chwedlau yn llechu ynddo. Wrth gerdded i'r niwl, i'r hyn oedd yn anweledig, bydd pethau'n dod i ffocws fel trwy lens, bydd rhyfeddodau'n cael eu datgelu a'r gwlith yn rhoi sglein i'r planhigion. Teimlaf fel 'se fi 'di cerdded trwy ddrws i'r arall fyd. Y niwl yn flanced rhyngon ni a'r byd tu fas ac yn newid ein persbectif.

Gall newid persbectif fod yn llesol yr amser yma o'r flwyddyn. Mae adeg y Nadolig mor brydferth ond gall fod mor, mor boenus hefyd – a phan fydd pethau'n anodd, natur yw ein ffrind. Mae yna hud dyfnach, prin tu hwnt i orchudd y Nadolig masnachol, un naturiol sy ddim yn costi arian ac, achos hyn, ni welwn bobl yn gweiddi amdano. Mae hwnna am ddim ac ar gael i bawb. Dysga Heuldro'r Gaeaf ar Ragfyr yr 21ain ni i ddathlu'r byd naturiol a dychweliad yr haul; bod dyddiau goleuach ar y ffordd. Pan mae gwir dywyllwch, mae'r golau sy'n torri trwyddo yn fwy llachar fyth.

Dyw dyfodol y blaned byth yn rhy bell o fy meddyliau.

Cymerwn a phrynwn ac *all you can eat*-wn wrth Mama Natur heb ddweud diolch nac oedi i feddwl o ble daw pethau. Ond cariaf fatsien o obaith y gall hyn newid, os ailgydiwn yn ein perthynas â'r byd naturiol.

Oherwydd gwraidd y sefyllfa ry'n ni ynddi o ran yr hinsawdd yw'r datgysylltu rhwng dyn a natur:

'Ni fydd neb yn amddiffyn yr hyn nad ydyn nhw'n poeni amdano; ac ni fydd neb yn poeni am yr hyn nad ydynt erioed wedi ei brofi.'

David Attenborough

Felly mae'n hen bryd ailgynnau ein perthynas â'r byd a'i hud. Ac i wneud hynny mae angen mynd allan boed law, hindda neu... ddiwrnod llwyd. A gweld y lledrith yn y llwyd yn ogystal ag yn y tywyllwch a'r golau a'r eira gwyn.

Yn lle edrych am geirw Llychlyn gyda thrwch perffaith o eira dan eu carnau, tawelwch, arhoswch ac edrychwch am geirw Cymru yn y niwl.

A falle eich bod chi erioed wedi gweld carw yn y gwyllt. Ond fi'n eitha siŵr ein bod ni i gyd wedi gweld mwydyn, a dyw'r carw a'i benwisg syfrdanol ddim yn fwy na llai pwysig na'r mwydyn dan ei draed. Maen nhw i gyd yn rhan o gylch bywyd. Mae ein hanifeiliaid – y rhai sy'n hedfan heibio'n ffenestri, yn cropian ar wyth coes ar y nenfwd ac

un arbennig sydd wedi cwrlo
lan ar bwys fy nhraed wrth i fi
sgwennu, fy nghi annwyl Myfi
Mŵg - yr un mor wyrthiol hefyd.

Y peth yw, ry'n ni'n rhy brysur i
sylwi arnyn nhw. Achos doedd
pobl ddim i fod i fyw mor amhosib
o gyflym. Arafwn. Gwrandewn.
Oherwydd pan y'n ni'n dawel
ac yn llonydd, gyda'n llygaid ar
agor - ry'n ni'n agored i wyrthiau.
Ac er mor drwchus yw'r niwl,
maen nhw yna o'n cwmpas ni, ym
mhob tywydd, ym mhob tymor.

Bethan

Llyfryddiaeth

LLYFRAU/ERTHYGLAU

Ab Ithel, Y Parch. John Williams (gol.), *The Physicians of Myddvai: Meddygon Myddfai*, argraffwyd yn Llanymddyfri, 1861; ailargraffiad gan Wasg Llanerch, 2008.

Aberfan disaster clock to go on display at museum - BBC News

Ap Dafydd, Myrddin, *Almanac y Teulu*, Gwasg Carreg Gwalch, 1990.

BBC Gardeners' World Magazine, Almanac - A month by month guide to your gardening year, Penguin, 2021.

Cylchgrawn Cymdeithas Alawon Gwerin Cymru, cyfrol II, 1914.

Davies, Sioned, *Pedeir Keinc y Mabinogi*, Gwasg Pantycelyn, 1989.

Doyle, Malachy, *The Story of Diwali*, Bloomsbury, 2018.

Elias, Twm, *Am y Tywydd: Dywediadau, Rhigymau a Choelion*, Gwasg Carreg Gwalch, 2008.

Elias, Twm, *Tro Drwy'r Tymhorau: Almanac o wyliau a dathliadau'r flwyddyn*, Gwasg Carreg Gwalch, 2007.

Gallagher, Kirsty, *Lunar Living*, Hodder & Stoughton, 2020.

Gennep, Arnold van, *The Rites of Passage*, Routledge, 2004.

George, Dr Alex, *Live Well Every Day*, Octopus Publishing Group Ltd., 2021.

Griffiths, Rhydian (gol.), *Mabsant: Casgliad o Hoff Ganeuon Gwerin Cymru*, Y Lolfa, 2000.

Gwilym, Arfon (gol.), *Caneuon Traddodiadol y Cymry*, Cwmni Cyhoeddi Gwynn, 2006.

Gwilym, Arfon a Webb, Sioned (gol.), *Hen Garolau Cymru*, Cwmni Cyhoeddi Gwynn, 2006.

Gwyndaf, Robin, *Chwedlau Gwerin Cymru*, Amgueddfa Genedlaethol Cymru, 1989.

Hamilton, Alex a Bowen, Robin Huw (gol.), *Blodau'r Grug: Cant o Alawon Dawnsio Gwerin Poblogaidd Cymru*, Cymdeithas Dawns Werin Cymru, 1992.

Haupt, Lyanda Lynn, *Mozart's Starling*, Hachette Book Group, 2017.

Hoffman, David, *Welsh Herbal Medicine*, Abercastle Publications, 1988.

Hughes, Hugh, *Yr Hynafion Cymreig*, Caerfyrddin, 1823.

Jones, T Gwynn a Williams, W S Gwynn (gol.), *Canu Haf: Summer Carols*, Cwmni Cyhoeddi Gwynn, 1944.

Journal of Aging Research, Forward Series, Wiley Online Library Ymchwiliwr ïonau, Michael Terman, PhD, Prifysgol Columbia, Efrog Newydd

Kennedy, Peter, *Folk Songs of Britain and Ireland*, Oak Publications, 1984.

Kimmerer, Robin Wall, *Braiding Sweetgrass: Indigenous Wisdom, Scientific Knowledge and the Teachings of Plants*, Penguin Random House UK, 2013.

Kinney, Phyllis ac Evans, Meredydd (gol.), *Caneuon Gwerin i Blant*, Cymdeithas Alawon Gwerin Cymru, 1981.

Leendertz, Lia, *The Almanac: A Seasonal Guide to 2021*, Mitchell Beazley, 2020.

Li, Dr William, *Eat to Beat Disease*, Ebury Publishing, 2019.

May, Katherine, *Wintering: The power of rest and retreat in difficult times*, Ebury Publishing, 2020.

Morris, W Meredith, *A Glossary of the Demetian Dialect of North Pembrokeshire*. First published for subscribers only at Tonypandy in 1910. Facsimile reprint by Llanerch Publishers, Felinfach, 1991.

Owen, Trefor M, *Welsh Folk Customs*, Amgueddfa Werin Cymru, Sain Ffagan, 1978.

Parry, John (Bardd Alaw); Jones, Edward, *The Welsh Harper*, Cyf. II, 1848.

Peate, Iorwerth C, 'A Welsh Wassail-Bowl: With a Note on the Mari Lwyd', yn *MAN: A Monthly Record of Anthropological Science*, XXXV, Mehefin 1935, tt. 88–107.

Polunin, Miriam, *Healing Foods*, Dorling Kindersley, 1999.

Reader's Digest 1,001 Home Remedies, The Reader's Digest Association, 2005.

Steer, Rosie, *Slow Seasons*, Bloomsbury Publishing, 2023.

Sterry, Paul, addas. Williams, Iolo a Jones, Bethan Wyn, *Llyfr Natur Iolo*, Gwasg Carreg Gwalch, 2007.

Taylor, Diana, *The Archive and the Repertoire: Performing Cultural Memory in the Americas*, Duke University Press Books, 2003.

Thomas, John, gol. Meurig, Cass, *Alawon John Thomas: A Fiddler's Tune Book from Eighteenth-century Wales*, Llyfrgell Genedlaethol Cymru, 2004.

Turner, Victor, *The Ritual Process: Structure and Anti-Structure*, Routledge & Kegan Paul, 1969.

Wiliam, Mary, *Dawn Ymadrodd*, Gwasg Gomer, 2016.

Williams, Anne Elizabeth, *Meddyginiaethau Gwerin Cymru*, Y Lolfa, 2017.

Williams, D G, *Casgliad o Lên Gwerin Sir Gaerfyrddin*, Cyngor Sir Gaerfyrddin, 1996; cyhoeddwyd yn wreiddiol yn 1895.

Williams, Mark, a Penman, Danny, *Mindfulness: A Practical Guide to Finding Peace in a Frantic World*, Piatkus, 2011.

GWEFANNAU

A Brief History of How Carnival Is Celebrated Around the World | Smithsonian

About Naming Ostara, Litha, and Mabon | Aidan Kelly (patheos.com)

Bats Conservation Trust

BBC - Cymru - Bywyd - Blwyddyn Gron - Diwrnod crempog

bbcwildlife.org

bethkempton.com/podcast

Butetown Carnival: past, present, and future | OpenLearn - Open University

Butetown Carnival | Wales Millennium Centre

butterfly-conservation.org

Canllaw i Flodau Gwyllt Mis Mehefin - National Botanic Garden of Wales (garddfotaneg.cymru)

Cumberland Bat Group

Discover the science behind the Wim Hof Method. Authors: O Muzik, K Reilly, V Diwadkar – Wayne State University School of Medicine

Ein Byd | Trychineb Aberfan

environment.data.gov.uk

Episodes stuffyoushouldknow.com

Excessive foraging for wild garlic and mushrooms in UK 'a risk to wildlife' | Foraging | The Guardian

gwp.co.uk/guides/christmas-packaging-facts/

Home | The National Library of Wales

livescience.com/animals/dogs/why-do-dogs-sniff-each-others-butts

longevity.stanford.edu/lifestyle/2024/05/22/jumping-into-the-ice-bath-trend-mental-health-benefits-of-cold-water-immersion/ (Maya Shetty, BS, Stanford Lifestyle Medicine, Jumping into the Ice Bath Trend! Mental Health Benefits of Cold Water Immersion – 22.5.2024)

lookafteryoureyes.org/eye-care/hay-fever/manage-your-hay-fever/

llyfrgell.cymru/darganfod-dysgu/arddangosfeydd-arlein/deunydd-print/almanaciau-cymraeg

Mabon | The Goddess and the Greenman goddessandgreenman.co.uk

mind.org.uk/information-support/tips-for-everyday-living/nature-and-mental-health/how-nature-benefits-mental-health/

nation.cymru

nationalgeographic.com

ourworldindata.org/life-on-earth

Petrichor: why does rain smell so good? - BBC News

plygain.org

rhs.org.uk/soil-composts-mulches/composting

sciencedirect.com/science/article/abs/pii/S0031942213003063

stuffyoushouldknow.com

sunrise-sunset.org

The Effects of Cold Exposure Training and a Breathing Exercise on the Inflammatory Response in Humans: A Pilot Study. Authors: J Zwaag, R Naaktgeboren, A E van Herwaarden, P Pickkers, M Kox

The Long, Surprising History of Pancakes

The Mari Lwyd | Wales.com

The vibrant tradition of Junkanoo: A celebration of culture and resistance

thisrawsomeveganlife.com/2018/10/diy-rose-water-its-easy.html

Thrashing a chicken and kicking cans, the Welsh traditions of Dydd Mawrth Ynyd

weather-and-climate.com

Wild Garlic: How to find, identify and enjoy it - Vegan on Board

Woodlandtrust.org

wwt.org.uk/discover-wetlands/gardening-for-wetlands/how-to-make-a-mini-wildlife-pond-from-an-upcycled-container/

Zimmer, Katarina, 'Can the moon influence human health?', *National Geographic*, Gorffennaf 26, 2024.

RECORDIAU

Ac Eraill, *Addewid*, Sain, 1974.

Plethyn, *Caneuon Gwerin i Blant*, Sain, 2003.

Pwy y'n ni?

RUTH MORGAN

Mae Ruth yn fam i dair ac yn fam-gu i chwech ac yn byw yn ei phentref genedigol, sef Pontyates (y ffurf hanesyddol gywir). Ac oes, mae diddordeb mawr ganddi mewn hanes. Graddiodd mewn Hanes Economaidd a Chymdeithasol ym Mhrifysgol Abertawe lle roedd yn aelod brwd o'r Tîm Dawnsio Gwerin, ac yn caru popeth Celtaidd a bachgen ifanc o'r enw Huw. Roedd y ffaith fod ei wreiddiau ef yn Sir Benfro, a bod ei fam-gu yn dal i gadw siop Cwm Boat Supply Stores ar lannau'r cei yn Abergwaun, yn ychwanegu llawer i'w perthynas. Mae'r ardal honno wedi cyfoethogi eu bywyd nhw a'u plant yn fawr ar hyd y blynyddoedd. Mae Ruth wedi dal sawl swydd wahanol ac wedi cwblhau gradd Meistr ar Fenter Cwm Gwendraeth. Ond pleser mawr ei bywyd oedd gweithio ar brosiectau Hanes Llafar, y mwyaf a'r pwysicaf ohonyn nhw ochr yn ochr â Sharon Owen, dan arweiniad Catrin Stevens, gan recordio degau ar ddegau o fenywod ar gyfer prosiect Merched y Wawr, 'Hanes Menywod Cymru 1920–1960'. Yn ogystal â gweld ei theulu a'i ffrindiau, mae'n mwynhau cerdded, hanes teulu, ioga, coginio, darllen, garddio a chanu.

Hoffi gwynto: dillad sydd newydd fod yn sychu tu allan.

Hoffi gweld: dillad yn chwifio ar y lein – a'r môr.

Hoffi blasu: cinio dydd Sul, yn cynnwys tato potsh a grefi.

Hoffi cyffwrdd: boch babi / plentyn bach.

Hoffi clywed: côr (da!).

RHIANNON MAIR

Mae Rhiannon yn gyfarwyddwr theatr, perfformiwr, hwylusydd ac addysgydd. Wedi graddio mewn Theatr, Ffilm a Theledu, bu'n gweithio fel actores, yn bennaf i Gwmni Theatr Arad Goch. Dychwelodd i Brifysgol Aberystwyth i astudio MA mewn Ymarfer Perfformio dan arweiniad Mike Pearson, cyn symud i Brifysgol De Cymru, lle bu'n ddarlithydd ar y radd BA Theatr a Drama am ddegawd. Yn ystod ei chyfnod yno, wedi'i hysbrydoli gan ei diddordeb mewn gofod a defod, cwblhaodd ddoethuriaeth rannol ymarferol yn dwyn y teitl 'Y Capel Cymraeg, Cymdogaeth a Pherfformiad' – yn ogystal â chael dau o blant (helô i'r rhyfeddol Melangell a Morfudd)! Mae hi wrthi'n golygu'r traethawd doethuriaeth ar gyfer ei gyhoeddi gan Wasg Prifysgol Cymru. Mae hi wedi gweithio gyda sawl cwmni theatr gan gynnwys Theatr Cymru, Arad Goch a Volcano, gan ddyfeisio ei gwaith ei hun a gweithio ar sgriptiau dramodwyr eraill. Wedi cyfnod hir o fyw yn Grangetown, mae Rhiannon a'i theulu bellach wedi symud i Gwm Gwendraeth a'n byw tafliad carreg o'i rhieni. Mae hi'n mwynhau hyfforddi timoedd pêl-droed merched dan 10 a dan 13 Clwb Bancffosfelen, darllen tan ei bod hi'n lot rhy hwyr a cherdded.

Hoffi gwynto: rhywbeth neis yn cwcan yn y ffwrn.

Hoffi gweld: y sêr.

Hoffi blasu: creision.

Hoffi cyffwrdd: croen meddal fy mhlant.

Hoffi clywed: chwerthiniad.

BETHAN MAI

Artist amlgyfrwng yw Bethan Mai. Mae Bethan yn cyfansoddi, creu a chynhyrchu cerddoriaeth yn ogystal â bod yn arlunydd. Enillodd ei band, Rogue Jones, Wobr Gerddoriaeth Gymreig 2023 gyda'u halbwm *Dos Bebés*. Mae ei darluniau wedi'u cyhoeddi mewn sawl llyfr, gan gynnwys enillydd categori Cynradd Gwobr Tir na n-Og, *Jac a'r Angel* gan Daf James, a *Na, Nel! – Yn Achub y Byd!* gan Meleri Wyn James. Mae wedi actio mewn nifer o sioeau teledu a theatr ar draws y wlad er ei bod, erbyn hyn, yn perfformio ei cherddoriaeth yn bennaf. Hyfforddodd ar y cwrs Actio yn y Central School of Speech and Drama yn Llundain, a chyn hynny ar gyrsiau celf UWE Bryste a Choleg Celf Caerfyrddin. Mae hi'n byw wrth y môr ym Mhen-bre ac yn caru natur, bod yn yr ardd, a mynd am antur tu fas a chael hwyl tu mewn gyda'i theulu bach, sy'n cynnwys Myfi Mŵg, eu ci bach hyfryd. Ei diddordebau yw dawnsio rownd y lle, direidi, anifeiliaid, bywyd gwyllt a phobl, chwaraeon, ioga, llesiant, a hud a lledrith gweledol ac anweledig y byd.

Hoffi gwynto: pys pêr a rhosynnod.

Hoffi gweld: creaduriaid gwyllt yn yr ardd (gan gynnwys Tanwen Antur a Mabon Blaidd).

Hoffi blasu: halen.

Hoffi cyffwrdd: ffwr Myfi Mŵg.

Hoffi clywed: y fronfraith.

MARI MORGAN

Yn dod o Bont-iets (y ffurf gyfarwydd!) fel y merched eraill, mae Mari nawr yn byw yng Nghaernarfon. Mae wedi gweithio mewn nifer o feysydd gwahanol ers graddio mewn Cerddoriaeth o Brifysgol Bangor yn 2011, a dychwelyd i wneud gradd MA yn canolbwyntio ar gerddoriaeth draddodiadol Cymru yn 2015. Mae'r meysydd hyn yn cynnwys perfformio cerddoriaeth mewn gwahanol arddulliau (pop, clasurol, gwerin), yn bennaf ar y ffidil, rhoi gwersi ffidil, gweithio mewn amryw o siopau llyfrau a chreu, trefnu a gweithredu gweithdai creadigol aml-gelfyddydol gydag ysgolion, carfanau penodol a'r gymuned. Ar hyn o bryd, mae hi'n gweithio'n rhan-amser fel rhan o dîm addysg Amgueddfa Lechi Cymru yn Llanberis. Mae hi hefyd wrthi'n gweithio ar ei cherddoriaeth ei hun a newydd ryddhau albwm o dan yr enw Chwaer Fawr. Mae'n mwynhau bodoli a rhannu ei bywyd gyda'i phlantos, Nyfain a Hedd, treulio amser gyda theulu a ffrindiau, coginio, dawnsio, bod tu allan, a phan mae'n bosib, bod yn llonydd a gwneud dim llawer o ddim byd.

Hoffi gwynto: y stêm wrth ddraenio pasta hallt.

Hoffi gweld: cymylau.

Hoffi blasu: cacen Nadolig a chaws yr un pryd (y ffordd orau i joio cacen Nadolig ym marn ein teulu ni).

Hoffi cyffwrdd: reis sych.

Hoffi clywed: glaw ar y to.

Nodiadau · Almanac